そうだったのか！ 朝鮮半島

池上　彰

集英社文庫

そうだったのか！ 朝鮮半島　目　次

はじめに　6
第一章　「朝鮮人民共和国」と信託統治　13
第二章　「自ら独立を勝ち取った」という物語　大韓民国の成立　39
第三章　「抗日パルチザンが建国」という神話　北朝鮮の成立　53
第四章　「同じ民族の殺し合い」という悲劇　朝鮮戦争　69
第五章　独裁政権による支配　李承晩政権　103
第六章　金日成の権力掌握と社会主義化　115
第七章　日韓条約が結ばれた　韓国の発展始まる　131
第八章　主体思想による特異な国家に　151

第九章　韓国、**民主化への苦闘**　朴正熙の暗殺と光州事件　179
第一〇章　北朝鮮、**日本人の拉致**実行　193
第一一章　**死刑囚から大統領**へ　韓国の民主化　209
第一二章　核開発に進む**孤立国家**　金日成から金正日へ　229
第一三章　**金融危機と国際化**　金大中大統領で日韓関係改善　255
第一四章　**金王朝は続く**　金正日から金正恩へ　275
第一五章　困ったら**「反日」カード**　韓国の宿痾　299
おわりに　360
参考資料　362
主要参考文献　382

はじめに

「最近の日韓関係は、戦後最悪と言えるほどの状態が続いています」

これは、いまのことではありません。二〇一四年一一月、この文庫のもとになった本の書き出しです。当時は韓国の朴槿恵《パククネ》大統領が就任後、いわゆる慰安婦問題をめぐって対立し、安倍晋三《あべしんぞう》首相との間で首脳会談が開かれていない状態だったことを指しています。

このときは「戦後最悪」だと思ったのですが、二〇一九年に入って、日韓関係は一段と悪化しました。いまこそが「戦後最悪」なのでしょう。

悪化のきっかけは、二〇一八年一〇月、韓国の最高裁判所に当たる大法院が、日本企業に損害賠償を求めた元徴用工や遺族の訴えを認め、新日鉄住金（現在の日本製鉄）や三菱重工業などに損害賠償を支払うように命じたことです。

この問題について日本政府は、一九六五年に結ばれた「日韓基本条約」と、「日韓請求権並びに経済協力協定」で解決済みとの立場を取っていました。韓国政府も同様の見解だったのですが、大法院の判決は、「日韓請求権協定では個人の請求権は消滅していない」というものでした。

これには日本政府が激怒。過去の国際的約束を根本から覆すものだとして韓国側に善処を求めました。しかし、韓国の文在寅《ムンジェイン》大統領は、「三権分立の原則から裁判所の判断に口を挟むことはできない」として何の対応も取りませんでした。

その間にも原告側は日本製鉄の資産を差し押さえ、現金化しようとしていました。日韓請求権協定では、両国に紛争が起きた際は協議による解決を図り、解決しない場合は「仲裁」という手続きが定められています。日本政府は協議や仲裁の手続きに入るように韓国に求めましたが、文在寅政権は応じようとしませんでした。

この姿勢に不信感を募らせた安倍政権は、二〇一九年七月、半導体関連三品目（レジスト、フッ化水素、フッ化ポリイミド）の韓国への輸出手続きを厳格化するという方針を打ち出します。これは輸出を禁止したわけではありませんが、手続きに時間がかかることになり、韓国の半導体メーカーには打撃になります。

さらに安倍政権は八月、韓国を「ホワイト国」から外しました。「ホワイト国」とは、現在では「グループA」と名称が変わりましたが、相手国との信頼関係を前提に、軍事転用される可能性がある物品でも包括的に輸出許可を出す仕組みです。

グループAからグループBになったことで、輸出には、ひとつひとつ経済産業省の許可を得なければなりません。これも韓国経済に打撃となります。

これに対し、韓国は猛反発。「徴用工判決に対する報復であり、自由な貿易を進めるWTO（世界貿易機関）のルールに反する」と批判しました。

WTOのルールでは、安全保障に関することであれば輸出を規制することができることになっています。日本政府としては、相手の国への信頼関係が失われた以上、安全保障の観点から輸出の見直しをしたものだと説明しています。つまり徴用工判決への報復であれば、WTOのルールに反しますが、安全保障の観点だと言えば違反にならないからです。

しかし、安倍首相が「信頼関係が失われた」という理由は、徴用工判決に文政権が何の対応も取らなかったからです。判決後の三月、麻生太郎財務大臣は、国会での答弁で、「韓国への送金停止やビザの厳格化などの報復措置を検討している」と語っています。つまり報復措置を考えてきたのですから、輸出手続き厳格化は報復と言っていいでしょう。

これには韓国社会が沸騰しました。反日の機運が一段と盛り上がり、日本製品の不買運動が広がりました。

日本への旅行を取りやめた韓国人も多く、これまで韓国人観光客で賑《にぎ》わってきた日本各地の観光地は大打撃。日本と韓国を結ぶ航空便も次々に運休に追い込まれています。

韓国で反日ムードが盛り上がれば、日本国内でも反韓国・嫌韓ムードが高まります。書店の店頭では嫌韓本がよく売れます。「さらば韓国」と銘打った雑誌の特集まで登場しました。韓国人や韓国を悪《あ》しざまに差別するヘイトスピーチを伴ったデモ行進も目立ちます。

日韓関係の悪化には、過去の両国間の歴史が影を落としています。

日本の朝鮮半島統治に関しては、一九六五年に結ばれた「日韓基本条約」と「日韓請求権並びに経済協力協定」で完全に解決しているという立場の日本政府と、慰安婦問題と徴用工問題で賠償と謝罪を求める韓国。両者の主張は交わりません。竹島（韓国名・独島《トクト》）の領土問題も両国の間に刺さった棘《とげ》です。

しかし、日韓関係はずっとこんな状態だったわけではありません。サッカーのワールドカップ共同開催では、日韓双方の若者の相手国への意識が大きく変わりました。JR新大久保駅で、ホームから転落した人を助けようとして死亡した日韓二人の青年の行動は、人々の胸を打ちました。韓流《ハンりゅう》ブームもありました。どうして「戦後最悪」の関係になったのか、改めて冷静な分析が必要です。

一方、朝鮮半島北部には、核開発を進め、ミサイル発射実験を繰り返す異形の国家が存在します。日本人拉致問題も解決していません。この国の生い立ちから見ることで、〝不思議の国〟の様相も見えてきます。
まずは朝鮮半島の歴史を知ること。お役に立てれば幸いです。

ジャーナリスト　池上　彰

二〇一九年九月

そうだったのか！
朝鮮半島

第一章

「朝鮮人民共和国」と信託統治

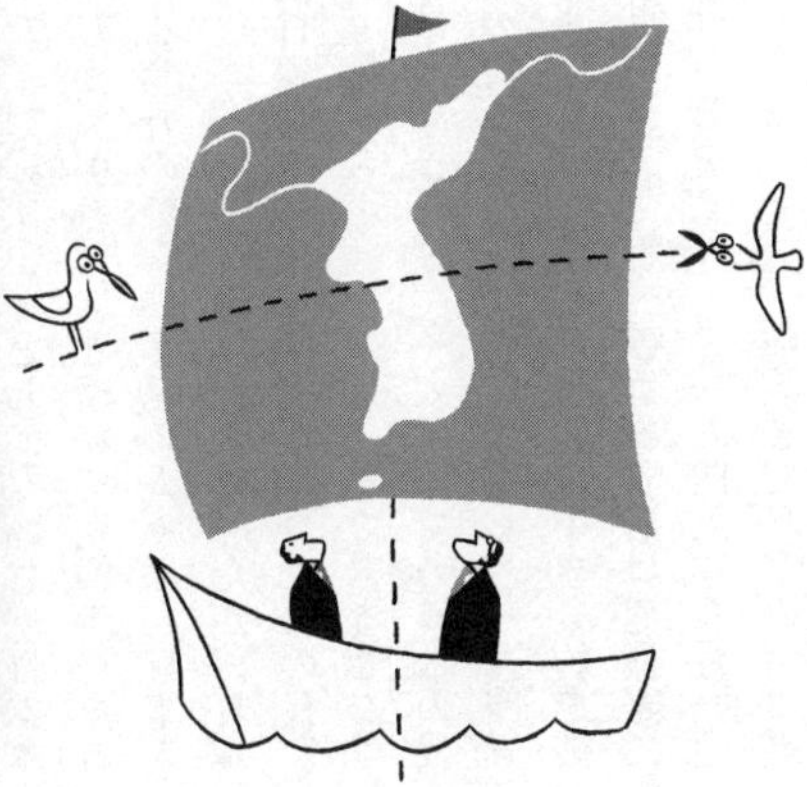

「光復」から「建国」へ

一九四五年八月一五日は、日本にとって「終戦記念日」ですが、朝鮮半島の人々にとっては「解放」（光復）の日でした。第二次世界大戦で日本が敗北し、朝鮮半島から引き揚げることで、朝鮮は独立への道を歩むのです。

ただし、朝鮮の民族主義者や抗日運動をしていた人たちにとっては、いわば「棚からボタ餅」。自力で勝ち取った独立ではありませんでした。その結果、彼らは、その後も長らく「与えられた独立」への負い目を背負うことになります。そこから、南北朝鮮共に、「建国神話」を築き、神話に依拠せざるをえない状況になっていくのです。

朝鮮総督府、権限委譲を検討

当時、朝鮮半島を支配していた日本の出先機関は朝鮮総督府でした。総督は天皇の名代として君臨し、日本本土で成立した法律にもとづいて朝鮮半島を統治していました。朝鮮半島の人々は「日本人」として日本軍の兵士になりましたが、日本国民としての投票権はなく、自分たちの代表を政治の世界に送り込むこともできませんでした。

太平洋での日米の戦争が、次第に日本に不利に推移し、一九四五年八月九日、当時のソ連が日ソ中立条約を破って満州に侵攻すると、朝鮮総督府は危機感に包まれます。

一九四五年八月一〇日、朝鮮総督府は、短波放送で日本のポツダム宣言受諾を知ります。日本は無条件降伏する。ソ連軍は朝鮮半島に向かって来る。

　この状況の中で、朝鮮総督府は、恐怖に怯《おび》えます。日本が敗北すると、朝鮮半島の住民たちが暴徒化し、それまで支配者だった日本人が襲撃されるのではないか。自分たちの安全が脅かされることを恐れた朝鮮総督府のメンバーは、朝鮮人の呂《ヨ》運亨《ウニョン》ら民族活動家に接触を図ります。治安維持の権限を委譲する交渉を始めたのです。

　呂は、抗日運動で服役したこともあり、民衆の支持があることから、総督府は、呂に治安権限を譲渡すれば、混乱が最小限に抑えられ、日本人の安全も確保できると考えたのです。

日本の敗戦を知り、
進駐した米軍を歓迎するソウル市民

★「建国準備委員会」設立

　日本が降伏すると、早くも八月一五日のうちに呂らが中心となって「建国準備委員会」を設立します。

　呂は、すでに一九四四年八月、日本の敗北を待たずに国内に地下組織として「朝鮮建国同盟」を組織していたので、この組織が中心になりました。

八月一六日には、呂の要求に応えて、総督府は日本の支配下で服役していた一万五〇〇〇人もの政治犯を釈放しました。朝鮮総督府に勤務していた朝鮮人や、日本の警察官になっていた朝鮮人の多くが職場放棄し、統治機能は麻痺《まひ》します。

呂は、建国準備委員会の事務所に集まった群衆を前に演説し、「朝鮮人の団結と流血の阻止」を訴えます。日本人を襲撃するなという意味でした。さらに委員会の安在鴻《アンジェホン》副委員長は、ラジオを通じて演説し、日本人の生命財産に危害を加えないように求めました。穏健な姿勢を見せたのです。

また、委員会は、同一六日に早速、「建国青年治安隊」を組織します。メンバーは約二〇〇〇人。日本の敗北の直後という混乱の中で治安維持に当たり、それほどの混乱を起こさずに済んだのです。朝鮮総督府の治安維持の願いは、結果として叶《かな》えられました。

ここで活躍した呂運亨とは、どんな人物だったのでしょうか。

民族主義者だった呂は、日本が韓国を併合すると、中国へ亡命します。一九一九年、上海で設立された大韓民国臨時政府に参加。その後、上海で日本の官憲に逮捕され、朝鮮に連れ戻されて三年間、刑務所で服役します。釈放されると、新聞『朝鮮中央日報』の編集の仕事をしながら、独立運動を続けていました。

多くの民族主義者や抗日活動家が国外に逃亡・亡命していた中で、朝鮮半島に留《とど》まって活動を続けていた呂は、戦後の朝鮮半島の治

朝鮮総督府。日本が朝鮮半島に置いた統治機関

安を維持し、統治を確保する上で適任者だったのです。

「朝鮮人民共和国」設立宣言

日本が敗北すると、朝鮮半島各地で、自分たちの国家を建設しようという運動が始まります。各地に「人民委員会」ができました。

この人民委員会は、民族主義者も参加していましたが、共産主義の思想を持つ人物など左派系の人間が多いのが特徴でした。とりわけ北部では、占領したソ連軍が積極的に設立を後押ししました。ソ連の意にそぐわない人民委員会が設立されると、力で改編したりしていました。

九月六日、建国準備委員会は、各地に設立された人民委員会と連携し、全国人民代表者大会を開き、「朝鮮人民共和国」の設立を宣言しました。このとき人民委員会の数は全国で一四五にも上っていました。

朝鮮人民共和国の主席は李承晩《イスンマン》、副主席が呂運亨でしたが、当時アメリカに亡命中だった李承晩の承認を得たものではありませんでした。国内の活動家が、勝手に李承晩の名前を使ったのです。

この頃には朝鮮共産党も朴憲永《パクホニヨン》をリーダーとして再建され、政権に加わっていました。左右の勢力による合作でした。

これは、朝鮮半島の人々が独自に自力で設立を宣言した「国家」でしたが、朝鮮半島南部を占領したアメリカは、これを認めませんでした。結果的に、この「国家」は短命で幻の存在となるのです。

米軍、朝鮮半島に進駐

日本が降伏すると、アメリカは、朝鮮半島への軍の派遣を急ぎます。すでにソ連軍が、日本の降伏前から朝鮮半島に進軍し、北部地域の占領を始めていたからです。

世界は、東西冷戦が始まる気配を見せていました。ヨーロッパでは、ソ連軍が占領した東部で、ソ連寄りの政権が作られようとしていました。このままでは朝鮮半島もソ連の手に落ちる。危惧したアメリカは、朝鮮半島をソ連とアメリカで分割統治する案をソ連に提案。ソ連のスターリンは、これを受け入れました。

この結果、朝鮮半島の中部を通っていた北緯三八度線を境にして、北をソ連軍、南を米軍が占領することにしました。これが、朝鮮半島の新たな悲劇の始まりでした。

ソ連は、なぜアメリカの提案を受け入れたのか。

ナチスドイツによって多大な損失を出したソ連にとって、国境を接する地域に、自国に「友好的」な国家を建設することは、死活的に重要なことでした。しかし、そのためには、国境を接するところに自国の言うことを聞く国家があればいいのであって、なにも朝鮮半島全体が「友好的」である必要はありませんでした。

また、かつてのロシアと日本は、日清戦争の翌年の一八九六年と、日露戦争の前年の一九〇三年の二回にわたって、三八度線で朝鮮半島を分断する交渉を進めたことがあります。「日露戦争で失われたロシアの権益は回

コラム

なぜ38度線で分断？

北緯38度線で分断するアメリカの案が生まれたのは、日本降伏の直前の8月10日夜から11日未明にかけて行われた国務省・陸軍省・海軍省の3省調整委員会の会議の席上だった。

陸軍省の代表は、米軍ができるだけ北上したいという政治的要望と、米軍の能力には限界があるという事実とを調和させる案を作成しろと部下に命じた。後に駐韓国連軍司令官に就任することになるチャールズ・ボンスティール大佐と、ケネディ政権で国務長官となるディーン・ラスク少佐は、ソウルの北方で道（日本の県に該当）の境界線を分断線にしようと考えた。しかし、手元には壁掛け用の小さな地図しかなかった。ボンスティール大佐は、これを見ているうちに、北緯38度線がソウルの北方を通り、なおかつ朝鮮半島をほぼ同じ面積で分割できることに気づく。

かくして、38度線での南北分割が決まった。

復されなくてはならない」と言明していたスターリンにとって、三八度線での分割は、納得できる案だったのかも知れません。

米軍は、沖縄に駐屯していた米陸軍第一〇軍第二四軍団（司令官はジョン・ホッジ中将）を、九月八日に仁川《インチョン》から上陸させます。翌九日、ソウルに入り、朝鮮総督府から権力を引き継ぎました。

第二四軍団は、沖縄戦で日本軍と激しい戦いを経験した部隊でした。本来は沖縄の占領を続ける予定だったのですが、朝鮮半島に一番近い場所にいる実戦部隊だったので選ばれました。

米軍は、一一日から軍政を開始します。軍政庁を樹立し、軍が主導で統治を始めたのです。アメリカは、樹立を宣言していた「朝鮮人民共和国」を、「共産主義勢力」とみなし、存続を認めませんでした。かくして、朝鮮の早期独立の夢は潰《つい》えました。

日本向けの軍政要員、朝鮮へ転進

朝鮮半島南部での軍政を担当したのは日本を占領した際に実施する軍政に向け一九四二年から養成されていた陸海軍の士官二〇〇〇人でした。

彼らは当初、日本で敷かれる予定の軍政を担う要員でしたが、米軍による日本占領後は、日本の統治機構をそのまま存続させたため、ほとんど不要になっていたのです。

一方で、日本の降伏によって朝鮮半島の権力が空白になると、米軍は、ここを統治しなければなりません。このため、日本に駐留していた要員を、急遽《きゅうきょ》朝鮮半島に振り向けたのです。

彼らは、そもそも日本での軍政要員として養成されていましたから、日本の政治や文化に詳しかったり、日本語ができたりしましたが、朝鮮半島に関しては、ほとんど知識のない人たちばかりでした。

植民地を支配していた側の日本では軍政が敷かれず、植民地という被害者だった立場の人たちが軍政の下に置かれる。極めて皮肉な状況でした。

呂の取り組み、挫折

建国準備委員会ができたことに対し、左派主導だとして反発した右派の人々は、韓国民主党を組織します。これは、地主を中心とした保守的な人々でした。彼らは、日本の統治時代に日本に協力していた負い目から、重慶《じゅう けい》（当初は上海にあったが、その後、移転）の亡命政権である大韓民国臨時政府を支持しました。

韓国民主党は、アメリカに対して、「朝鮮人民共和国」は共産主義者の集団だと吹き込みます。アメリカはこれを真に受け、朝鮮人民共和国を承認しなかったと見られています。

一〇月一〇日、アメリカの軍政長官となったアーノルド少将は、朝鮮人民共和国を否定する声明を発表しました。

「三八度線以南の朝鮮の地には米軍政府があるだけであり、その他に別の政府は存在しえない。その行為は不穏当である」（池明観《チミヨンクワン》『韓国近現代史』）

かくして、朝鮮人民共和国は幻の存在になってしまいました。アメリカ軍は、占領軍だったのです。

呂は、日本とも協力することで新国家の建国を考えていましたが、果たせませんでした。その後も中道の立場をとって左右の政治勢力の糾合に努めましたが、これも実現させることができないまま、一九四七年七月に暗殺されてしまいます。

呂の取り組みは、その後、北朝鮮からも韓国からも評価され、南北双方が評価する数少ない人物となっています。もし、呂が生きていたら……。歴史に「もしも」はありえませんが、朝鮮半島は大きく変わっていたかも知れません。少なくとも日本との協力も考えた呂がいれば、韓国は「反日国家」にはなっていなかった可能性があります。

政治犯の解放とひきかえに、
治安維持を訴えた
独立運動家、呂運亨

というのも、呂は日本統治下の朝鮮半島に留まって独立運動をしていたからです。そこが、ソ連によって連れて来られた金日成《キムイルソン》や、アメリカによって送り届けられた李承晩と異なるところです。呂には、「自力で独立を果たせなかった」という負い目がありません。ことさらに反日に走って建国神話を作る必要がなかったからです。

それはともかく、米軍は、朝鮮総督府の統治機構を存続させました。総督府に勤務した日本人が引き揚げた後、朝鮮人の役人たちのほとんどを留任させたのです。

その一方、日本人に関しては、本国に送り出しました。米軍の軍政庁は、一九四五年一〇月から一二月にかけて日本人の引き揚げを実行します。さらに翌四六年三月には日本人の残留を禁じる布告まで発令しています。

日本の統治機構は残すけれど、日本人は追い出し、日本の影響力の残滓《ざんし》を一掃しようとしたのです。

軍隊創設へ

一九四六年一月、米軍政庁は、韓国人による国防警備隊を発足させました。やがて設立される韓国軍の母体になる計画でした。

また、士官候補生のための英語学校も設立します。これが後に韓国陸軍士官学校になります。

この学校の二期生には、後に大統領となる朴正熙《パクチョンヒ》がいました。

アメリカは、一期生として、元日本陸軍将校二〇人と日本の関東軍出身者二〇人、それに重慶の臨時政府の「光復軍」二〇人を入学させます。

つまり六〇人のうちの四〇人までが、それまでの日本軍の将校でした。

「光復軍」は、中国の重慶に本部を移していた大韓民国臨時政府の軍隊として一九四〇年に設立されていました。韓国の公式記録によれば、五〇〇〇人の兵力を擁し、戦時中に日本軍と戦闘を交えた唯一の朝鮮人組織ということになっていますが、実態は二〇〇人程度で、交戦したという客観的裏付けはありませんでした（ブルース・カミングス著、鄭敬《チョンギョン》謨《モ》ほか訳『朝鮮戦争の起源1』）。

韓国は、その後、一九六〇年代に始まった日韓条約をめぐる協議の中で、日本に対して戦時賠償を求めます。これは、韓国が臨時政府の後継政府であり、日本軍と戦争をした政府の後継であるという理屈にもとづくものです。もちろん、これは事実による裏付けがない「建国神話」によるものです。

実際には戦闘経験のない、名ばかりの軍隊だった「光復軍」出身者の多くは、警備隊の中で頭角を現すことはなく、幹部たちは、日本軍出身者ばかりになったのです。

米軍は、警備隊を、国防のためというよりは、各地で頻発する住民の反乱を鎮圧する部隊として使います。これを見た左派勢力は、警備隊に左派が浸透すれば、自分たちにとっても使える組織になると考え、組織的に警備隊への浸透を図ります。

その結果、住民への弾圧を拒否する部隊や、大規模な反乱を引き起こす部隊が生まれるようになるのです。

米ソ、朝鮮で「信託統治」

朝鮮半島について連合国は、一九四三年一二月に発表されたカイロ宣言で「適当な期間を経て」独立させる方針を決めていました。

さらに一九四五年のヤルタ会談では、一定期間の信託統治を実施することが合意されています。

つまり、当時の連合国は、長年日本の支配下にあった朝鮮の人々が直ちに独立国家を建設できる能力を持っているとは考えていなかったのです。

一九四五年一二月、モスクワで米英ソの外

相会談が開かれ、朝鮮半島に独立国家を建設するため、「南北の民主主義臨時政府」の樹立と、最大で五年間の期限を定めた信託統治の実施が決定されました。

信託統治とは、国際社会の信託を受けた国家が統治するもの。つまり北はソ連、南はアメリカが統治を続けることを意味します。

信託統治の実施が伝えられると、南朝鮮では右派を中心に信託統治反対運動が展開されます。一刻も早い独立を望んだからです。

朝鮮共産党などの左派勢力は、当初は同じく反対の立場を取りましたが、ソ連の圧力を受けて賛成に転じ、右派と対立しました。

米軍政に対する反対運動激化

日本の植民地時代、朝鮮半島は「南農北工」とされていました。南部は温暖な気候を利用して農業を中心とし、北部は豊富な水力を利用した水力発電によって工業地帯として開発するというものでした。

これにより、米軍によって占領された朝鮮半島南部は、農業国としての再出発を余儀なくされます。

戦時中から増発されていた朝鮮銀行券は一段と乱発されて、激しいインフレーションが引き起こされていました。そこに、日本本土から大勢の人々が帰国してきました。経済は混乱します。そこに信託統治の発表です。憤激した人々が、各地で暴動を引き起こしたり、労働組合がストライキに入ったりして、抵抗します。米軍は、これを共産主義者による反乱だとして容赦なく弾圧しました。

たとえば一九四六年九月、釜山《プサン》の鉄道労働

者約八〇〇〇人がストライキに入ると、すぐにソウルに広がり、朝鮮半島南部の鉄道網は麻痺します。

このストライキは、前年に結成された朝鮮労働組合全国評議会（全評）の指示によるものので、ストライキは印刷、電信、電話、電気など各種産業を横断するゼネラルストライキに発展しました。

混乱が続く中、一〇月一日には大邱《テグ》駅前に集まった一万五〇〇〇人の労働者や学生が警察と衝突します。警察の発砲で一人の死者が出たことから、市内は暴動状態となりました。翌日デモ隊は、遺体をかついで行進。そして警察署を襲撃します。一〇月六日までに警察官三八人が殺害されました。

警察官たちは、ただ殺害されたのではなく、拷問を受けたり、火あぶりにされたりしました。四肢を刻まれた遺体もありました。

一〇月三日には、永川《ヨンチョン》の警察署を約一万人の群衆が襲撃。警察官多数が殺害または誘拐されました。生き残った警察官たちは、今度は、この暴動で逮捕された人物の家を襲撃。家財を略奪しました。

当時の警察官や役人たちの多くは、日本の敗北後も同じ職に留まった人たちです。「親日派」に対する憎しみが、凶暴な襲撃になり、これに怒った警察官や右派の若者たちが、左派の人たちを襲うという憎しみの連鎖が繰り広げられたのです。

詳しい数字はわかりませんが、殺害された警察官の総数は約二〇〇人、労働者・学生の側は一〇〇〇人を超えたと見られます。

これに対して米軍政は、戒厳令を発令。徹底的な弾圧で臨みますが、全国で暴動が鎮圧されたのは、一一月中旬になってからのことでした。

済州島の悲劇

こうした暴動の頂点とも言えるのが、朝鮮半島最南端の島、「韓国のハワイ」とも呼ばれる済州島《チェジュド》での悲劇でした。

一九四七年三月一日、済州島で、一九一九年の「三・一独立運動」を記念する式典が開催されました。

この場で、警備に当たっていた警察官による発砲があり、島民六人が死亡しました。済州島は「共産主義者の島」という先入観を抱いていた中央の警察は、島の警察を信用せず、本土から約一〇〇人の警察官を増派し、この警察官が発砲したのです。

これに抗議した島民たちは、一部の地元警察官も含めてゼネラルストライキに突入しました。島のほとんどの行政機関は麻痺状態になります。

慌てた軍政（米軍の指揮下にある朝鮮人の統治機関）は、本土からさらに四〇〇人の警察官を派遣して、鎮圧に当たります。

さらに、本土の西北青年団という反共右翼

コラム

3・1独立運動

1919年3月1日。ソウルの公園に集まった3000人の市民を前に、学生によって、独立宣言書が読み上げられたことをきっかけに、半島全土に広がった大規模な民衆運動。「国の独立と自由民であること」を訴える穏健な趣旨の運動だったが、朝鮮総督府が、警察に加え日本陸軍の応援を受けて鎮圧をはかるなか、民衆の一部が暴徒化し、長期化して多くの死傷者を出した。朝鮮独立運動の原点とされる。

団体が島に乗り込み、「アカ狩り」に乗り出します。彼らは、警察官と異なり、法律を守ることなく、「アカ」と決めつけた島民に対するテロを繰り広げました。

これに対し、翌年四月三日、旧式の銃や竹《たけ》槍《やり》などで武装した「山部隊」(武装隊)が、警察署や右翼団体の幹部宅を襲撃します。武装隊は、北朝鮮との統一を目指す南朝鮮労働党(南労党)の指揮を受けていました。これが「四・三事件」です。これ以降、島内では血で血を洗う悲惨な殺し合いが始まります。

この年の八月、大韓民国が成立すると、発足まもない韓国政府は、大規模な掃討作戦を展開します。朝鮮半島が南北に分断されて南北対立が激化する中、済州島では南北の代理戦争が繰り広げられたのです。

★軍による反乱も

一九四八年一〇月一九日には、済州島への出動を命じられた麗水《ヨス》駐屯の韓国軍一四連隊が、出動を拒んで反乱を起こします。この部隊には左派勢力が多く、韓国政府の方針を拒絶し、反政府行動に立ち上がったのです。

この反乱は周辺地域に拡大し、近隣の住民や学生も参加。反乱軍が占領した地域では、警察官や右翼団体構成員に対する「人民裁判」が行われ、一二〇〇人が殺害されたと言われています。

反乱はさらに拡大し、済州島ばかりでなく、本土の湖南《ホナム》地域の山岳地帯には反政府ゲリラの一大拠点が築かれました。

これに対して、一〇月二二日には戒厳令が敷かれ、軍は徹底した「焦土作戦」で応じました。戦闘を逃れて山に逃げ込もうとした一般住民は、山岳ゲリラに加わろうとしているとして無差別に殺害されました。

この掃討作戦の結果、反乱軍の勢力は弱まり、翌年の六月には小康状態を迎えますが、一九五〇年六月に朝鮮戦争が始まると、反乱

済州島の位置

軍は北朝鮮軍に呼応して再び立ち上がり、悲惨な戦闘や虐殺が再燃しました。

最終的に反乱が鎮圧されるのは、一九五七年四月になってのことでした。

その後、韓国の歴代軍事政権は、事件を「共産主義者の暴動」と決めつけ、真相に蓋をします。事件の被害者や遺族も、これを問題にすると「アカの仲間」と見なされるために沈黙を守りました。

済州島での悲劇が明らかになるのは、韓国で民主化が進んだ二〇〇〇年以降のことです。二〇〇〇年には事件の真相を解明するための特別法が制定され、政府による調査が実施されて、二〇〇三年、「真相調査報告書」が公表されました。

それによると、事件の被害者は二万五〇〇〇人から三万人と推定されています。当時の済

州島の人口は二八万人ですから、住民の一割近くが犠牲になった計算です。

ソ連軍、北朝鮮に進駐

ここまで主に米軍占領下の南部について取り上げてきました。この時期、ソ連軍に占領された北部はどうだったのでしょうか。

ソ連軍が、日ソ中立条約を破って日本への攻撃を開始したのは一九四五年八月九日でした。翌一〇日には、早くもソ連軍第一極東方面軍所属の第二五軍（チスチャコフ大将）が朝鮮北部の雄基《ウンギ》と羅津《ラジン》を攻撃します。日本軍の反撃はほとんどなく、あっさりと占領します。

八月一五日に日本が降伏を発表すると、ソ連軍は二一日に北東部の主要港である元山《ウォンサン》に入り、八月二四日には咸興《ハムフン》と平壌《ピョンヤン》に進駐しました。

八月二二日には、ソ連軍司令官のチスチャコフ大将の名前で布告文が発表されました。

「朝鮮人民よ！　ソ連軍と同盟国軍隊は朝鮮において日本掠奪《りゃくだつ》者を駆逐した。朝鮮は自由国になった……奴隷的過去は再び戻らない。苦悩に満ちた悪夢のような過去は永遠になくなった」（『韓国近現代史』）

この布告文を読む限りは、ソ連軍は朝鮮半島の人民にとって、解放軍であるように見えます。

しかし、実際には朝鮮半島に進軍したソ連軍は、急ごしらえの農民出身兵士で、制服にも事欠き、日本人、朝鮮人の区別なく略奪や女性に対する暴行を繰り返しました。これは、ドイツを占領したソ連軍と、同じ行動でした。

この地の日本人は、ソ連軍の蛮行を恐れ、工場などの施設を破壊した上で、南部に逃げ出しました。

ソ連は当初、日本軍攻略には時間がかかるものと想定していたため、思わぬ占領地拡大に戸惑ったようです。朝鮮半島を占領した後、どのような政策を取るか、方針が定まっていなかったのです。アメリカは、朝鮮半島占領後の軍政に備えて人材を送り込んだのに対して、ソ連には、そのような準備はありませんでした。

九月二〇日になって、ソ連の独裁者スターリンにより北朝鮮占領方針が示され、親ソ国家樹立に向けて動き出すことになりました。ソ連が依拠したのは、日本の降伏後に各地に自主的に結成された人民委員会でした。ソ連は直接の軍政を敷くことなく、人民委員会のメンバーに統治させました。

ソ連軍によって占領された朝鮮半島北部で戦後の国家づくりの指導者になったのは、キリスト教徒の曺晩植《チョマンシク》でしたが、それを支えた中心勢力は共産主義者たちでした。共産主義者たちが人民委員会を通じて朝鮮半島北部を統治したのです。

日本の朝鮮半島支配時代、中国東北部で抗日ゲリラ闘争をしていた金日成は、戦争末期にソ連に逃げ込み、ソ連軍と行動を共にしていたため、ソ連軍によって九月一九日に元山に送り届けられました。

一〇月一四日、朝鮮解放を祝う式典が開かれ、七万人が参加しました。金日成の後ろにはソ連軍の将校たちが顔を揃《そろ》えました。この構図は、この六日後、ソウルで開かれた李承晩帰国歓迎集会で米軍将校が顔を並べたのと同じでした。

金日成神話については、第三章で取り上げますが、ソ連軍によって送り込まれた若き「将軍」が、やがて北朝鮮のトップに立つのです。

朝鮮共産党、朝鮮労働党に

朝鮮共産党は、一九二五年に創設されますが、日本による弾圧や内部対立によって、一九二八年に壊滅していました。しかし、日本の降伏で、再建が始まります。南朝鮮では、日本の支配下でも地下活動を続けていた朴憲永を指導者に、一九四五年九月、ソウルで朝鮮共産党を結成しました。

続いて一〇月には、平壌に朝鮮共産党北部分局が結成されます。共産党組織は一国にひとつという原則がありますが、朝鮮半島は南北に分断されたため、北部でも独自に活動する組織と命令指示系統が必要になり、分局結成となったのです。

ただ、この時点では、名称からわかるように、朝鮮共産党の本部はソウルにあり、引き続き朴憲永がトップだったのです。

ソ連軍の支配下で、一九四六年二月には中央行政機関として北朝鮮臨時人民委員会が組織され、委員長に金日成、副委員長に新民党の金枓奉《キムドゥボン》が就任しました。ソウルの朝鮮人民共和国の組織が崩壊し、南部に米軍が後押しする統治機構が整備されつつあったことに対抗したものでした。

臨時人民委員会は、大地主から土地を取り上げて小作農に分配する土地改革を実施します。また、日本人が残していった資産を国有化しました。こうした政策は、農民など多くの住民から支持を得ました。

大地主の多くは南に逃亡していたので、農地の接収はスムーズに進みました。

ここで共産党は、「統一戦線」の強化を打ち出します。統一戦線とは、共産主義者単独ではなく、民族主義者や民主主義者など幅広い人材を結集して目的を達成するという共産党の戦略です。この方針にもとづき、一九四六年八月、朝鮮半島北部では、朝鮮共産党と新民党が合同して、北朝鮮労働党が結成されました。新民党は、もともと中国で中国共産党員として抗日戦争を戦っていたグループで、考え方は共産主義だったからです。

当時の朝鮮共産党の党員数は約三〇万人、新民党は約一二万人でした。共産党が労働者・農民の党だったのに対して、新民党は知識人中心の党でした。

これに呼応して、一一月には朝鮮半島南部でも朝鮮共産党と新民党、人民党が合同して南朝鮮労働党が結成されました。

現在の北朝鮮の労働党が、もともと共産主義政党なのになぜ「労働党」と名乗っているかといえば、この経緯があったからなのです。

名ばかりの政党と「統一戦線」

日本が降伏した後、朝鮮半島北部では、民族主義者やキリスト教徒、土着宗教の天道教徒など数多くの団体や政党がありました。金日成は、労働党以外の政党を排除する一方で、二つの主要政党である朝鮮民主党と天道教の青友党に関しては、「統一戦線」政策をとります。指導層に労働党の活動家を送り込み、労働党の指導に従う政党へと改造していくのです。

一九四六年一一月に実施された「議会選挙」である全国人民委員会選挙では、北朝鮮労働党が一一〇二人選ばれる一方で、朝鮮民主党が三五一人、青友党が二五三人選ばれています。このほか無所属が一七五三人いました。

★朝鮮人民軍の創設

北朝鮮の軍隊となる人民軍は一九四八年二月八日に創設されますが、その準備は一九四六年から始まっていました。

日本の降伏後、各地に住民による自警団のような組織が乱立していましたが、ソ連のチスチャコフ大将は、すべての武装組織に解散命令を出し、各道（道は日本の県に該当）の人民委員会が保安部隊を組織するように命じました。これが、北朝鮮の警察の基盤になりました。

この組織化の指導者である崔庸健《チェヨンゴン》は金日成と親しく、その後に組織される人民軍は、金日成の権力の源泉となります。

一九四六年七月、その後に人民軍の将校となる人材を養成する将校の訓練学校が設立されました。翌月には国家保安部隊の訓練センターが開設されました。

戦争中、中国北部では朝鮮人部隊が中国共産党の八路軍と行動を共にしていました。彼らは朝鮮義勇軍と呼ばれました。彼らは、「祖国解放」の報を聞き、二〇〇〇人を超える部隊が帰国しようとしますが、ソ連はこれを押しとどめました。アメリカと共に朝鮮半島を分断支配しているソ連としては、アメリカを刺激したくなかったからだと見られます。

ソ連軍は、引き続き八路軍と行動するように求め、朝鮮義勇軍は、中国国内の内戦を中国共産党の側に立って戦います。これにより鍛えられ、三万人にまで増強された精鋭部隊は、一九四九年の中国内戦終結後、ようやく北朝鮮に帰ってきます。彼らは、その後の人民軍の中核を形成し、朝鮮戦争を中心になって戦うことになります。

★全体の選挙は実施されず

日本が降伏し、南北を米軍とソ連軍が占領した時点では、連合国による信託統治を経て、「統一朝鮮」を建国することが漠然と考えられていましたが、その後の東西冷戦の進行は、これを許しませんでした。南北共に別々の国家として誕生するのです。

一九四七年一一月、国連総会は、アメリカ提案の「国連監視下で全朝鮮における総選挙を実施し、統一政権を樹立する」という決議を採択します。

これにより、アメリカ主導で国連臨時朝鮮委員会（ＵＮＴＣＯＫ）が組織され、朝鮮における民主的な選挙を監視することになりましたが、実際には朝鮮半島南部だけの選挙実施になりました。

米軍の占領下で、李承晩は早い段階から南朝鮮単独の政府樹立を主張していました。アメリカはこれを認めず、李承晩を敬遠していましたが、東西冷戦が深刻になるにつれ、方針を転換。李承晩支援に回ったのです。

結局、朝鮮半島全体の統一選挙は実施され

李承晩大統領の下で成立した「大韓民国」樹立祝典（1948年8月）

ませんでした。

★南北二つの国家が誕生

一九四八年五月一〇日、混乱が続く済州島を除く南朝鮮全域で総選挙が実施され、一九八人の国会議員を選出しました。新しく選ばれた議会は憲法を制定。初代大統領に李承晩を選出し、同年八月一五日、李承晩大統領の下で大韓民国政府が成立しました。「光復」から三年後のことでした。

一方、北朝鮮も独自国家建設に動きます。一九四七年一一月に臨時憲法制定委員会が発足して憲法草案を作成。翌四八年七月の人民会議で憲法案が承認され、国会に当たる最高人民会議の代議員が選出され、九月八日に憲法が制定されます。そして翌日の九月九日、

平壌で行われた「朝鮮民主主義人民共和国」設立宣言の式典（1948年9月）

朝鮮民主主義人民共和国の樹立が宣言され、金日成が首相に就任しました。当時の政治制度では、首相が政治のトップだったのです。

この年の一二月一二日、国連総会は、国連監視下で自由選挙が実施されたことを根拠に、大韓民国を朝鮮半島における唯一の合法政府として承認しました。

日本という他国の支配から逃れられたと思ったら、祖国は分断されてしまいます。やがて二つの国家は戦争を始め、同じ民族同士が殺し合うという悲劇に見舞われることになるのです。

第二章

「自ら独立を勝ち取った」という物語

大韓民国の成立

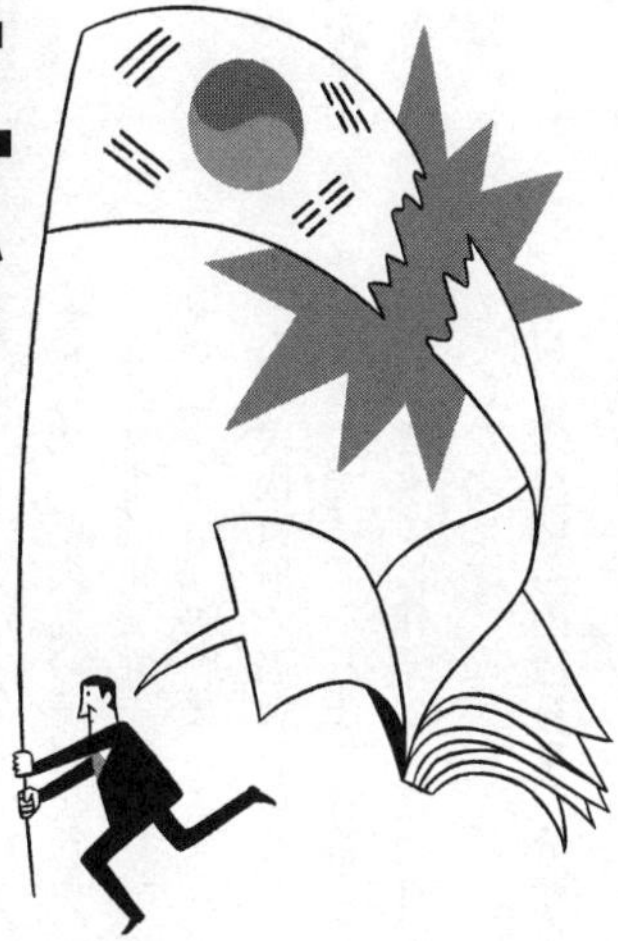

憲法では「正統政府」と言うけれど

大韓民国憲法の前文は、以下のような文章で始まっています。

「悠久の歴史と伝統に輝く我が大韓国民は、三・一運動により建立された大韓民国臨時政府の法統（中略）を継承し……」

ここで言う「法統」とは「歴史的正統性」のことです。日本の支配時代に上海で設立され、その後、重慶に本部を移した大韓民国臨時政府の正統な後継が、大韓民国だというのです。これについて、韓国の歴史家は、次のように書いています。

「大韓民国が臨時政府の歴史的正統性を継承しているという主張は、憲法はもちろん教科書でも教えられてきたので、多くの国民がこれを常識として受け入れている。しかし一九八〇年代後半以降、民族解放運動史や現代史を専攻する歴史学者のなかで、大韓民国政府が臨時政府の歴史的正統性を継承していると主張する人はあまりいない。はっきり言えば、気恥ずかしくて誰も言えないのだ」（韓洪九《ハンホング》著、高崎宗司監訳『韓洪九の韓国現代史』）

なぜ歴史的正統性を継承していないというのでしょうか。韓氏は、こう言います。

「大韓民国政府の高級官僚、なかでも警察と軍においては、それまで日帝（著者注・帝国主義の日本）に仕えてきた親日派が主流を占めていたのです」

「親日残滓勢力の清算や、分断克服などの課題に対する臨時政府の核心となる政策もまた、大韓民国においては継承されませんでした」

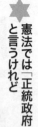

米大卒の肩書でアメリカに食い込み、
韓国に君臨した李承晩

「そうだとすれば、李承晩《イスンマン》政権をはじめとする歴代の政権は、なぜ臨時政府の歴史的正統性を継承しているという主張を繰り返してきたのでしょうか？　こうした政権は、自らに欠如している正統性を、臨時政府の業績と権威を借用して補おうとしたのです。とりわけ南北分断の状況にあって、満州で抗日武装闘争を繰り広げた勢力が北で権力を掌握し、自身の業績を革命伝統として誇るや、南の政権は臨時政権に託してこれに対抗したのです」

北朝鮮の指導者ばかりが日本と戦っていたわけではない。韓国の指導者も、日本と戦って祖国を建国した。こういう「建国神話」を作るため、「大韓民国臨時政府」の名前に頼ったというのです。

「四八年に樹立された、単独政府としての大韓民国政府が実際に継承したものは、臨時政府ではなく、臨時政府を徹頭徹尾否定していた米軍政でした」（同書）

北朝鮮は、抗日武装闘争で日本の支配と戦ってきた抗日ゲリラの指導者・金日成《キムイルソン》によって建国されたと主張しています。これ自体、実は「神話」でしかないことは、次の章で触れますが、北朝鮮が反日闘争を実践してきたという「正統性」を主張すると、韓国の指導者には具合が悪かったのです。新政府の中枢にいたのは、日本の植民地支配に協力した人物たちでしたし、李承晩は、アメリカでの生活が長く、日本の支配と直接戦っていたわけではなかったからです。

では、「大韓民国臨時政府」とは、それほどの組織だったのでしょうか。実はここにも「建国神話」が存在します。

名ばかりの「大韓民国臨時政府」

一九一九年三月一日に始まった独立運動(三・一独立運動)は、日本の総督府によって弾圧されましたが、朝鮮半島の外にいた人々は、上海で「大韓民国臨時政府」を組織しました。

臨時政府の中心人物は金九《キムグ》でしたが、アメリカに亡命していて知名度の高い李承晩を大統領に選びます。翌年、李承晩はアメリカから上海に移りました。

しかし、李承晩がアメリカに対して韓国の信託統治を依頼したとして、一九二五年、李承晩は臨時政府から解任され、アメリカに戻ってしまいます。

日中戦争の激化に伴い、臨時政府の本部は上海から重慶に移り、金九が主席に就任しました。

重慶に移った臨時政府は、やはり重慶に移ってきていた中華民国の国民党政府の好意の下で存続できただけのものでした。臨時政府は、独自の軍隊である「光復軍」を設立しましたが、この維持費は、国民党政府が出していました。これではとても独立の軍隊とは言えません。

また、臨時政府は、朝鮮半島の朝鮮人とは結びつきを持ちませんでした。

「大韓臨時政府の『政府』は自称であって、たとえば戦時中イギリスやアメリカに承認され、約九万人の兵力を有していたロンドンにおけるポーランド亡命政府とは全く比較にならないものであった。臨政とは要するに、孤絶した異郷の地にあって、しかも支配すべき国民を持たない存在であった」（『朝鮮戦争の起源1』）

にもかかわらず、臨時政府から追放された李承晩は、アメリカにあって、「臨時政府の特命全権大使」を自称していました。

さらに一九四〇年代には、全朝鮮を代表する正統政府としての承認をアメリカ政府から得ようと工作しますが、相手にされませんでした。臨時政府の実態とは、このようなものでした。

しかし国民に対しては、朝鮮半島の外にあって、抗日闘争を戦い抜き、日本を敗北させた臨時政府。この臨時政府を継承して建国されたのが、現在の大韓民国であると伝えます。韓国の建国には、この「建国神話」が必要だったのです。

日本が降伏したから、棚からボタ餅式に建国できた。これではなんとも納まりが悪いというわけです。

これを、韓国の学校では、どう教えているのでしょうか。韓国の小学校の国定教科書では、大韓民国臨時政府について、次のように書かれています。

「1919年の3・1運動がおきた後、わが民族は独立運動をより組織的、効果的に推しすすめるために中国上海に大韓民国臨時政府をうち立てた。

大韓民国臨時政府は民主主義の原則にのっとって樹立された政府で、独立運動の中心的役割をはたした。

大韓民国臨時政府は国内との秘密連絡網を組織して大韓民国臨時政府の情報を伝えることに努め、国内外から独立資金を送られたりした。また、武官学校を建てて武装独立軍を育て、『独立新聞』を発刊した。そして日本の侵略の事実と韓国の歴史を知らせるために本を出し、世界各地に外交官を派遣して韓国の独立に対する切実な希望を訴え、国内に入って日本と戦う計画を立てたりした」(三橋広夫訳『韓国の小学校歴史教科書』)

では、光復軍については、どうか。

「韓国光復軍は各地域で活動していた独立軍を集め、彼らのための軍事教育を実施した。また、韓国光復軍が独立のために活動しているという事実を国内の同胞に知らせ、独立への意欲を高めた。

韓国光復軍は人数も装備も足りなかったが、国内に入って日本と戦うことを計画し、熱心に訓練した。しかし日帝が降伏して光復を迎えることによって、その志をなしとげることができなかった」(同書)

光復軍は日本と戦っていないことを認めているのです。

韓国の独立は、どのようにして果たされたのでしょうか。

「私たちが光復を迎えられたのは、アメリカとソ連をはじめ連合国の勝利がもたらした結果でもあるが、それまでわが民族があらゆる犠牲をかえりみず日帝に抵抗し、ねばり強く展開してきた独立運動の結実でもあった。
　国内でのねばり強い独立運動、満州や沿海州、中国大陸などでの抗日武装闘争、大韓民国臨時政府の外交活動と韓国光復軍の対日抗戦、国内外で起こしたわが民族の相次ぐ義挙活動などが光復の基礎となった。

　このような独立運動と透徹した独立の意志があったので、わが民族は中国をはじめ世界各国の援助を受けることができ、連合国の指導者もカイロ会談やポツダム会談でわが民族の独立を約束せざるをえなかった」（『韓国の中学校歴史教科書』）

　この教科書の記述には、さりげなく「満州や沿海州、中国大陸などでの抗日武装闘争」という表現が入っています。これは、北朝鮮建国につながる金日成やその仲間の行動を指しています。金日成が朝鮮半島の独立に一定の影響力を持ったことを認めているのです。
　それと「大韓民国臨時政府の外交活動と韓国光復軍の対日抗戦」を並列して、「光復の基礎」と表現しています。ここに、建国の経緯につい

コラム

臨時政府は上海以外にもあった

最も早い時期に、民族的統一を目指した臨時政府への動きを見せたのは、ロシア領に住んでいた朝鮮人移民と、そこで愛国運動を行っていた亡命志士たちであった。

彼らは、1917年にウラジオストクで全露韓族会を組織すると、1919年2月には、大韓国民議会と改称し、3月には独立宣言をしている。

さらには代表をパリ講和会議に派遣し、講和会議では、独立の承認と国際連盟への参加を要求している。

大韓国民議会が発表した臨時政府閣僚名簿には、大統領として、3・1独立運動の指導者の一人である孫秉《ソンビョン》熙《ヒ》の名前があり、国務総理として李承晩の名前も挙がっていた。

ての韓国側の微妙なコンプレックスと屈折した感情が見えます。

建国後、実際の韓国政府の中枢部にいたのは、日本の総督府で働いていた人々でしたが、「反日」の臨時政府を継承したという建前である以上、「反日」が旗印になっていくのです。これが、いまにつながる韓国の「反日」のルーツです。

米軍政、李承晩利用に傾く

アメリカ本国の国務省の朝鮮政策の担当者たちは、李承晩を低く評価していたのですが、現場の担当者たちの判断は異なりました。彼らは、朝鮮人民共和国設立の宣言など、左派主導で進む国づくりに危機感を持ちます。これに対抗するには反共の闘士が必要であり、そのためには臨時政府のメンバーを利用するしかないと判断します。

この判断にもとづき、一九四五年一〇月、李承晩はアメリカから米軍の飛行機でソウルに送られたのです。

朝鮮に戻った李承晩は、ここで軍政庁のアメリカ人に食い込みます。

「当時の朝鮮の政治家の中で、李承晩ほどアメリカ人の肚《はら》の中を見ぬく術《すべ》を心得ていた人はいなかった。政治家としての練達、右翼勢力に号令を発しうる統制力、一生を朝鮮の独立のために捧《ささ》げたという愛国者としての権威——アメリカ人が朝鮮の政治家の中に探し求めていたのはこうした資質であったが、そのすべてを彼らに見せてくれたのは李承晩である」（『朝鮮戦争の起源1』）

この結果、米軍政は、李承晩を首班にした

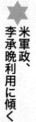

南朝鮮の政府を構想するようになるのです。

李承晩とは、どんな人物か

では、李承晩とは、どんな人物だったのでしょうか。

一八七五年に、三八度線の北の開城《ケソン》近くの平山《ピョンサン》で生まれました。現在は北朝鮮国内になっている場所です。当時は日本に併合される前の大韓帝国の時代でした。朝鮮王家につながる名門の家柄ですが、このときにはすっかり零落していました。アメリカ人宣教師が朝鮮半島に設立したミッションスクールに入学し、英語を学び、キリスト教徒になったことで、彼の道は開けます。

一八九八年、韓国初の日刊紙『毎日新聞』や『帝国新聞』の創刊に参加し、新聞記者になりますが、同年、国王の高宗《コジョン》を譲位させる陰謀に加担して、逮捕され、服役します。

日露戦争が起きた一九〇四年、特赦で刑務所を出て、訪米しました。

一九一〇年、プリンストン大学の哲学博士号を授与されて帰国します。

しかし、祖国は日本に併合されていたため、一九一二年、再び訪米。アメリカで亡命生活を送ります。一九一九年、上海に大韓民国臨時政府が樹立され、自身が大統領に推挙されたことから、翌年、李承晩は上海に渡ります。

ところが、ここで仲間たちとうまくやっていくことができず、臨時政府から弾劾されると、アメリカに戻りました。妻はオーストリア人です。

結局、日本が降伏したことで、一九四五年一〇月、祖国に帰還したのです。このとき七〇歳になっていました。

ミッションスクールに学んだクリスチャンで、アメリカの大学を出ている。アメリカ人は、これだけで、その人物を共通の価値観を有した民主主義者だと盲信してしまうことがあります。同じことがベトナムでも起きました。

一九五五年に南ベトナムが誕生すると、アメリカは、ゴ・ジン・ジェムを大統領として支援します。しかし、ゴは独裁者として南ベトナムに君臨。政府は腐敗し、南ベトナムは混乱していきます。アメリカは、なぜゴを大統領に押し立てたのか。当時のマクナマラ国防長官は、こう述懐しています。

「彼が一九五〇年代の初め、アメリカ・ニュージャージー州のカトリック神学校に学んだことは、西欧の価値観を共有しているあかしと思われました。しかし、われわれが状況を次第によく知るにつれて、そうではなかったことがわかってきます」（ロバート・S・マクナマラ著、仲晃訳『マクナマラ回顧録』）

アメリカの指導者たちの単純な人間観。これが繰り返されたのです。

李承晩は、七三歳で大統領に就任すると、それから八五歳までの一二年間、権謀術数を駆使し、独裁者として君臨するのです。

李承晩、大統領制に固執

一九四八年五月一〇日の国会議員選挙で李承晩派の右派勢力が圧勝すると、国会は李承晩を議長に選出し、憲法制定の作業に入ります。

大韓民国を、どのような政治体制にするか。

憲法の草案作りに当たった法学者たちは、日本の大学で教育を受け、日本式の議院内閣制に馴染《なじ》んでいましたから、韓国でも議院内閣制を提案していました。

これを右派勢力の韓国民主党も支持しました。韓国民主党は、李承晩を実権のない名目だけの大統領に祭り上げ、実質的な権力を握ろうと目論《もくろ》んでいたからです。

しかし、アメリカ滞在が長かった李承晩は、アメリカ式の大統領制を主張しました。韓国では政党政治が未成熟だから、という理由でした。もちろん本音は、自分が実質的な権力を持ちたかったからです。同じ大統領制でも、大統領がどのようにして選出されるかで、実質的な力は大きく変わります。

たとえばドイツやインド、イスラエルでは、大統領は議会で選出されます。大統領は国家元首ですが、名目上のもので、実質的な権力は、議会の多数派政党から選ばれる首相が握ります。

これに対して、アメリカやフランスは、国民の直接選挙で大統領が選ばれます（アメリカの大統領は厳密に言えば大統領選挙人を選ぶ間接選挙だが、有権者は候補者名で投票するので、実質的には直接選挙）。国民から直接選ばれた大統領は絶大な権力を掌握します。その際、大統領がすべての権力を把握するアメリカ型と、大統領の下で内政を担当する首相を置くフランス型があります。

韓国民主党は、ドイツやインドのタイプを主張したのに対し、李承晩はアメリカ型を要求しました。

両者の主張は妥協が図られ、結局、折衷案として、国会で選出された大統領が絶対的な

コラム

唐突だった日本支配の終焉

独立運動を展開していた指導者たちにとって、「解放」がいかに突然のことだったかがわかる言葉がある。

国内派の朴《パク》憲永《ホニヨン》は「棚からぼた餅といった体で解放を迎えた」（朴《パク》 明《ミヨン》林《リム》『朝鮮戦争の勃発と起源2』）と話し、臨時政府の金九も次のように述べている。

「嬉しいニュースというよりは、天が崩れるような感じのことだった。（中略）心配だったのは、われわれがこの戦争でなんの役割も果たしていないために、将来の国際関係においての発言権が弱くなるだろうということだ」（『白凡逸志―金九自叙伝』）

権力を持つが、内政に関しては、議会の同意を得て国務総理（首相）を任命する、という形になりました。国会は一院制です。

しかし、李承晩は、首相を選ぶに当たって、韓国民主党の言うことを聞かなかったため、韓国民主党が反発。これ以降、李承晩の政権運営は混迷します。

一九五〇年五月に第二回総選挙が実施され、李承晩支持派は大敗。李承晩はピンチに立たされます。それを救ったのが、皮肉なことに、北朝鮮の大軍の侵攻でした。朝鮮戦争の勃発によって、選挙どころではなくなり、李承晩大統領の命運が保たれるのです。

「親日派」の処遇めぐり対立

大韓民国発足で、当初、最大のテーマになったのは、親日派の処遇です。日本の植民地支配から脱し、新しい国家を建設するに当たって、旧体制を支えた勢力を一掃したい。これが、世論でした。世論に押され、国会は一九四八年、「反民族行為者処罰特別法」を制定します。これにもとづいて、「反民族行為特別調査委員会」が発足し、親日派の責任を追及することになりました。

ところが、李承晩政権の中枢にいるのは、日本の統治時代の官僚たちです。取り締まるべき警察官の大半が、日本統治時代からの警察官でした。自分で自分を摘発しなければならないような状況になったのです。

李承晩自身は反日でしたが、李承晩を支え、政治資金を提供する財界人たちも、日本統治時代に富を蓄えた人々でした。彼らは親日派摘発を進めないように圧力をかけます。

結局、摘発は尻すぼみになりました。全体では五五九人が検挙、検察送りになり、二二一人が起訴されましたが、実際に裁判にかけられたのは三八人で、刑に服したのは一二人に過ぎないという有様でした。

摘発に反発する警察官たちが調査委員会を襲撃するという一幕もありました。委員会は、一九四九年一月から活動を始めましたが、結局、八月には役割を終えたとして解散してしまいます。

ライバル暗殺――独裁政治の開始

李承晩政権初期に国民を驚かせたのが、李承晩のライバルだった金九の暗殺でした。

金九は、上海に設立された臨時政府時代からの仲間でしたが、李承晩が臨時政府大統領

金九。韓国独立党党首。
李承晩と対立、
1949年に暗殺される

に推戴されてアメリカから上海に入ってからは、激しく対立。李承晩は弾劾、追放され、アメリカに戻った後、金九が臨時政府のトップになります。

金九は、戦後の政府づくりでも、南部単独の国家建設に最後まで反対し、国民の広範な支持を獲得するなど、李承晩にとって目の上の瘤《こぶ》でした。その金九が、一九四九年六月、自宅で射殺されました。七二歳でした。

暗殺犯は現役の陸軍少尉、安斗熙《アンドゥヒ》でした。国民は、安の犯行の背後に李承晩の姿を見ました。というのも、安は刑務所に収監されたものの、朝鮮戦争のドサクサに紛れて釈放され、その後、昇進を遂げていたのです。

安の犯行に李承晩が関与していた証拠はありませんが、軍を除隊後は、軍御用達の事業を営むことができました。

ただし、李承晩政権が崩壊すると、安は金九支持者からつけ狙われるようになり、事件から四七年後の一九九六年、金九の崇拝者によって殺害されました。

暗殺にどのような背景があったにせよ、金九というライバルがいなくなった李承晩は、独裁政治を推進していきます。

第三章

「抗日パルチザンが建国」という神話

北朝鮮の成立

北朝鮮にも「建国神話」

韓国が、「日本と戦った臨時政府の正統な後継国家」という「建国神話」に固執するのは、対立する北朝鮮に、韓国よりは根拠のある「抗日闘争」の歴史があるからです。

その象徴が金日成《キムイルソン》です。金日成には、「日本支配下でゲリラ闘争を戦った」という経歴があり、この点で、李承晩《イスンマン》よりは「抗日闘争によって建国」された国家の指導者としてふさわしい。北朝鮮がこう主張すると、韓国の指導者たちには内心忸怩《じくじ》たるものがあります。韓国がアメリカによって独立を果たしたのは明らかだからです。

しかし、北朝鮮にも「建国神話」があります。金日成の抗日ゲリラ闘争で日本を敗北させたというものです。

実際には、北朝鮮もソ連という外部の国家によって独立を果たしたのですが、金日成とその仲間たちは、前述の神話づくりに懸命になったのです。建国神話をつくるには、金日成の神格化が必要でした。

金日成という人物

金日成という人物ほど、国の内外で評価の分かれる人物はいないでしょう。

北朝鮮国内にあっては、「偉大な首領」「百戦百勝の鋼鉄の霊将」であり、国外からは、「無慈悲で無能な独裁者」と見られているからです。

実際は、どうだったのか。北朝鮮の歴史を紐《ひも》解《と》く前に、まずは金日成という人物を取り上げましょう。

60歳を祝って建造された
金日成の銅像

金日成の本名は金成柱《キムソンジュ》といいます。金日成は、後から名乗るようになった名前です。人によっては、「偽名」と呼びます。その理由は、後ほど取り上げましょう。

生まれは一九一二年四月一五日。平壌《ピョンヤン》郊外の村で生まれました。日本による韓国併合が一九一〇年ですから、その二年後です。金日成が育った家は保存され、この地は万景台《マンギョンデ》と呼ばれています。

一九一九年三月一日に起きた抗日独立運動の際には、七歳にして運動の先頭に立って人々を指導した、というのが金日成の北朝鮮での公式伝記です。ここまで徹底すると、バカバカしさを通り越して笑ってしまいますが、神格化がここまで進んでいるのです。

当時の平壌は、アメリカ人宣教師によるキリスト教教育が盛んで、両親はキリスト教徒でした。

父親は民族主義団体に参加して逮捕されたことがあり、出獄後は満州に逃れました。

金日成本人は一時、母親の郷里の教会学校で学びました。キリスト教教育を受けているのです。その後、一九二七年、一五歳のときに満州の吉林《きつりん》に移り、中国人のための中学校で学びます。その頃、中国共産党に入党したものと見られます。

当時の満州で抗日運動をする朝鮮人の多くは、中国共産党に入党し、中国人と行動を共にしていました。この地域には、そもそも朝鮮人が多く住み、この地域の中国共産党員の大多数が朝鮮人だったといいます。


金日成は、この頃から本名の金成柱ではなく、金日成を名乗るようになったと言われます。「日成」とは、「太陽に成る」という意味です。当時、抗日闘争を戦っている人物の中に、「金日成」を名乗っていた人物が複数いて、北朝鮮が建国された後は、これらの人々の功績が、すべて金日成が成し遂げたこととされてしまったのです。

一九三二年春、金日成は朝鮮人武装隊を組織します。北朝鮮では、結成されたのが四月二五日だったとして、この日を「朝鮮人民軍の創設記念日」として祝っています。

この当時、中国共産党員の朝鮮人は、中国人党員から「日本のスパイ」と見なされることも多く、多数が殺害されるという悲劇も起きています。五〇〇人ないし七〇〇人が犠牲になったと言われています。壮絶な「内ゲバ」でした。金日成も、一時はスパイと疑われたことがあったといいます。

✡朝鮮半島東北部で一時活動

その後、金日成の部隊は朝鮮半島東北部でゲリラ活動を展開します。この当時、金日成は、日本を相手にした戦闘で名を上げます。

一九三七年六月、金日成率いる部隊は、朝鮮半島東部の普天堡《ポチヨンボ》を攻撃しました。戸数三〇八戸、警察官五人が常駐する小さな町でした。金日成の部隊は役所や住宅を焼き払いました。警察官五人は逃げて無事でしたが、背負われていた警察官の子どもが死亡。日本人の料理店店主も死亡しました。

日本側の被害はこれだけ。攻撃自体はほとんど成果を上げませんでした。この攻撃は新聞に大きく報道され、「金日成」の名が知られるようになりました。現在の北朝鮮では、日本軍に大打撃を与えた歴史的な戦いということになっています。

翌年から日本側による攻撃が激しくなり、金日成の部隊は中朝国境に向けて逃走します。一九三八年一一月から翌年三月まで雪の中を逃げたのです。これを現在の北朝鮮は、「苦

コラム

普天堡電子楽団

北朝鮮には、この普天堡の名をつけた楽団がある。普天堡電子楽団という。 金正日総書記の指示により、1985年に結成された。

ギターやキーボードを使った軽快な音楽を演奏するスタイルが、北朝鮮のイメージと大きく異なり、1991年に日本で公演したときには話題になった。

来日当時、私は「日本人を襲撃した事件にちなむ名前の楽団が日本に公演に来るとは」と、違和感を覚えた。

難の行軍」と呼んでいます。「行軍」と表現していますが、要するに逃走でした。

それでも一九四〇年三月には金日成の部隊が成果を上げています。日本の警察署の前田武市署長率いる警官隊が金日成の武装隊を追撃すると、追い詰められた金日成の部隊は、待ち伏せ攻撃をします。

これにより前田部隊一四〇人のうち一二〇人が死亡したといいます（和田春樹『北朝鮮現代史』）。ただし、殺害された警察官のほとんどは朝鮮人警察官でした。彼らの中には、死の間際に「天皇陛下万歳」を叫ぶ者もいたといいます。

殺害された人数には異説もあり、前田部隊は一五〇人で殺害されたのは七六人だという説もあります（ブルース・カミングス著、杉田米行監訳『北朝鮮とアメリカ　確執の半世紀』）。

金日成、ソ連に逃げ込む

日本の治安部隊に追われた金日成の部隊は、一九四〇年一〇月、ソ連に逃げ込みました。その直前、金日成は行動を共にしていた金《キム》正淑《ジョンスク》と結婚しています。

金日成は、ソ連領内にいて、満州などへ出撃することを考えていたようですが、一九四一年、日ソ中立条約が結ばれたことで事情は変わります。ソ連は、金日成の部隊が満州などで日本軍と交戦することを恐れ、ソ連国内の野営地に留め置くことにしたのです。

翌年、この野営地で金日成の妻の金正淑は男の子を出産しました。これが金正日《キムジョンイル》です。ソ連で生まれたこともあり、「ユーラ」というロシア名がつきました。さらにいえば、「シューラ」という弟も誕生しましたが、一九四七年、北朝鮮に戻った後、庭の池で溺死したとされています。こちらは朝鮮名がつく前に亡くなっているのです。

しかし金日成は、その後、北朝鮮が建国されると、「日本の支配下にあった朝鮮に留まって日本軍と戦闘を続けていた」という神話が作られますから、息子の金正日がソ連国内で生まれていては、話の辻褄《つじつま》が合いません。そこで、白頭山《ペクトサン》（朝鮮の霊峰。日本人にとっての富士山のような存在）の山中の秘密基地で一九四二年二月一六日に生まれたということになっています。

しかし、実際には金正日はソ連領内で生まれ、金正淑は乳の出が悪かったので、別の朝鮮族の女性（李在徳《イジェドク》という名前）が、母親に代わって乳を与えたと証言しています（金《キム》賛汀《チャンジョン》『北朝鮮建国神話の崩壊』）。ソ連が崩壊したことで、ロシア国内で、こうしたことを証言する人たちが出てきたのです。

金日成、ソ連軍大尉に

日ソ中立条約を結んだソ連でしたが、一九四二年八月になると、対日戦争を考えるようになります。そこで、朝鮮半島に攻め込むときに備えて、朝鮮人部隊に軍事訓練を施すことにしました。彼らをソ連赤軍に編入し、赤軍第八八特別狙撃旅団を編成しました。彼らはソ連軍兵士となり、金日成はソ連軍大尉となったのです。

第八八特別狙撃旅団は一〇〇〇人を超える部隊で、その大半は中国人でした。一部にソ連軍兵士も含まれ、四つの歩兵大隊に分かれ、金日成は、第一大隊の六〇人の朝鮮人兵士を率いていました。

一九四五年八月九日、ソ連は日本に対して宣戦布告します。日ソ中立条約を破る行動でした。ソ連軍は、満州に駐留していた日本軍（関東軍）を攻撃しました。

北朝鮮では、このとき朝鮮人民軍がソ連軍と共に決起し、朝鮮の各都市を解放した、ということになっています。日本の朝鮮学校で使われている歴史教科書には、次のように書かれています。

「敬愛する主席様（著者注・金日成のこと）におかれては1945年8月9日、朝鮮人民革命軍の全部隊に祖国解放のための総攻撃命令をだされた。

朝鮮人民革命軍の部隊はソ連軍との緊密な連携のもと、日帝が誰も破ることができないとうそぶいていた国境の要塞に強烈な攻撃を仕かけ、それを一瞬のうちに打ち破り豆満江《トマンガン》を渡った。そして、8月9日に慶源《キョンウォン》、慶興《キョンフン》を解放し雄基《ウンギ》（先鋒）方面に進撃、国内の広い地域をあいつぎ解放した。

これ以上持ちこたえられなくなった日帝は、連合国の『ポツダム宣言』を受け入れ、最終攻撃作戦が始まって1週間もたたない1945年8月15日に無条件降伏した。（中略）

こうして朝鮮人民は、41年間にわたる日帝の植民地統治から解放された。20余年にわたる朝鮮人民の抗日革命闘争は、輝かしい勝利をおさめ祖国は解放された」（萩原遼・井沢元彦『朝鮮学校「歴史教科書」を読む』）

ここには米軍など連合国軍のことは全く登場しません。日本を敗北に追い込んだのは、まるで金日成ひとりの功績であるかのような描写です。

実際には、ソ連軍の満州、そして朝鮮攻撃に金日成は同行していませんでした。ソ連軍の基地内にいたのです。

金日成、北朝鮮に「凱旋」

ソ連軍は、朝鮮半島北部を占領すると、親ソ国家の建設を計画します。そのためにはソ連の言うことを聞く朝鮮人の指導者が必要になります。この頃、金日成はモスクワに呼ばれ、ソ連のスターリンに会ったと言われます。朝鮮の指導者としてふさわしいか、スターリンの面接を受けたとされています。その後の推移からして、面接試験に合格したのでしょう。

ソ連では一九三〇年代、スターリンによる粛清の嵐が吹き荒れ、共産主義インターナショナル（ソ連共産党の国際組織）に参加していた朝鮮人は、全員「日本のスパイ」として処刑されていました。つまり、共産主義インターナショナルには、北朝鮮に送り込むべき朝鮮人がいなかったのです。

一九四五年九月二日、日本は東京湾に停泊した米戦艦ミズーリ号の艦上で降伏文書に調印。正式に降伏しました。

この後、金日成の一行は、ソ連の軍艦でウラジオストクを出発。九月一九日、朝鮮半島北部の東海岸にある港、元山《ウオンサン》に入港しました。金日成は三三歳という若さでした。

ソ連に見出《みいだ》されたソ連軍大尉が、ここから、戦後の北朝鮮の歴史に名を残す人物になっていくのです。

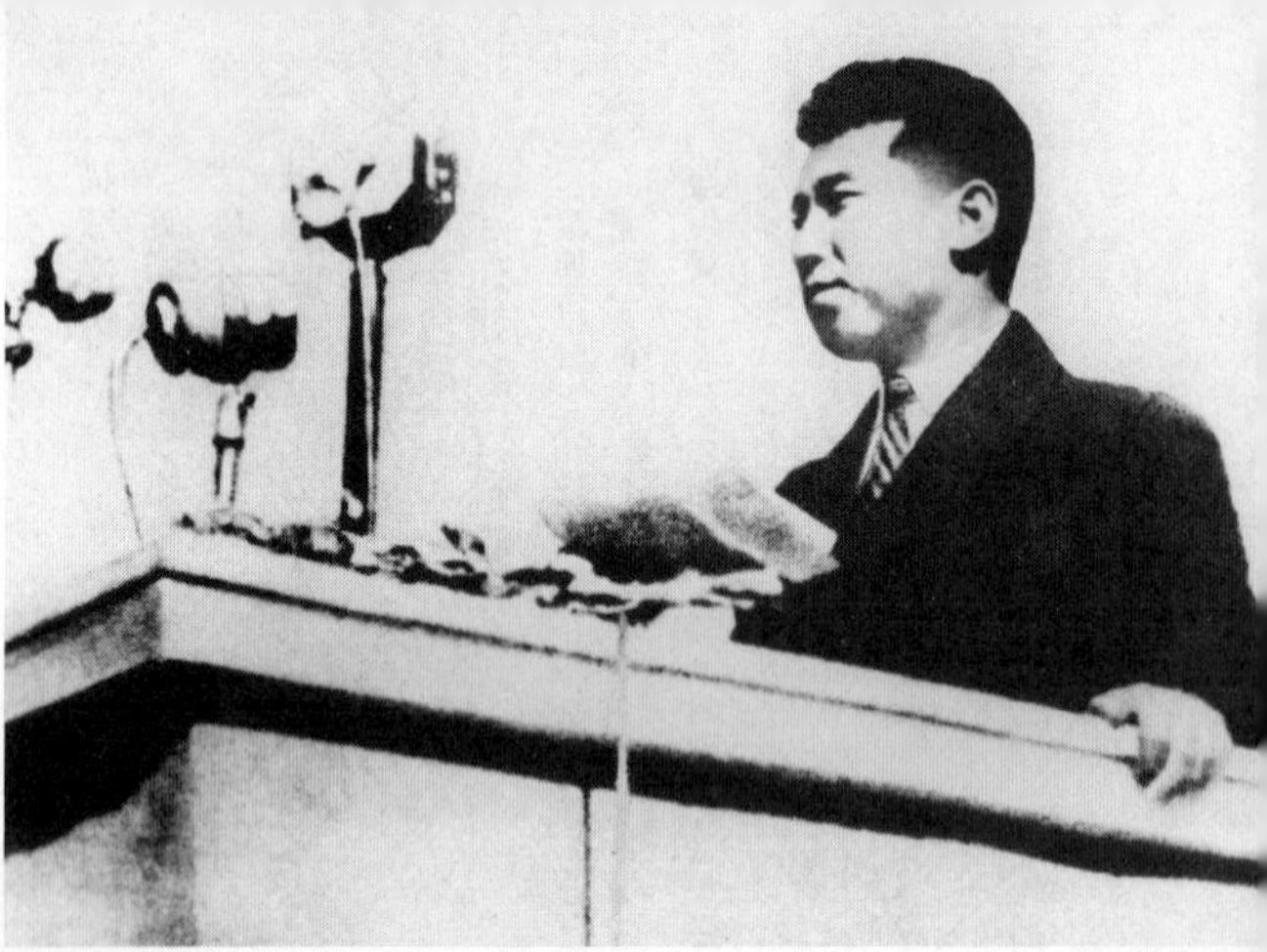

平壌で開かれた解放を祝う式典で、市民を前に初めて姿を見せた金日成（1945年10月14日）

一〇月一四日、ソ連軍と共に朝鮮解放を祝う平壌市民大会が開催され、金日成が演説しました。金日成が出席することは予告されていたので、多くの市民が「伝説の将軍・金日成」を一目見ようと詰めかけました。七万人が収容できるというスタジアムが群衆で埋まりました。

当時は「抗日の英雄・金日成」の伝説が語り継がれていましたから、人々は老将軍が登場するものと思っていました。

しかし、実際に登場したのは、背広姿の青年でした。しかも朝鮮語がたどたどしかったといいます。朝鮮半島を出てから長く中国にいたことから、中国語は堪能でも、朝鮮語は覚束《おぼつか》なくなっていたのです。

これを見て、大会に出席した人たちの中から、「カッチャ」（偽者）の声が相次いだといいます。

このとき金日成はソ連軍の赤旗勲章を胸につけていましたが、やがて金日成が「朝鮮民族の偉大な指導者」ということになると、ソ連軍兵士であることがわかる写真は支障があります。現在公表されている写真では、胸の勲章は塗りつぶされています。

現在の北朝鮮の首都平壌には、パリにあるものより高い「凱旋門《がいせんもん》」が立っています。金日成将軍の「凱旋」を記念して建てられたものです。

金日成の権力掌握

ソ連によって北朝鮮の指導者に選ばれた金日成ですが、朝鮮半島に戻れば、指導者としての実力と経験は不足していました。

前に述べたように、朝鮮共産党の本部はソウルにあり、朴憲永《パクホニヨン》が委員長でした。朝鮮半島北部には「朝鮮共産党北部分局」が設立されましたが、この局の初代議長は金日成ではなく、金鎔範《キムヨンボム》。この人物は、一九三〇年代にソ連から朝鮮半島の地下活動のために送り込まれた人物でした。ソ連から送り込まれた金日成は、まだ確固たる地位を確立するには至

平壌の凱旋門。パリの凱旋門より高く作られている（1982年4月建造）

っていなかったことがわかります。

金日成が党のトップに立つのは一二月になってからのことでした。ソ連の後押しによるものでした。

さらに翌年には、朝鮮共産党北部分局が、北朝鮮共産党中央委員会に衣替えします。つまり北朝鮮独自の共産党になり、朴憲永率いるソウルの共産党の下部組織ではなくなるのです。

前にも述べましたが、日本が敗北して撤退した当時、朝鮮半島北部には、人々によく知られた民族主義者の曺晩植《チョマンシク》がいました。キリスト教徒で、日本の植民地支配に対して非暴力抵抗運動を続けていたので、「朝鮮のガンジー」とも呼ばれ、人々の敬愛を集めていました。

北部を占領したソ連軍にとっては、人々の支持を得る上で、曺晩植との連携は欠かせないものでした。

しかし、一九四五年、英米ソ三国外相会談の結果、朝鮮半島を五年間にわたって連合国が信託統治することを決めると、曺は激しく反発します。早期独立の希望を壊すものだったからです。

ソ連の方針に反対した曺は、自宅軟禁に追い込まれた後、一九五〇年にはソ連軍によって処刑（銃殺）されてしまいます。

ソ連の方針は絶対であり、広く人々に支持された人物であっても、抵抗する者には容赦なかったのです。

こうして金日成の行方を阻む者は姿を消しました。

北朝鮮は「人民民主主義」に

一九四六年七月、「朝鮮民主主義民族統一戦線」が結成されました。これは、共産党流の「統一戦線」方式でした。北朝鮮国内の合法政党を集合させたものです。共産党、新民党、民主党、それに天道教の青友党です。「幅広い人民の意思を結集した民主主義組織」というのが建前ですが、実際は、共産党の指導的役割が認められていました。共産党と新民党は、その後合併して朝鮮労働党になります。

これは、ソ連が占領した東欧諸国でも実施した手法でした。「人民民主主義」という概念です。共産主義を一気に導入するのではなく、「人民」に対して「民主主義」を徹底させることで、共産党の支持を高め、将来的には共産主義を目指すというものです。

当面は共産党一党が突出するのを避け、「民主主義的な組織・団体」に所属する人民を共産党が指揮するという構造になっていました。

ここでの政策は、社会主義的なものではなく、あくまで「民主主義」を徹底させることになっていました。このため企業に関しては、すべてを国有化するような社会主義的政策はとらず、日本人とその協力者の所有物のみが国有化されることになっていました。

しかし、植民地時代に日本との関わりがなかった企業は存在しませんでしたから、結果としてほとんどすべての企業が国有化されたのです。「民主主義」を掲げながら、社会主義政策を遂行する。これがスターリン方式でした。

さらに一九四七年一二月には、北で独自の通貨が発行されました。南北で別々の通貨を使うことになったのです。これは、南北経済の断絶を意味しました。

それより前の一九四六年二月にはソ連軍の指導のもとで北朝鮮の統治機構として北朝鮮臨時人民委員会が組織されました。委員長には金日成が就任しました。

そして一九四六年一一月、人民委員会は全国で選挙を実施しました。選挙に立候補できるのは、朝鮮民主主義民族統一戦線に参加している政党の党員だけ。小選挙区ですから、当選するのは各選挙区で一人だけ。立候補できるのも一人だけですから、人々は賛成（信任）するか反対（不信任）するか、棄権するか、そのどれかを選ぶしかありませんでした。

棄権は、当局の方針を認めないことですから、公然と反旗を翻すこと。あまりに危険な行動でした。

投票所には賛成と反対の二つの投票箱があり、有権者は、衆人環視のもとで、投票用紙をどちらかの箱に入れるのです。わざわざ危険を冒して反対票を投じる人はほとんどいませんでした。

かくして、立候補した人は全員当選しました。事前にどの政党が何人を当選させるか割り当てが決められ、その人数分だけ立候補しました。

朝鮮民主主義人民共和国建国

一九四八年五月、南朝鮮で国会議員選挙が実施されました。北部では選挙が実施できなかったため、北部の議席を空白にする形で、議会が成立します。そして八月一五日、朝鮮半島全体を包含する大韓民国の建国が宣言されました。朝鮮半島全体の首都はソウルとされました。

これに対して、同年の七月には北朝鮮人民会議が朝鮮民主主義人民共和国の憲法を承認し、この憲法にもとづいて朝鮮最高人民会議の選挙を実施すると宣言しました。この選挙は、八月二五日に北朝鮮全土で実施され、南朝鮮でも密《ひそ》かに実施されたことになっています。

これにもとづき、やはり朝鮮半島全体をまとめた国家・朝鮮民主主義人民共和国の建国が九月九日に宣言されたのです。

このときの政治的トップの職位は首相で、金日成が首相に、第一副首相兼外相は、南で活動してきた朴憲永が就任しました。南北を代表する正統政府という形式をとったのです。

金日成は「首領」や「将軍」と呼ばれた

北朝鮮が建国されるより前の一九四八年二月には朝鮮人民軍が創設されています。国家より先に軍隊が誕生していたのです。

一年後の人民軍創設記念日に、金日成は初めて「首領」と呼ばれました。首領という呼び方は日本では馴染みがありませんが、朝鮮では高句麗《こうくり》時代の言葉で、最高あるいは最大の指導者という意味です。

朝鮮人民軍は、金日成率いる抗日遊撃隊（パルチザン）を母体として建設されたことが強調され、金日成と行動を共にしてきた遊撃隊のメンバーもまた英雄扱いされるようになります。

遊撃隊のメンバーは、金日成を「将軍」と呼び、金日成も将軍と呼ばれることを好みました。

「金日成も遊撃隊の友人もどこか軍閥のようであり、どこか五〇〇年前の王朝の誕生を思い出させるものがあった」「満州での経験は北朝鮮の真実、物語、ドラマ、神話、聖人伝のるつぼだ」（『北朝鮮とアメリカ　確執の半世紀』）

第四章

「同じ民族の殺し合い」という悲劇

朝鮮戦争

野鳥の王国となった非武装地帯

草原が広がり、野鳥がさえずる。湖沼や湿地帯もあり、野鳥の王国となっている。そんな大自然の中を通る道は、共同警備区域の板《パン》門店《ムンジョム》に通じています。

朝鮮半島を南北に分断する軍事境界線の南北各二キロは、非武装地帯となり、人の立ち入りが禁じられています。長さ二四八キロにも及ぶこの地域は、六〇年もの間、自然のなすがままに放置され、結果として、野鳥の楽園になったのです。この地域では、タンチョウヅルやアムールヒョウなど一〇〇を超える絶滅危惧種の存在も確認されているそうです。

かつて同じ民族が殺し合った結果、大自然が残される。皮肉としか言いようがありません。非武装地帯を挟んだ二つの国は、いまも戦争を止《や》めてはいないのです。

大自然が残る非武装地帯の外側には、即応体制を解くことのない戦闘部隊が待機しています。

こんな事態が続いている理由。それは、一九五〇年六月にさかのぼります。

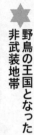

北朝鮮の大軍が三八度線を越えた

一九五〇年六月二五日、日曜日の午前四時四〇分。北朝鮮人民軍は、北緯三八度線の全線で一斉に砲撃を開始します。砲撃は場所により、二〇分から四〇分程度続きました。砲撃が終わると、歩兵部隊が一斉に三八度線を越えて、韓国側に攻め込みました。

北朝鮮の人民軍は、それより数日前から、演習を名目に三八度線の北側に集結していま

非武装地帯を監視する韓国軍兵士

した。人民軍の工兵部隊は、すでに前日の二四日から密かに三八度線を越え、南側に敷設されていた地雷の撤去に当たっていました。歩兵部隊は、工兵部隊が事前に切り開いた安全地帯を通過したのです。

歩兵部隊の前を進軍したのは、ソ連軍が北朝鮮から撤退したときに残していったT34戦車でした。当初は一五〇両でしたが、さらにソ連から一〇〇両が追加され、戦車は二五〇両になっていました。

それまでに三八度線付近では、両国軍のこぜりあいが頻繁にあったため、韓国軍はこれを全面的な攻撃だとすぐには認識せず、反撃態勢は整いませんでした。

しかも、六月一〇日には韓国軍内部で大規模な人事異動があり、新しい任務についた将校たちは、それぞれの部隊を把握できていない状況でした。また、実家が農家の兵士は、この時期が農繁期ということで、多くが週末の休暇で手伝いに帰っていました。

さらに前日の二四日は、ソウルの将校クラブの開所式があり、韓国軍の幹部やアメリカの軍事顧問など約一〇〇人が集まり、深夜までパーティーが続いていました。翌日、非常招集を受けた韓国軍の将校の中には、二日酔いが多くいたともいわれています。

朝鮮戦争の開戦当初は、南北どちらが先に攻撃したかをめぐり論争が起きましたが、こうした客観的な状況を見れば、答えは明らかです。

★韓国軍に戦車はなかった

北朝鮮人民軍の二五〇両の戦車に対し、韓国軍は貧弱なバズーカ砲で反撃するしかありませんでした。というのも、韓国軍には一両の戦車もなかったからです。

韓国軍の軍事顧問である米軍は、そもそも戦車は、ヨーロッパやロシアの大平原での戦争に有効であり、朝鮮半島のような山がちなところでは役に立たないと判断していたのです。

それでも韓国軍は、北朝鮮の攻撃に備えて戦車を配備してくれるようにアメリカに要請していましたが、攻撃が始まったときには間に合いませんでした。

実際には、歩兵を後ろに率いて道路を進軍する戦車の威力は絶大で、歩兵が中心の韓国軍は、総崩れになって退却しました。当時の韓国軍が持っていたバズーカ砲では、T34戦車の装甲を撃ち抜くことができませんでした。

北朝鮮による侵攻に威力を発揮した
ソ連製の戦車「T34」

朝鮮半島は中国と接しているため、中国にも多くの朝鮮系住民がいました。中国国籍でありながら朝鮮語を話す人たちです。彼らのなかには、中国内戦時に人民解放軍に所属して、国民党軍と戦った兵士も多くいました。その実戦経験の豊富な朝鮮系の人民解放軍兵士が兵器や装備ごと、北朝鮮に送り込まれていました。毛沢東《もうたくとう》によって北朝鮮に供与された一万七〇〇〇人の兵士たちは、朝鮮戦争の開始とともに大きな成果をあげます。

一方の韓国軍の将校の中心は、日本軍に所属していた過去を持ち、彼らは内部から「親日派」として疎まれていました。残りの将校は、実戦経験のない「光復軍」のメンバーでした。兵士たちは、軍隊に入ったばかりの若者が大半で、素人同然のような状態で開戦を迎えたのです。

さらにアメリカ軍も韓国からは撤退していて、わずかな軍事顧問が残っているばかりでした。

北朝鮮は南に軍を進め、戦争開始からわずか三日で韓国の首都であるソウルを占領してしまいました。

金日成、「攻撃に反撃」と演説

開戦の翌日の二六日午前八時、金日成《キムイルソン》はラジオを通じて演説し、全国民に総決起を呼びかけました。内容は、次のようなものでした。

「売国逆賊李承晩《イスンマン》かいらい政府の軍隊は、六月二五日、三八度線の全域にわたって三八度線の以北地域にたいする全面的な侵攻を開始しました。

勇敢な共和国警備隊は、敵の侵攻を迎えうって苛酷な戦闘を展開しながら李承晩かいらい政府軍の進攻を挫折させました。

朝鮮民主主義人民共和国政府は現情勢を討議し、人民軍に決定的な反攻撃戦を開始して敵の武装力を掃討せよ、と命令しました」

「李承晩売国逆徒たちがひきおこした同族同士の内戦に反対してわれわれがすすめる戦争は、祖国の統一と独立、自由と民主主義のための正義の戦争であります」（萩原遼『朝鮮戦争』）

このように金日成は、韓国が先に攻撃してきたから、北朝鮮は反撃したと虚偽の宣伝を振りまいたのです。

当時、日本では、これを真に受けた人々もいて、「朝鮮戦争は南が仕掛けた戦争だった」と主張した人たちも多くいたのです。当時のメディアも、南北双方が「相手が先に攻撃してきたと言っている」という伝え方をしました。真相が明らかになるのは、だいぶ経ってからだったのです。

しかし、北朝鮮の将兵たちは、自分たちから仕掛けた戦争であることを知っていました。先に攻撃を仕掛けるのは、許されることなのか。疑問に思った人たちもいるはずです。その人たち向けに、北朝鮮国内で、仕掛けた戦争であっても正しいことを理論的に裏付ける論文が出ていました。朝鮮戦争の実相を地道な研究で明らかにした萩原遼氏は、著書の中で、一九五〇年六月三〇日発行の朝鮮労働党の理論誌『勤労者』に掲載されていた論文を紹介しています。

「平和愛好国家が侵略者の侵攻を予見し、この攻撃に先だって進攻する場合もあり、（中略）こうした場合には、さきに攻撃したからといって不正義の戦争の性格をおびているわけではなく、こうした戦争は正義の戦争である」

「正義の戦争はかならずしも自己の領土内においてのみおこなわれねばならないという理由はないし、強奪者たちを撃滅するためにはどこであろうとその本拠地まで追撃し、撃破しなければならないものだからである」（同書）

北朝鮮が、どのような理屈で攻撃を開始したかがよくわかる論文です。国内向けには、このような理論で正当化しつつ、国外向けには、「韓国が先に攻撃してきた」と主張していたのです。

ソウルの大混乱

開戦から三日後の二八日、早くも首都ソウ

ルが陥落します。それに先立って、開戦当日の夜には、李承晩大統領が首都を大田《テジョン》に移すと言い出します。アメリカの駐韓国大使はソウルに残留するように説得しますが、李大統領は聞き入れません。大統領が捕虜にならなければ反撃のチャンスもある。それはその通りですが、北部で必死に反撃を試みている自国の軍隊をさっさと見捨てる発言でした。

李大統領は、二七日未明にソウルを脱出。首都を大田に移すと自分で宣言しながら、実際にはさらに南の大邱《テグ》まで逃げてしまい、逃げ過ぎたと反省した李大統領は、大田まで戻りました。

ソウルに残った陸軍参謀総長は、人民軍突入の知らせを受け、ソウルを脱出します。そして、人民軍の追撃を少しでも遅らせるため、

コラム

このときの反省から

北朝鮮軍の進撃を抑えることができなかった反省から、いまの韓国では、軍事境界線からソウルに向かう道路には、人工のトンネルがいくつも建設されている。コンクリート製のトンネルには爆薬が仕掛けられ、いざとなると、トンネルを爆破して道路を通れなくする仕掛けになっている。

また、漢江にかかる橋にも爆薬が仕掛けてある。

マンションが安かった

漢江にかかる橋が爆破され、漢江の北側に住んでいた人たちが避難できなかったことから、朝鮮戦争が停戦になった後も、同じソウル市内でありながら、漢江より北は開発が進まなかった。土地代は安く、マンションの販売価格も低い状態だった。

韓国が民主化され、金《キム》大中《デジュン》、盧《ノ》武《ム》鉉《ヒョン》と「太陽政策」で北朝鮮との共存路線を取る政権ができてからは、安心感から漢江北側の再開発が進んだ。

ソウル中心部を流れる漢江《ハンガン》の橋を爆破してしまいます。

このとき橋の上では、人民軍から逃れようと多数の市民が家財道具を持って逃げ惑っていました。こうした人々が大勢犠牲になったのです。韓国政府も韓国軍も、混乱を極めていました。

金日成、スターリンを説得

金日成は、北朝鮮の建国当初から、朝鮮半島統一の機会を狙っていました。一九四九年と一九五〇年にソ連を訪問し、スターリンに攻撃の許可を求めています。

特に一九五〇年四月の会談で金日成は、朝鮮半島の武力統一の方針の支持を訴えました。この事実は、一九七〇年に出版されたソ連の元首相フルシチョフの回想録で明らかにされています。

さらに、この会談に同席していた南朝鮮労働党の朴憲永《パクホニヨン》のメモが公表され、その内容もわかってきました。

金日成は「攻撃は迅速に遂行され、三日あ

朴憲永。
朝鮮共産党の創設メンバー。
朝鮮戦争開始に関わったが、
金日成に粛清された

れば勝利できる」とスターリンに言っています。北朝鮮の人民軍が南に攻め込めば、アメリカの傀儡《かいらい》政権である韓国政府に反感を抱いている南の人民は必ず立ち上がり、速やかな軍事統一が成し遂げられるはずだと訴えたのです。

これに太鼓判を押したのが、南朝鮮労働党のトップである朴憲永でした。朴も、南朝鮮労働党は組織がしっかりしており、北からの攻撃に武器を持って呼応する、とスターリンに伝えました。

「朝鮮半島を見捨てた？」アチソン発言

アメリカを刺激したくないため、北朝鮮による攻撃を渋っていたスターリンを決断させた理由のひとつに、「アチソン発言」があったとも言われています。

一九五〇年一月一二日、アメリカの国務長官ディーン・アチソンは、ワシントンのナショナル・プレスクラブで演説し、「アメリカはアジアを大切に守る」と発言しました。そして、その守るべき線、つまりアメリカの極東防衛線は「アリューシャン列島、日本本土、琉球列島、フィリピンである」と説明したのです。

ここには朝鮮半島も台湾も含まれていません。つまり、防衛線に含まれていない以上、北朝鮮が半島を軍事統一してもアメリカは介入しないのではないか、という憶測が芽生えたのです。

この「アチソン発言」は、結局は失言ということになりましたが、なぜそう言ったのかは、はっきりとしていません。単に言い忘れたという説もあり、当時アメリカが駐留していた場所を言ったにすぎないという説もあります。

理由はどうであれ、この発言によって金日成やスターリンは「朝鮮半島で戦争が始まっても、アメリカは介入しないのではないか」と考えた可能性が十分にあるのです。

また金日成自身が、中国での毛沢東の成功に影響を受けていたこともあります。毛沢東率いる共産党軍は、一九四九年の一二月に蔣介石《しょうかいせき》の中華民国政府を台湾に追いやり、大陸を武力で統一しています。

「政権は銃口から生まれる」という自身の言葉を実践した毛沢東を見て、朝鮮半島も武力で統一できると判断したのではないか、というわけです。

こうして金日成の度重なる説得により、北朝鮮人民軍の南への攻撃が、ソ連に認められたのでした。中国の毛沢東も、ソ連に続いて許可を出します。

李承晩も北進を考えていたが

一方、大韓民国の大統領である李承晩は、一九五〇年二月に日本に来て、マッカーサーと会談をしています。李承晩は、たとえアメリカに否定されても、北側に攻め込んで朝鮮半島を統一したいと考えていました。

李承晩はマッカーサーに対し、いずれスターリンのソ連は金日成をけしかけて南に攻め込んでくるであろうし、そのときこそ大韓民国とアメリカが反撃に出て、一気に半島を統一してしまいたい、と言っています。これに応えてマッカーサーは、「原爆をも辞さない覚悟でぶつかりましょう」と賛同を示しています。

北側の攻撃を待ってそれを受け止め、反撃に転じて武力で半島を統一する、という見解の一致をみたのです。

ところが、この時点で、米軍は兵士も装備も朝鮮半島からすっかり撤退していました。

北側の侵攻を予測し、その攻撃にソウルが

北朝鮮侵攻論で一致していた
マッカーサーと李承晩

耐えられなければ、いったん釜山《プサン》まで後退し、そこで防御線を構築する、といった具体的な構想まで練られていましたが、その準備がまるで整わないうちに、一九五〇年六月二五日という日を迎えてしまうのです。

アメリカ、軍事介入を決断

北朝鮮が韓国を攻撃してもアメリカは介入してこないだろう、という金日成やスターリンの思惑に反して、トルーマン大統領は即時に軍事介入を決断します。

六月二五日の午後二時（アメリカ東部時間）、国連安全保障理事会は北朝鮮に対し、敵対行為の即時中止と三八度線への軍の撤退を要求するアメリカの決議案を採択しました。

通常でしたら、アメリカの提案に対しては

ソ連が拒否権を行使し、安全保障理事会は何も決められないのですが、このときは違いました。

ソ連は、国連安全保障理事会を欠席していて、拒否権を行使できないでいたのです。国連の常任理事国のひとつであった中華民国は台湾に逃れ、大陸に中華人民共和国が成立したにもかかわらず、常任理事国が中華民国から中華人民共和国に交代されないことに抗議してボイコットしていたのです。

そして七月七日、国連安全保障理事会は、国連軍の韓国派遣を決議し、加盟各国に部隊の派遣勧告が出されます。アメリカが任命する司令官の指揮下に部隊が編制され、最終的に一六か国が朝鮮半島に派兵することになりました。

現在も韓国には、アメリカ軍が駐留していますが、建前は国連軍です。ですから、在韓アメリカ軍は国連の旗を掲げているのです。

ただ、よく考えると、ソ連の行動は不可解でした。いくらボイコットしていたにせよ、朝鮮半島の決議に関しては出席してノーを言うことができたはずです。

このときソ連のスターリンは、国連安保理に出席して北朝鮮を支持するような発言や行動をすれば、ソ連は北朝鮮と共謀していたと国際社会から非難されるのを恐れたのではないかというのです（和田春樹『朝鮮戦争全史』）。

さらにソ連はアメリカに対して、「ソ連政府は外国勢力による朝鮮への内政干渉は許されないという原則を固守する」（同書）と答えています。

これでアメリカは、米軍が朝鮮半島に出動

しても、ソ連軍が北朝鮮支援に出てくることはないと確信。安心して韓国の支援に乗り出したのです。

南下する北朝鮮人民軍

国連軍を派遣するに至った国連ですが、その中心はアメリカ軍でした。そのアメリカ軍は、実は本国からの派兵が間に合わず、日本に駐留していた七万人のアメリカ兵が急遽送られることになりました。

この七万人の大半は、兵役についたばかりの新兵でした。太平洋戦争で日本が降伏したときに日本に駐留してきたアメリカ兵は、すでに一九五〇年には、ほとんどがアメリカに帰っていました。その代わりに新兵たちが日本に派遣されていたのです。占領下の日本では、戦闘が起こるはずはなく、戦争経験のない新兵でも治安維持は可能だとの判断からでした。

彼らは、朝鮮半島の事情や状況を知らないまま、「クリスマスまでには帰れるから」と言われて、韓国軍を応援するために朝鮮半島に送られました。

しかし、各地で韓国軍を撃破して南下する北朝鮮軍の前に、米軍を中心とする国連軍はいたずらに死体の山を築くばかりでした。戦争開始から約二か月後の七月三一日には、韓国軍と国連軍は、朝鮮半島の南東部の釜山を中心とするわずかな半円形の土地にまで追い込まれてしまいました。

一時は韓国政府が臨時首都にした大田も七月二〇日に陥落しました。ここを守っていた米軍第二四師団は壊滅的な打撃を受け、師団長のディーン少将は人民軍の捕虜になってしまう始末でした。

このとき撤退する韓国軍は、大田の刑務所に収容していた政治犯約一八〇〇人を三日間かけて虐殺して逃走しました。

これ以降、南北双方それに米軍による住民虐殺が相次ぎます。

七月二六日から二九日にかけては、大田の南の村で、避難民約一〇〇人が米軍により虐殺されました。米軍にとって、大量の避難民が北朝鮮の人民軍に情報を提供しているスパイに見えていたのです。

韓国軍側は釜山に追い詰められた

北朝鮮人民軍は、あとわずかで半島を軍事統一するところまで攻め込みましたが、韓国軍と米軍の必死の抵抗にあい、釜山の半円形の陣は攻めあぐねました。

同時に、三八度線以北の本国から武器や弾薬、食糧などを届ける補給路は、その距離が長くなり、時間がかかるようになっていました。さらに米軍の空爆によって補給路が断たれたり、補給物資自体が大きな被害を受けたりしました。七月二〇日までに、国連軍は、一三二機あった北朝鮮の空軍機を壊滅させ、制空権を握ります。

国連軍たる米軍は、この戦争に初めてジェット戦闘機を投入しました。第二次世界大戦末期にジェット戦闘機の開発は進んでいたのですが、実戦で使われたのは、これが初めてでした。

北朝鮮の戦闘機や爆撃機は壊滅状態となっていましたが、その後、散発的に北朝鮮の空

北朝鮮軍から逃れて、南に避難する住民

軍機（ソ連製のミグ戦闘機）が米軍機に立ち向かい、空中戦が展開されました。ジェット機同士の空中戦が初めて行われた戦争でもありました。

これはソ連が崩壊して明らかになったことですが、当時の北朝鮮軍のミグ戦闘機のパイロットは、実はソ連の空軍兵で、北朝鮮の軍服を着て北朝鮮兵を装っていたのです。

北朝鮮人民軍は、あと少しで韓国軍と国連軍を攻め落とすところまでいきながら、最前線に届く武器や食糧はわずかなものになり、飢えと武器不足に悩まされる兵士の間では脱走も相次ぎました。

これを知った金日成は八月、「八十一号命令」を出し、「戦場から逃亡しようとする者を、職位のいかんを問わずその場で射殺すること」と前線に伝えます。米軍の反撃は激しくなり、補給物資は届かず飢えに苦しみながら、それでも人民軍の兵士は前進せざるをえませんでした。

「南の人民」は決起しなかった

北朝鮮の人民軍兵士たちは、「人民軍が進軍すれば、南朝鮮の人民は歓呼の声を上げて歓迎する」「人民軍を迎える」「南朝鮮労働党の党員たちが決起して人民軍を迎える」と聞かされてきました。

ところが、そのようなことは起きませんでした。人民軍が占領した地域では、義勇軍の募集が行われましたが、応募者はわずか。多くの住民が、家財道具を持って、南へと逃げて行ったのです。

占領した人民軍は、北朝鮮を建国したときのように「人民委員会」を組織し、大地主の土地を収用して貧農に分配する一方、「反動分子」の告発を奨励するなど密告をさせ、北朝鮮独特の秩序を築いていきます。この過程で、韓国の官公庁や警察などに勤務していた者は容赦なく処刑されました。

国連軍、仁川上陸

釜山での膠着《こうちゃく》状態を打開するために、マッカーサーを司令官とする国連軍は、北朝鮮人民軍の背後を突く作戦を計画します。釜山を支援しつつ、どこか別の港から部隊を上陸させ、北朝鮮を挟みうちにするのです。

このとき、中国の毛沢東は、人民解放軍の優秀な参謀に、「マッカーサーがどういう人物かを徹底的に調べ、彼ならどういった行動に出るかをマッカーサーになったつもりで作戦を考えろ」と命じていました。その結果、マッカーサーは釜山を包囲している北朝鮮軍の背後から攻撃するだろうと、参謀は予測します。しかも、いくつもある上陸に適した港の中から、国連軍が上陸するのは、仁川《インチョン》であろう、とマッカーサーの計画を読み切りました。

これが毛沢東と周恩来《しゅうおんらい》に報告されると、毛沢東はすぐさま北朝鮮の金日成に伝えるように指示しました。

ところが、この中国の進言に金日成は耳を貸しませんでした。これまで北朝鮮人民軍が展開してきたのはゲリラ戦であり、だからこそ韓国軍を追い詰めたのだと、金日成は考えていました。今後、マッカーサーがどのような作戦に出るのかなど、軍事的な予測や計画は考慮していなかったようです。

さらに金日成は、この時点ですでに独裁体制を強めていて、たとえ相手が中国であろうと、進言を好まなかったようです。

こうして、中国が国連軍の仁川上陸を見破っていたにもかかわらず、北朝鮮軍は港に機雷敷設などの手を打つこともなく、国連軍の上陸を容易にしたのです。

そして九月一五日がやってきました。朝鮮半島版の「ノルマンディー上陸作戦」でした。国連軍は二六〇隻の艦隊から七万人の兵を仁川に上陸させました。

この作戦は「クロマイト（鉄鉱石）作戦」と名付けられ、上陸以外にも、半島の東部沿岸におとりの船舶を集結させたりして、北朝鮮軍を惑わす行動も含まれていました。

仁川から上陸することに成功した国連軍は、北朝鮮軍の補給路を断ちつつ釜山に向かいま

朝鮮戦争の戦況を逆転させた国連軍による「仁川上陸作戦」

す。そして、計画通りに釜山を攻撃する北朝鮮軍の背後に回り、北朝鮮軍を孤立させました。これにより、北朝鮮軍は壊滅状態になり、ちりぢりになって北へ敗走することになります。

国連軍は北朝鮮軍を追撃しつつ、ソウルに迫り、激しい攻防戦の末、九月二七日、三か月ぶりに首都を奪回したのでした。

国連軍、三八度線を越える

さらに国連軍は、その勢いのままに北朝鮮軍を追いつめて北上を続け、三八度線を越えました。一〇月一九日には、北朝鮮の首都である平壌《ピョンヤン》を攻撃し、二〇日に占領したのです。平壌で国連軍が目にしたのは、刑務所の死体の山でした。北朝鮮軍が平壌から逃げ出す際に、逮捕していた反体制派を集団処刑していたのです。

その後も北朝鮮軍を追って、国連軍は北上し、遂には中国との国境近くまで軍を進めます。今度は北朝鮮の存亡が危ぶまれる事態になります。三八度線を越えての国連軍の行動は、結果的に戦争のさらなる拡大につながっていくのでした。

これは結果論であり、歴史に「もしも」はありませんが、もし国連軍が三八度線まで巻き返した一九五〇年九月で戦争を終わらせていれば、被害は少なくて済んだはずです。

しかし、三八度線を越えたことで、北朝鮮の住民三〇〇万人、韓国人一〇〇万人、中国人一〇〇万人、米軍兵士五万二〇〇〇人が新たに犠牲になったのです。あまりに大きな犠牲でした。

正体不明の部隊と遭遇

いよいよ中国との国境まで敵を追撃していた国連軍は、一〇月二五日、それまで敗走を続けていた北朝鮮軍とは明らかに異なる正体不明の大軍に出くわします。彼らは国連軍の攻撃をものともせず、人海戦術で反撃してきました。

捕虜にしたその部隊の兵士を国連軍が尋問すると、中国人であることが判明します。しかし、これが中国の人民解放軍の介入であることを、アメリカはなかなか信じようとせず、その対応が遅れるうちに、人民解放軍の人海戦術の攻撃に総崩れとなり、後退を余儀なくされるのでした。

この中国の大軍は「人民義勇軍」だと言わ

れていました。つまり、正規軍である人民解放軍を朝鮮半島に投入したとなると、米軍と中国軍の全面対決になりかねず、第三次世界大戦に発展する可能性もありました。そこで、あくまでも政治的配慮から、朝鮮半島の友人である北朝鮮の苦境を見かねて「人民義勇軍」が結成された、ということになっていました。しかし「人民義勇軍」とは名ばかりで、この一〇〇万人にもおよぶ大軍は、人民解放軍だったのです。

人民解放軍の参戦

北朝鮮が国連軍に屈して崩壊してしまうと、そこは韓国の領土となり、つまりは資本主義国家アメリカと結びつきの強い国と国境線を引くことになります。中国は、これを自国の安全保障に関わる重大な問題であると判断します。北朝鮮やソ連からの軍事支援の要請に消極的だった中国ですが、北朝鮮の崩壊をどうしても食い止める必要があったのです。

中国共産党の主席であった毛沢東は、一九五〇年一〇月八日、人民解放軍の中に人民義勇軍を組織し、朝鮮半島に送って北朝鮮を支援することを決めました。その一〇〇万人もの人民義勇軍を率いた司令官は、日中戦争や国共内戦を戦い抜いてきた彭徳懐《ほうとくかい》でした。

人民義勇軍の第一陣は、一〇月一九日、北朝鮮との国境である鴨緑江《おうりょくこう》を密かに渡ります。

当時の人民解放軍には、補給という観念があまりなく、兵士は七日分の食糧と小銃、一七〇発の弾と三個の手榴弾《しゅりゅうだん》だけを持たされていたと言われています。ときには国連軍が敷設した地雷原に歩兵を突撃させて、自爆することで地雷を除去することもありました。

国連軍の正面から攻撃を加え、国連軍の応戦に倒れた兵士を乗り越えながら新たな部隊が突撃を繰り返すのでした。

この戦術の結果、人民義勇軍は膨大な死者を出すことになりますが、それでも攻撃の手を緩めることはなく、参戦からおよそ二か月で、国連軍を北朝鮮領内から追い出しました。

人民義勇軍の攻撃によって、平壌まで後退した国連軍は、一二月四日、平壌を放棄することを決定。さらに南に押し戻されることになります。この結果、三〇〇万人もの住民が難民となって南に逃げることにもなりました。

核兵器使用を考えた

中国軍の介入によって再び苦戦することになったマッカーサーは、一九五〇年一二月、大統領に、北朝鮮と中国軍に対して核兵器使用の許可を求めます。

マッカーサーは、中国と朝鮮半島を隔てる鴨緑江沿いに、三〇発から五〇発の原爆を投下し、放射能に汚染されたベルト地帯を作り出して、中国軍の朝鮮半島侵入を阻止しようと考えたのです。

しかし、トルーマン大統領は、この計画を許可しませんでした。その代わり、原爆をどのように使えば効果的か、軍が極秘裏に調査を始めます。

さらに、一九五一年四月には、マッカーサー将軍を解任してしまいます。

これは当初、マッカーサーが朝鮮半島での原爆投下を考え、これに驚いたトルーマン大統領がマッカーサーを解任したのではないかと言われました。ところが、実際はそうではなかったのです。「トルーマンがマッカーサーを解任したのは、単にマッカーサーがたびたび命令違反を犯したからばかりではなく、米国政府がひとたび原子爆弾の使用を決断した際に信頼できる司令官を現地に置いておきたかったからだということが、いまでは明らかとなっている」（『北朝鮮とアメリカ　確執の半世紀』）

　朝鮮戦争で国連軍の総司令官に任命されたマッカーサーは、野心に燃えていました。ここで戦功を立てて英雄となり、次のアメリカ大統領選挙で共和党の大統領候補になろうとしていたのです。

　一九五一年三月、苦戦が続く様子に、トルーマン大統領は、話し合いによる和平への方

コラム

日本人は別れを惜しんだ

　マッカーサーは朝鮮戦争の初期、「中国は介入しない」との見通しを持って38度線を越えた。中国軍の兵士が捕虜になったとの戦線からの報告も信じようとはせず、対応が遅れた。

　朝鮮戦争でのマッカーサーの指揮ぶりには部下たちからの不満や不信が渦巻き、トルーマン大統領は、マッカーサーを解任する時期を探っていたのが実情だった。

　しかし、日本人は、戦争の最中に司令官を解任するという大統領の決断に驚いた。「英雄」とされていた将軍でも、大統領はクビにすることができる。日本人は、文民統制の意味を知ったのである。

　マッカーサーがアメリカに帰国する日、羽田空港までの沿道には25万人もの日本人が並び、手を振って別れを惜しんだ。涙を流していた人もいた。マッカーサーは、解任されても日本人には英雄だったのである。

老兵は死なず、ただ消え行くのみ

　トルーマンによるマッカーサー解任は、アメリカ本国でも驚きをもって受け止められた。ニュース週刊誌『タイム』は、「これほど不人気な人物がこれほど人気のある人物を解任したのははじめてだ」と書いた（デイヴィッド・ハルバースタム著、山田耕介ほか訳『ザ・コールデスト・ウインター 朝鮮戦争』）。

マッカーサーは帰国後、ニューヨークで凱旋パレードに臨み、700万人もの民衆が繰り出したという。

次いでマッカーサーは、上下両院合同会議での演説に臨み、次のように話した。

「今わたしは、52年におよぶ軍歴に終止符をうとうとしています。わたしが陸軍に入ったのはまだ世紀が代わる前で、当時は少年時代の全ての希望と夢がかなったように思えたものでした。陸軍士官学校の校庭で宣誓をしてから、世界は幾度となく転変を重ね、あの希望と夢はとうの昔に消え失《う》せてしまった。しかし、今なお、わたしは、あの時代よく兵士が歌っていたバラードの一節をまざまざと思い出すのです。誇り高く歌いあげていたしみじみと心に染みわたる一節を。――老兵は死なず。ただ消え行くのみ。そう、あのバラードのように、わたしはいま軍歴を終え消えて行くのです――神に光を与えられて自らの義務を知り、その義務を果たそうとした老兵として。さようなら」

この名ゼリフにアメリカ中が熱狂したのである。

策を探り始めます。これはマッカーサーにとって、敗北に等しいものでした。マッカーサーはこれに反発。あからさまに政府に逆らいます。

これに怒ったトルーマンは、勝手な振る舞いを続け、部下たちから嫌悪されていたマッカーサーを、戦争の最中に解任するという荒療治に踏み切ったのです。マッカーサーの後任には、マシュー・リッジウェイ大将が任命されました。

マッカーサー解任後も米軍は、原子爆弾の使用を検討します。一九五一年の九月から一〇月にかけて、沖縄の米軍基地を飛び立った爆撃機B29が、北朝鮮上空で原爆投下の模擬訓練を実施したのです。模擬の原爆として、TNT火薬を大量に使用した最重量級の爆弾が使われました。

しかし、「最終的な結論としては、純粋に技術的な見地から、原子爆弾はこうした使い方になじまない可能性が高いということが分かった」（同書）。投下に都合のいい時間に敵の大部隊を発見することが困難だったからだというのです。

ソウル争奪戦に

平壌を奪回した北朝鮮軍と中国軍は、その勢いを維持したまま、再び三八度線を越えて韓国領内に入り、改めてソウルを攻略します。

一九五一年一月四日、遂に国連軍は、一度は取り返したソウルを再び明け渡すことになりました。国連軍の前線は崩壊し、北緯三七度線まで後退しました。

一方の北朝鮮軍と中国軍は、ソウルを取り返しはしたのですが、すでに戦線は伸び切っていました。さらに物資の補給も思うように進まず、引き続いての南下は困難な状況でした。

この間に国連軍は、最新の兵器を調達し、態勢を整えます。中国軍は補給の問題を抱え、攻撃に出てから三日間は強烈に戦うことができるものの、それを過ぎると急速に戦力を失うことを、国連軍が会得し、反撃のチャンスをうかがうことができるようになりました。

三月一四日、反撃に出た国連軍は、ソウルを再び奪回したのです。

こうして両軍は、一進一退の攻防戦を繰り広げることになります。

地上戦では人海戦術の中国軍に苦戦した国連軍ですが、制空権を確保していたことから、上空からの爆撃に力を傾注します。

太平洋戦争中、米軍は木造の日本の家屋を炎上させるために焼夷弾《しょういだん》を使用しました。これが朝鮮半島でも、さらに大規模に使用され、北朝鮮では多数の建物が焼き払われ、さながら「月面」のようになっていたといいます。

また、北朝鮮軍も中国軍も、米軍の原爆投下を予想して、地下トンネルを掘っていました。約一二五〇キロものトンネルが掘削されていたというのです。

さらに米軍は、当時の国際法で戦争犯罪とされていたダムへの爆撃もためらいませんでした。北朝鮮の農業用ダムを相次いで爆撃し、鉄砲水を発生させて、下流にあった田植えを終えたばかりの農地を壊滅させたりもしました。

休戦会談始まる

戦況が膠着状態に陥る中、一九五一年六月二三日、ソ連のマリク国連代表から休戦会談が提案され、北朝鮮軍と国連軍がテーブルについて、休戦を模索することになりました。

韓国の李承晩大統領は、国連軍の支援がなくとも北への攻撃を続けて南北朝鮮の統一を成し遂げると言い張りましたが、韓国軍に、それだけの力はありません。最終的にアメリカの説得に応じます。

一方、北朝鮮の金日成主席も半島の武力統一を訴え続けていましたが、戦争による被害が増大するにつれ、その考えを軟化させていきます。

一九五一年七月一〇日、現在の北朝鮮の南部、開城《ケソン》において、休戦会談が始まりました。

戦線の推移

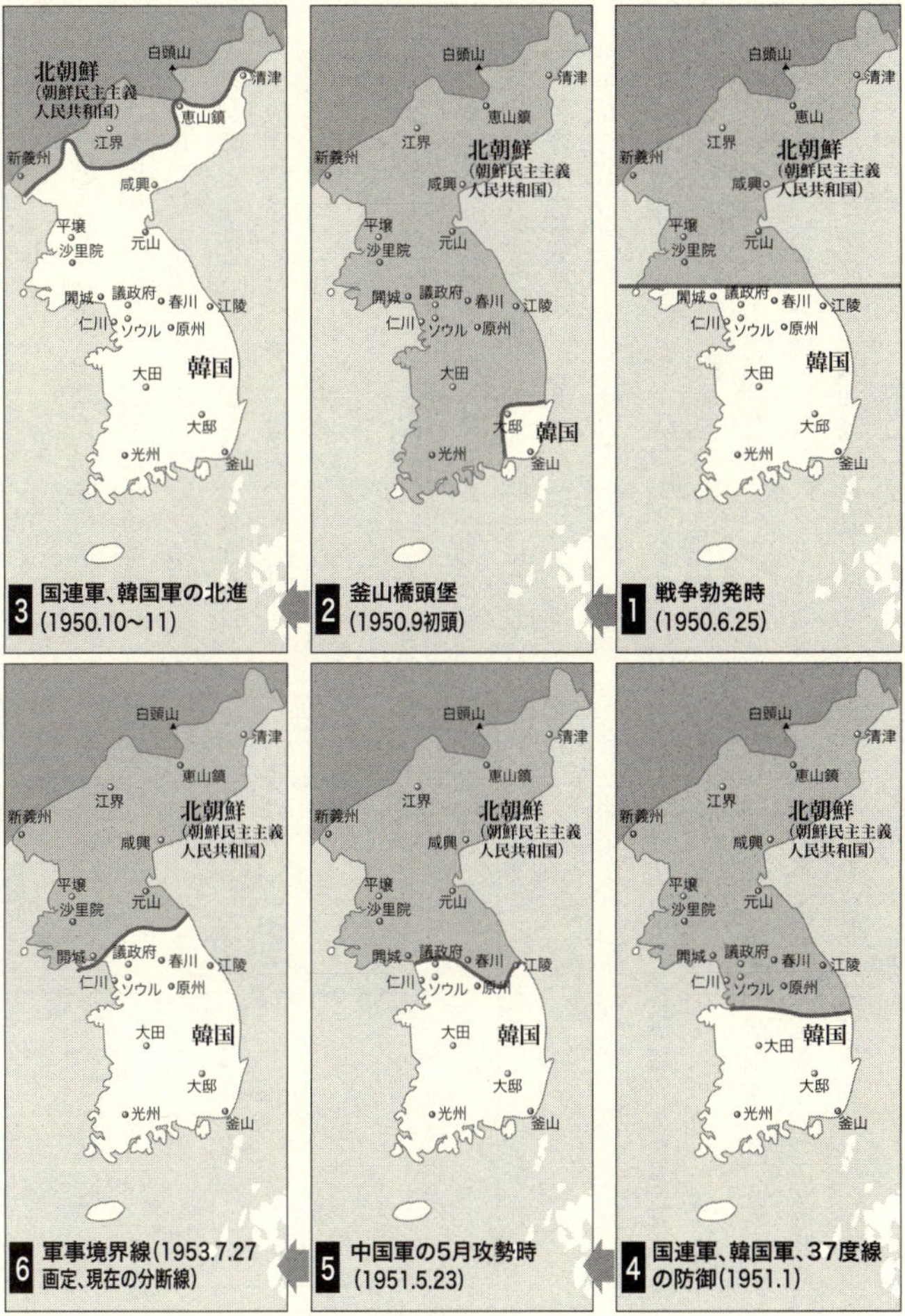
1 戦争勃発時
(1950.6.25)
2 釜山橋頭堡
(1950.9初頭)
3 国連軍、韓国軍の北進
(1950.10〜11)
4 国連軍、韓国軍、37度線
の防御(1951.1)
5 中国軍の5月攻勢時
(1951.5.23)
6 軍事境界線(1953.7.27
画定、現在の分断線)
北朝鮮
(朝鮮民主主義
人民共和国)
韓国
白頭山
清津
恵山鎮
江界
新義州
咸興
平壌
沙里院
元山
開城
議政府
春川
江陵
仁川
ソウル
原州
大田
大邱
光州
釜山

北の代表は朝鮮人民軍と中国人民義勇軍、南の代表は韓国軍と国連軍（実質は米軍）でした。しかし、双方が主張を譲らないために、会談は何度も中断され、一〇月二五日からは会場を板門店に移しました。最大の問題は、南北の境界線をどこに設定するかと、捕虜の送還についてでした。

これらの協議の間も李承晩は休戦に反対し、捕虜の送還協定が締結されたにもかかわらず、二万五〇〇〇人の北朝鮮の捕虜を勝手に釈放して、会談の妨害をはかります。

一九五二年のアメリカ大統領選挙では、それまでの不人気なトルーマン大統領が民主党だったことから、戦争の終結を公約にした共和党のアイゼンハワーが当選します。

また五三年の三月には、ソ連のスターリンが急死したことから、休戦会談は進展を見せます。

会談開始から二年以上経った一九五三年七月二七日、ようやく休戦協定の署名にこぎつけたのです。

主な内容は、南北を分断する約二四八キロメートルの軍事境界線を設け、その南北約二キロメートルを非武装地帯にして、緩衝地域

38度線と軍事境界線

板門店の調印式場で署名された休戦協定

とすること。送還を求めるすべての捕虜を妨害することなく送還すること、敵対行為の禁止と、板門店に軍事休戦委員会を設置することなどでした。

この軍事境界線は、おおむね北緯三八度に沿っていますが、半島の西側では南寄りに、半島の東側では北寄りになっています。

北朝鮮を代表して金日成、中国人民義勇軍を代表して彭徳懐が、国連軍を代表してM・W・クラークが協定に署名しましたが、李承晩は協定を不服として調印式に参加しませんでした。

三年間に及んだ朝鮮戦争は、双方に甚大な被害をもたらしました。しかし、その被害者の数となると、それぞれの発表で異なり、正確さに欠けます。

さまざまな資料やデータを元にした推測で

は、三〇〇万人から五〇〇万人にも上るとされています。なかでも特徴的なのは、兵士以外の犠牲者の多さでした。北朝鮮軍、韓国軍ともに、多くの政治犯や一般市民を反体制分子として処刑した事実が、のちに明らかになっています。

中国の義勇軍には、毛沢東の一人息子である毛岸英《もうがんえい》がいました。毛岸英は、アメリカの空爆によって戦死しています。毛沢東にすれば、息子を犠牲にしてまでも北朝鮮を支援したということになります。

また、半島が分断されたために家族が別れ別れになった、いわゆる離散家族は一〇〇〇万人にも達しました。さらに、北朝鮮の金日成体制を嫌って南に逃げた人たちも三〇〇万人いたと推測されています。

保導連盟事件の悲劇があった

朝鮮戦争の中でも一番の悲劇は、保導連盟事件でした。保導連盟とは、韓国が建国された後、共産主義からの転向者やその家族を再教育するために設立された「国民保導連盟」のことです。

韓国は、建国後も南朝鮮労働党による抵抗運動や武装闘争に手を焼き、一九四九年、要監視対象者に対して思想教育を行うために、この組織を作りました。

転向者ばかりでなく、抵抗を続ける党員の家族であっても、この連盟に登録すれば、共産主義者として処罰されないことになっていました。

また、登録すると、食料の配給が優先的に行われたため、食料目当てに登録した人も多かったといいます。

しかし、朝鮮戦争が勃発すると、保導連盟は潜在的な敵とみなされ、処刑の対象となりました。この結果、各地で多数の連盟員が虐殺されました。

一方、ソウルを占領した北朝鮮軍にとっても、保導連盟員は党を捨てて敵の体制に協力した存在になります。やはり処刑の対象になったのです。

戦火を交える双方から敵とみなされて虐殺される。朝鮮戦争で最大の悲劇であり、戦後も長らく、この事件に触れることは韓国内でタブーとされてきました。

保導連盟の犠牲者の数は、少なくとも二〇万人、調査によっては一二〇万人にも上ると推定されています。

二〇〇八年になって、韓国の盧《ノ》武鉉《ムヒョン》大統領は、保導連盟事件の犠牲者追悼式にメッセージを送り、国家権力の不法行為に対して謝罪を表明しました。

残る疑問

朝鮮戦争は、北朝鮮の金日成による奇襲で始まったことは明らかです。

しかし、その一方で、アメリカは北朝鮮国内に多数のスパイを送り込み、事前に北朝鮮側の動きをかなり正確に摑《つか》んでいたこともわかってきました。

ジャーナリストの萩原遼氏によると、アメリカは一九四九年六月にソウルに「韓国連絡事務所（KLO）」を設立し、北朝鮮国内にスパイ網を築いていました。

たとえばバージニア州ノーフォークにある

マッカーサー記念図書館に保管されているKLO文書によると、一九五〇年一月から五月までに北朝鮮国内から送られてきた報告は五七点。五五人のスパイが送ってきたというのです（『朝鮮戦争』）。それによると、中国から朝鮮系兵士が続々と北朝鮮国内に配属されていること、ソ連製の最新兵器が多数送り込まれていることなど、戦争の準備が着々と進んでいることを、アメリカは正確に摑んでいたというのです。

こうした事実から、萩原氏は、朝鮮戦争はアメリカの罠《わな》に金日成がはまったものではないかと考えます。

「金日成の小謀略は米軍の大謀略を成功させるためのなくてはならぬ要素となった。これなしに米軍が先制的に朝鮮に放火すれば、文字どおり侵略者アメリカ帝国主義となって全世界から糾弾され失敗に帰したであろう。金日成に助けられてアメリカは、不法な軍事介入者を正義の使徒に装うことに成功した」（同書）

朝鮮戦争は、アメリカの謀略によって始まったものなのか。それともアメリカは、命の危険を冒して送ってきたスパイの情報を生かすことができなかったのか。未解明な点は多いのです。

日本の再軍備始まる

太平洋戦争後のアメリカは、日本軍を解体し、その後もアジアの脅威とならないように、非武装にしておく方針を打ち出していました。

ところが、朝鮮戦争によって事態は急変します。日本に駐留していたアメリカ兵のほと

マッカーサーの指令にもとづいて創設された準軍事組織、警察予備隊

んどを朝鮮半島に送らなければならなくなったため、日本での治安維持や防衛に支障をきたすことになりました。

そこでその方針を転換させ、一九五〇年七月、マッカーサーは、日本に対して「警察予備隊」の設立を命じます。その数七万五〇〇〇人。それまで日本に駐留していたアメリカ兵の数と同じでした。これ以降、米軍の指導で、アメリカの武器を使って訓練を始めます。この警察予備隊が、のちの自衛隊に発展するのです。

朝鮮戦争によって東西冷戦が本格化するなか、非武装にしておくはずの日本にも、東アジアの拠点として武装を求めることになったのでした。

また、日本は直接関わっていないとされていた朝鮮戦争でしたが、実はアメリカ軍の要請により、掃海艇を出動させています。北朝鮮軍によって海上に撒《ま》かれた機雷が上陸作戦に影響を及ぼすため、それを除去するのが目的でした。二か月の間、四四隻の掃海艇と一〇隻の巡視艇が派遣され、二七個の機雷を除去しています。その作業では、二隻が機雷に接触して沈没し、一人の死者と一八人の負傷者を出しています。

　朝鮮戦争によるもう一つの大きな影響は、戦争特需でした。

　何万人もの兵を朝鮮半島に送り込んだアメリカにとって、本国からの物資の輸送は容易ではありません。そこで、その調達先に選んだのが日本でした。まずは、軍服の布や毛布、テントなど、繊維製品をアメリカは大量に発注します。続いて、有刺鉄線や軍用トラック、ドラム缶や弾薬なども日本に製造を求めます。戦後のデフレにあえいでいた日本経済に、大きな需要が発生したのでした。

　隣国の不幸な戦争によって、日本の経済は復興の足掛かりを得たのです。

第五章 独裁政権による支配

李承晩政権

初の大統領直接選挙

朝鮮戦争が始まる前の一九五〇年五月に韓国で行われた第二回国会議員選挙で、反李承晩《イスンマン》勢力が多数を占めました。この当時、韓国の大統領は国会で選出されることになっていましたから、一九五二年に予定された大統領選挙では、李承晩の再選は絶望的に見えました。

そこで李承晩は、大統領の選出方法を国会議員による間接選挙から国民による直接選挙に変更する憲法改正案をつくります。さらに大統領が任命する上院を新設して二院制にすることも改正案には盛り込まれました。李承晩の権力を盤石にしようとする計画でした。

とはいえ、反李承晩勢力が多数では、李承晩の大統領としての地位は風前の灯《ともしび》でしたが、そこに朝鮮戦争が勃発。混乱の中で、李承晩大統領は命を保つことになります。

朝鮮戦争が続く中、一九五二年、釜山《プサン》の臨時首都の国会で、李承晩提案の憲法改正案は否決されてしまいます。

これに対して李承晩は、民間団体を使って国会解散を要求する官製デモを組織します。共産勢力の残党を討伐するという理由をつけて、釜山周辺に戒厳令を敷き、国会議員たちを次々に逮捕してしまいます。朝鮮戦争の混乱の中でこそできた荒業でした。

こうした大統領の振る舞いに抗議して、副大統領の金性洙《キムソンス》は副大統領を辞任してしまいます。

憲法改正案に反対する野党勢力は、国会をボイコットしますが、これでは国会が成立しないと考えた李承晩は、警官隊を動員して、

「光復節」で演説する李承晩(右)と国連軍総司令官、マーク・W・クラーク(中央)

野党の国会議員たちを国会に連行します。

かくして警官隊が包囲する中で一九五二年七月、一度否決された憲法改正案を一部修正して上程し、可決させてしまいました。

「四捨五入改憲」が行われた

憲法が無理やり改正され、国民の直接選挙で大統領を選出する方式になり、一九五二年八月、初の大統領直接選挙が実施されました。

選挙には四人が立候補しましたが、李承晩が、総投票数七〇三万票のうち五二三万票という圧倒的多数を獲得して当選を果たします。

さらに一九五四年の国会議員選挙に際して、李承晩大統領は、与党の自由党議員を当選させるためにあらゆる手を駆使します。

これまでの憲法では、大統領の三選は禁じ

られていました。しかし、終身大統領への野望を持った李承晩大統領は、「初代大統領に限って三選規定を撤廃する」という改正案を通そうと考えていたからです。

選挙戦では、不正に入手した投票用紙で特定の候補に投票したり、投票箱がすり替えられたりという不正な手段が続発しました。

その結果、自由党が多数を占めましたが、改憲に必要な三分の二には達しませんでした。そこで自由党は、他の国会議員に対して入党を働きかけ、かろうじて三分の二の一三六議席を確保します。

ところが、一一月に改憲案が国会で採決されると、賛成は一三五票にとどまり、議長は「否決」を宣言します。

しかし、ここで自由党は、次のような論理を展開します。

全議席二〇三議席の三分の二は一三五・三だから、四捨五入すれば一三五議席。ゆえに憲法改正案は可決された、というのです。

なんとも信じられない理屈ですが、これにより憲法は改正された、とされます。「四捨五入改憲」と呼ばれました。

これによって、李承晩大統領は、多選を禁じられることなく、長期政権の基盤を築くのです。

朝鮮戦争の最中の無理やりの改憲劇。なんとも言葉もありません。

アメリカの援助と財閥誕生

朝鮮戦争によって疲弊した韓国経済は、激しいインフレーションに見舞われます。一九五三年にはデノミを実施し、通貨単位を一〇〇〇分の一に切り替えるなど対策に追われます。

そんな李承晩政権にとって、一番の後ろ盾はアメリカでした。一九四五年から李承晩政権崩壊の一九六〇年までの一五年間に、アメリカは約三〇億ドルもの援助をしています。

こうした援助は資金ばかりでなく、小麦や砂糖などの農産物、さまざまな工業用原料などがありました。援助物資の多くは、李承晩大統領に近い企業に優先的に売却されました。政財界の癒着です。これにより、韓国に財閥が形成されます。このとき生まれた財閥としては、三星《サムスン》、金星《クムサン》（その後LGに）、現代《ヒョンデ》、斗山《ドサン》などがあります。

大財閥の誕生は、それだけ貧富の差が拡大したことを意味します。国民の不満は高まりました。

「李承晩ライン」と竹島問題の発生

朝鮮戦争の最中、李承晩大統領は、いまの日韓関係の悪化につながる手を打ちます。「李承晩ライン」の設定です。

第二次世界大戦後、日本を占領した連合国軍は、日本が漁業可能な水域を設定しました。「マッカーサー・ライン」と呼ばれるものです。

マッカーサー・ラインは、一九五二年四月のサンフランシスコ講和条約発効と共に廃止されることになっていました。

その直前の一月、李承晩大統領は、「海洋主権国家」を宣言し、日本海から東シナ海にかけて軍事境界線を引きます。これを「平和線」と称しましたが、日本では「李承晩ライン」と呼びました。

このラインの韓国側には竹島（韓国名・独《トク》島《ト》）が入っていました。一方的で独断的な設定でした。

　この海域内での漁業は韓国籍の漁船しか行えず、海域内や周辺で漁業をする日本漁船は次々に拿捕《だほ》されました。中には銃撃されて乗組員が殺害されるケースもありました。

　これに対して日本は韓国に抗議しますが、日本はまだ独立を果たす前とあって、弱い立場でした。李承晩ラインは、一九六五年の日韓基本条約の締結に伴う日韓漁業協定の成立で、ようやく廃止されます。それまでに韓国に抑留された日本人は三九二九人、拿捕された日本の漁船は三二八隻、死傷者は四四人に上りました。

　国際法を無視した行為でしたが、李承晩大統領は国内での反対勢力が強く、日本に強く出ることで支持を得ようという思惑も感じられます。

　ちなみに、韓国政府はサンフランシスコ講和条約に「戦勝国」として参加することを希望しましたが、第二次世界大戦当時、大韓帝国は日本に併合されて存在しなかったことや、大韓民国臨時政府も連合国が承認したことはなかったことなどから、要求はアメリカなどによって却下されています。

　また、韓国政府は、日本が独立する際に、竹島を韓国領とするようにアメリカに求めましたが、アメリカは一九五一年八月、当時のラスク国務長官の「ラスク書簡」で韓国の要求を却下しています。

　サンフランシスコ講和条約が締結されて日本が独立国家となれば、竹島は日本のものになる。その前に韓国側に囲い込んでおこうと

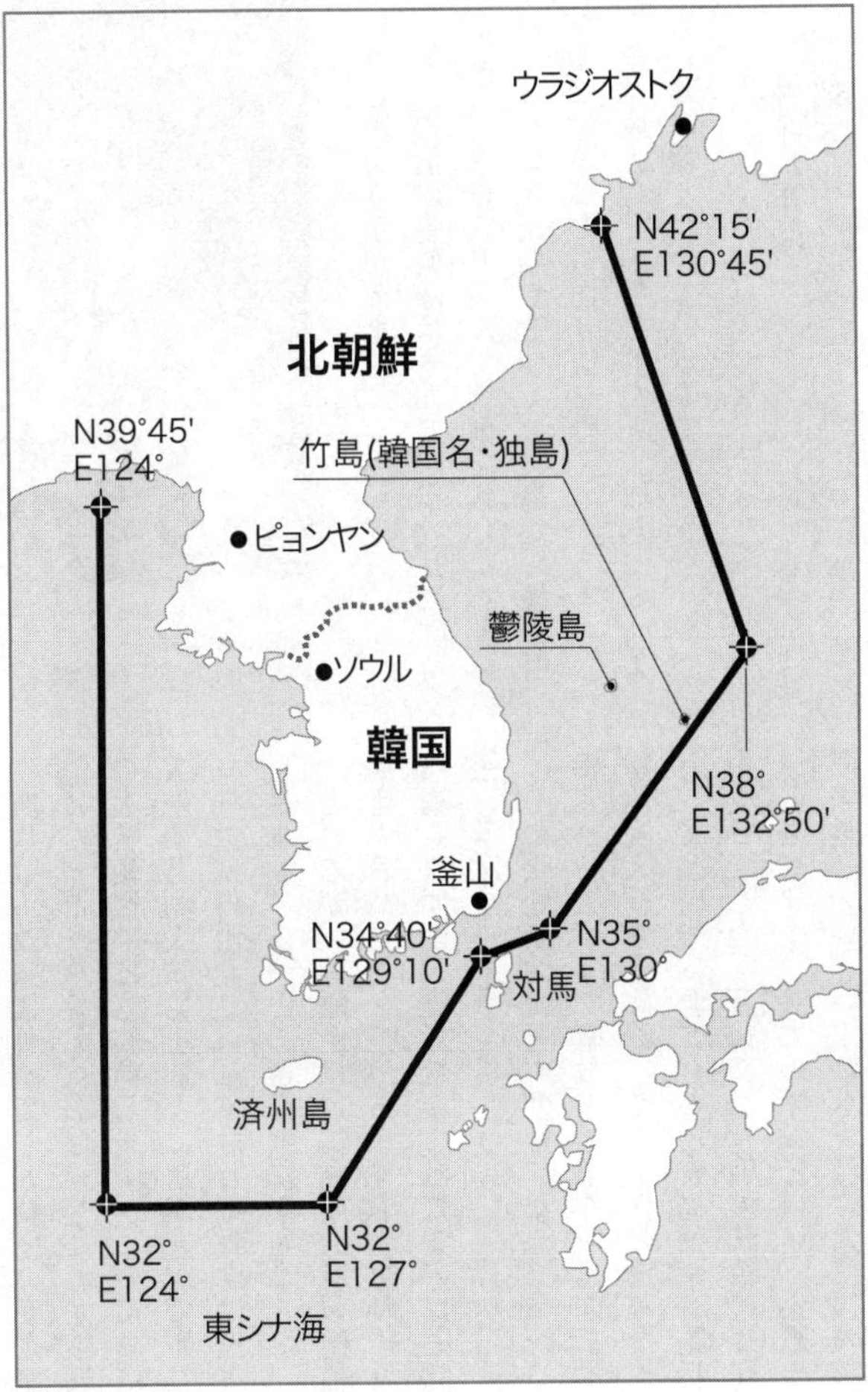
ウラジオストク
N42°15'
E130°45'
北朝鮮
N39°45'
E124°
竹島(韓国名・独島)
ピョンヤン
鬱陵島
ソウル
韓国
N38°
E132°50'
釜山
N34°40'
E129°10'
N35°
E130°
対馬
済州島
N32°
E124°
N32°
E127°
東シナ海

李承晩ライン

李承晩ラインによって
韓国に拿捕され、
釈放された日本の漁民たち

いう意図がうかがえます。

韓国の沿岸警備隊は一九五四年六月に駐留部隊を竹島に送り込んで警備を厳しくしました。日本の巡視船が近づくと、島から警告射撃を受けることもありました。

李承晩大統領の独善的な人気取りが、いまも日韓の棘となっているのです。

ライバルは消す

四捨五入改憲によって、大統領の三選が可能になった李承晩大統領は、一九五六年五月の大統領選挙に立候補します。この選挙は、大統領と副大統領を別々に選ぶ方式です。

与党は自由党。これに対して野党は民主党と進歩党。三《み》つ巴《どもえ》の選挙戦になりました。

ところが、選挙中に民主党の大統領候補が病死するハプニングがあり、李承晩大統領が当選しますが、副大統領には野党・民主党の張勉《チャンミョン》が当選しました。

その張勉副大統領が九月になって拳銃で狙撃されるという、暗殺未遂事件が起きます。李承晩大統領退陣後、この事件の黒幕だったとして当時の内務長官と治安局長が有罪判決を受けました。背後に李承晩大統領の存在を感じさせます。金九《キムグ》の暗殺といい、張勉の暗殺未遂といい、いずれも現職の大統領の影がちらつく。驚くべきことです。

さらに、事件はこれに留まりませんでした。選挙戦で李承晩大統領のライバルだった進歩党の曺奉岩《チョボンアム》ら進歩党幹部が国家保安法違反容疑で逮捕され、曺奉岩は死刑判決を受けて処刑されてしまいます。

政敵は容赦しない。李承晩大統領の独裁ぶりが浮き彫りになります。

四・一九民主革命

独裁政権の足元を固めた李承晩大統領は、副大統領も自由党にしたいと考え、一九六〇年三月の大統領選挙に臨みます。

ここでも徹底した不正選挙が繰り広げられました。李承晩四選のために、あらゆる手段が使われ、一部の地域では、与党候補の得票数が、その地区の有権者数を上回ってしまうという事態まで起きてしまいます。

これに国民が反発します。投票日当日の三月一五日、馬山《マサン》の投票所で野党の立会人が退去させられ、抗議するデモ隊に対して警官隊が発砲。八人が死亡しました。このほかにも多数の行方不明者があり、行方がわからなくなっていた高校生が、その後遺体で見つかったことから、国民の憤激が高まります。

この事件に抗議するデモは全国に拡大します。四月一八日には高麗《コリョ》大学の学生が国会前で座り込みをすると、大統領を支持する暴徒に襲撃され、多数の負傷者が出ました。

その翌日の四月一九日には、ソウルの大学生や高校生数万人が大統領官邸を包囲しました。これに対して、警官隊が無差別射撃。七人が死亡し、多数の負傷者が出ました。これに怒った人々が全国でデモをしたり、警察を襲撃したりという暴動に発展します。この一九日だけで全国で一八六人が死亡し、六〇二六人の負傷者を出しました。

この日、政府は各地に非常戒厳令を布告し、軍隊が戒厳部隊として出動しましたが、デモの鎮圧には当たらず、静観します。軍隊も李承晩大統領には愛想を尽かしていたのです。

四月二五日にはソウル大学を中心とした大学教授たち三〇〇人が集まり、「学生たちの血に報いよ」と書いた横断幕を先頭にデモ行進しました。

四月二六日にはデモの大学生や高校生、市民代表が、戒厳司令官の仲介で李承晩大統領と面会。辞任を勧告します。

さらにアメリカも、駐韓大使を通じて辞任するように圧力をかけました。

ここまで来ると、万事休す。李承晩大統領は辞意を表明。五月二九日に夫婦だけでチャーター機に乗ってアメリカ・ハワイに亡命しました。

一五年前、アメリカから凱旋した人物は、今度はアメリカに逃げたのです。

副大統領の李起鵬《イギブン》は、四月二八日、一家心中しました。一家は夫婦と長男、次男ですが、長男は李承晩の養子になっていました。李承晩は大統領の座と共に跡継ぎも失ったのです。

遂に独裁者を倒した民衆の行動。大統領を追い詰めるきっかけとなった大規模なデモが四月一九日に起きたことから、この事態は「四・一九民主革命」と呼ばれます。

一九八七年に改正された大韓民国憲法の前文は、次のように始まっています。

不正選挙に抗議する学生や市民が無差別射撃を受けた「4・19民主革命」

「悠久の歴史と伝統に輝く我が大韓国民は、三・一運動により建立された大韓民国臨時政府の法統及び、不義に抗拒した四・一九民主理念を継承し……」

三・一運動と共に四・一九民主革命が盛り込まれているのです。

こうなると、初代大統領だった李承晩の評価は極めて低いどころか、否定的な存在であることがわかります。

李承晩は、その後、一九六五年に九〇歳で死去するまで祖国に戻ることはありませんでした。遺体となって帰国し、国軍墓地に埋葬されています。

一時は建国の父と言われたこともある李承晩。徹底した反日主義者で、任期中、日本との関係は冷え切ったままでした。ソ連や中国、北朝鮮を前に、日韓関係の改善を望んだアメリカは、失望を隠しきれませんでした。アメリカが大統領に据えた李承晩ですが、最終的には、アメリカも李承晩を見放したのです。

　独裁政権が倒れたことで、韓国は民主化の道を歩むかに見えたのですが、そうではありませんでした。再び独裁の季節がやってきます。しかもそれは、軍事独裁でした。

第六章

金日成の権力掌握と社会主義化

金日成、軍事で敗北し 政治で勝利

一九五〇年一〇月、中国軍が朝鮮戦争に介入することで、北朝鮮は崩壊を免れます。一二月には中朝連合司令部ができ、金日成《キムイルソン》は、朝鮮人民軍最高司令官の肩書は保持したものの、戦争の作戦指導からは排除されてしまいます。屈辱的な事態でした。

しかし、これにより、金日成は戦線後方で党務に専念でき、党内での地歩を固めていくことになります。

一九五三年、朝鮮戦争は停戦します。北朝鮮の目論見は失敗し、大打撃を受けました。

そうなると、責任問題が出てきます。本来は、戦争を計画して開始した金日成自身の責任が問われるところですが、金日成は党務を掌握していたこともあり、他の幹部に対して優位に立ちます。戦争で勝てなかったのは、アメリカのスパイがいたからである、という理由をでっち上げて、ライバルを次々に失脚させていきます。

その結果、金日成は、戦争に負けたにもかかわらず、政治面では勝利を収めるのです。

当時の北朝鮮の指導部には、五つのグループ(派閥)がありました。

最も支持が高かったのは、日本の支配の間も朝鮮半島北部に留まって抗日を続けた人たちです。朝鮮半島北部の甲山《カプサン》地方で行動していたので甲山派あるいは国内北部派と呼ばれます。代表的な指導者は朴金喆《パクキムチョル》でした。

金日成は、朝鮮半島を出て主に満州で行動していましたから、危険な朝鮮半島に留まって戦った彼らには負い目があります。金日成一派にとって、目の上の瘤のような存在でし

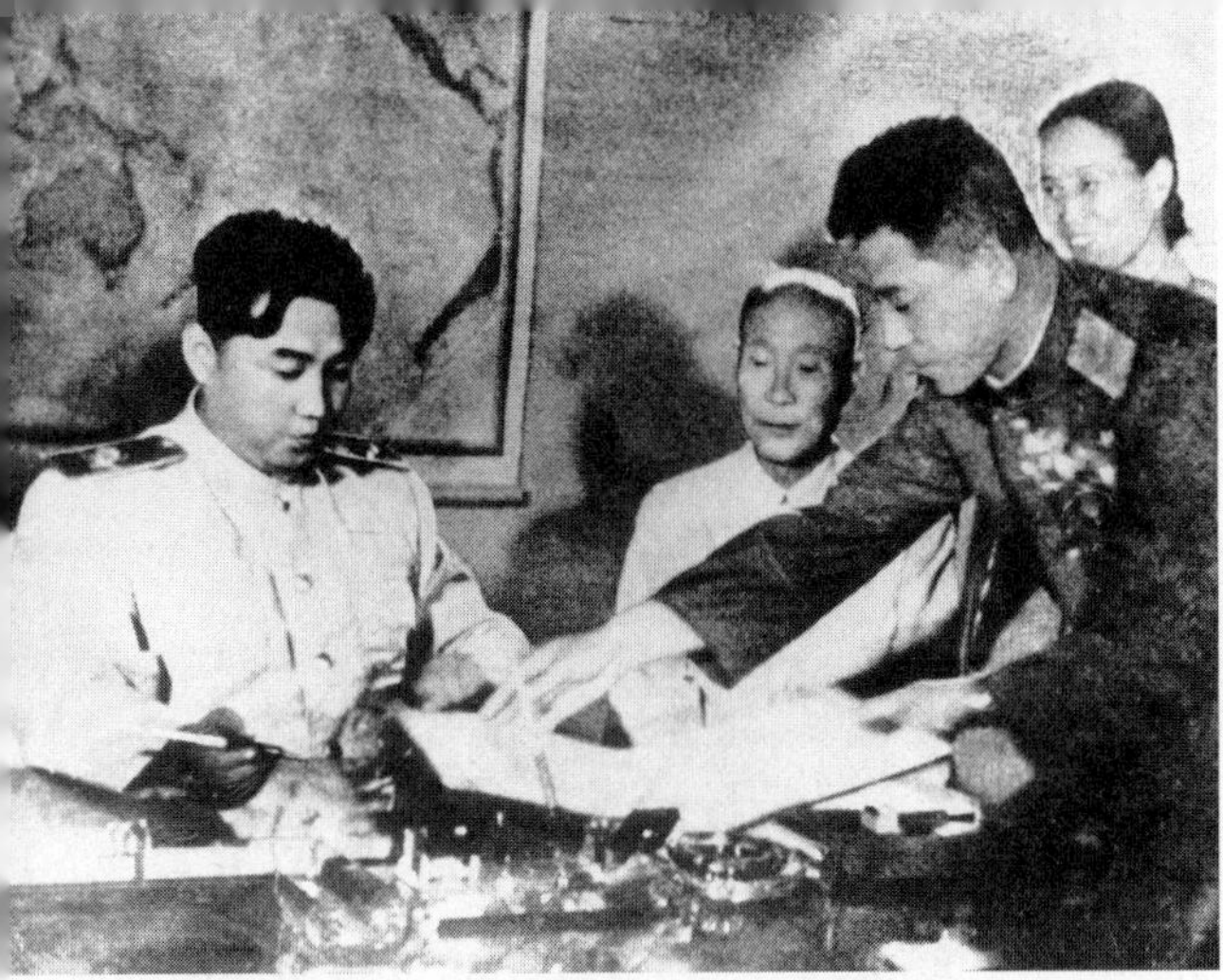

休戦協定に署名する金日成（1953年7月）

た。

同じく朝鮮半島に留まり、主に南部で行動していた人たちもいました。彼らは日本が敗北した後、ソウルで朝鮮共産党を再建し、南朝鮮労働党を結成したので、南労派と呼ばれました。指導者は朴《パク》憲永《ホニヨン》です。

彼らも、朝鮮半島に留まっていたのですから、国外から戻ってきた金日成一派に対して精神的に優位に立ちます。これまた金日成一派にとっては面白くない存在です。

次に、ソ連軍やソ連国籍を持っていた朝鮮人たち。彼らはソ連派と呼ばれました。代表人物は金鎔範《キムヨンボム》や許《ホ》哥《ガ》誼《イ》です。

金日成にしてみれば、ソ連軍によって自分たちの地位があるわけですから、ソ連派に対しては弱い立場ですが、朝鮮戦争で勝てなかったのは、ソ連の支援が足りなかったからだという不満が残っていました。

さらに、中国共産党の党員となって中国で戦っていた朝鮮人たち。中国共産党が拠点にしていた都市・延安の名前から延安派と呼ばれました。中心人物は金枓奉《キムドゥボン》や朴一禹《パクイルウ》。

朝鮮戦争では、中国軍の支援によって敗北から免れたわけですから、延安派は大事にしなければならない存在でした。

そして、金日成と行動を共にしていた抗日遊撃隊のメンバーたち。彼らが行動していた場所から満州派と呼ばれます。彼らは、金日成と鉄の団結を誇っていました。金日成が権力を固める過程で、なくてはならない存在です。やがて金日成は、満州派に依拠して、他の派閥を一掃することになります。

まずは一九五三年一月、南朝鮮労働党派の朴憲永らが逮捕されました。

また、中朝連合司令部に出ていた朴一禹を召還します。中国の庇護《ひご》を受けて強い立場に立ったことに我慢できなかったからです。三月になると、朴一禹は内相から解任されてしまいます。失脚です。

戦争中に副首相に降格されていたソ連派の許哥誼は停戦発効の前に自殺してしまいます。金日成一派の責任追及に堪えかねたとみられています。

さらに、停戦直後の八月、南朝鮮労働党幹部一〇人に「アメリカのスパイ」として死刑判決が言い渡されます。朝鮮戦争開始直前、朴憲永は、北朝鮮軍が三八度線を越えて南に入れば、南朝鮮の人民は一斉に立ち上がって革命が成功すると豪語していました。その責任を取らされたのです。その言葉を信じたのは金日成だったのですが。

経済の復興始まる

朝鮮戦争が停戦すると、北朝鮮は経済の立て直しに取り組みます。戦争中、米軍による徹底した空爆によって、平壌《ピョンヤン》をはじめ北朝鮮各地の都市は廃墟《はいきょ》となっていました。いわばゼロからの再出発です。

その際、ソ連や東欧、それに中国が多額の援助を実施しました。ソ連や東欧にまだ余裕

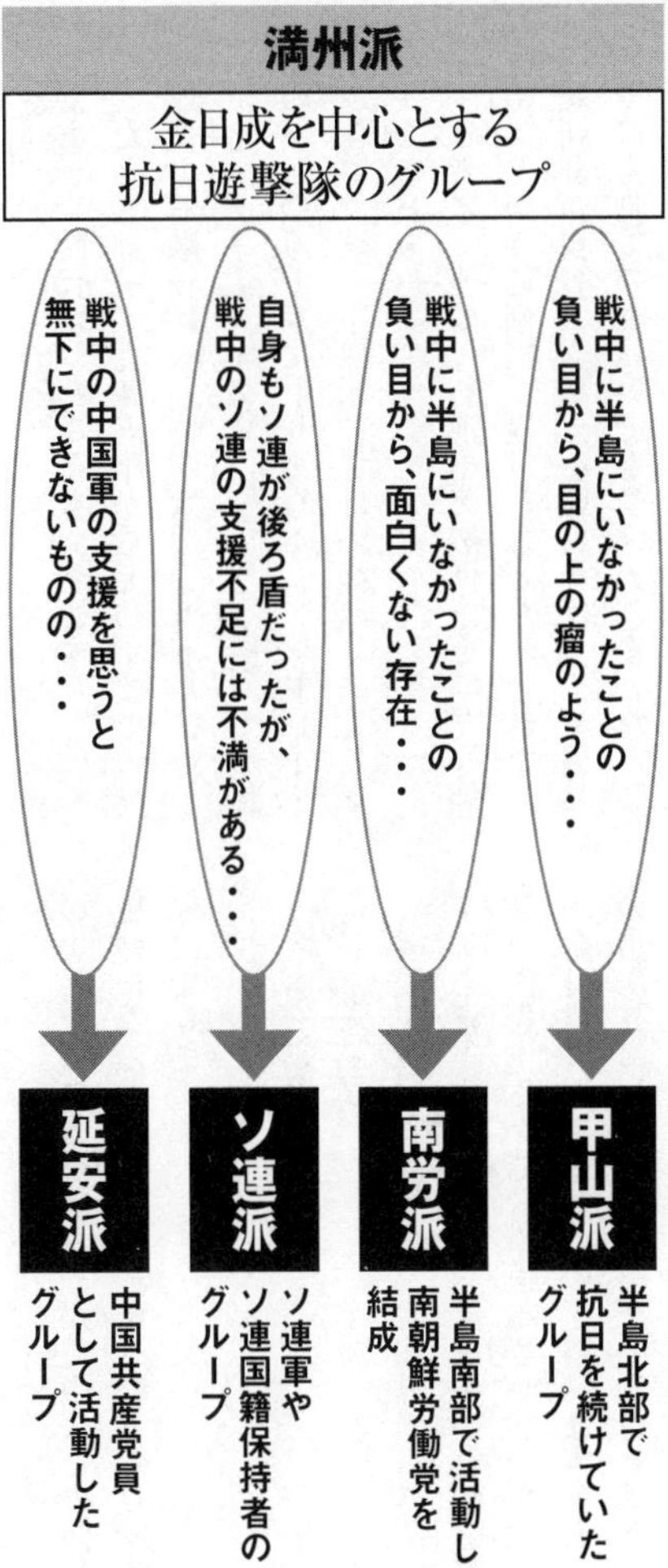
満州派
金日成を中心とする抗日遊撃隊のグループ
戦中に半島にいなかったことの負い目から、目の上の瘤のよう・・・
戦中に半島にいなかったことの負い目から、面白くない存在・・・
自身もソ連が後ろ盾だったが、戦中のソ連の支援不足には不満がある・・・
戦中の中国軍の支援を思うと無下にできないものの・・・
甲山派
半島北部で抗日を続けていたグループ
南労派
半島南部で活動し南朝鮮労働党を結成
ソ連派
ソ連軍やソ連国籍保持者のグループ
延安派
中国共産党員として活動したグループ

朝鮮戦争直後の北朝鮮指導部内の派閥

があった時代だったこともあります。

たとえば、一九四五年から七〇年までのソ連による融資は一一億四六〇〇万ドルに達したといいます。また中国からの融資も五億四一〇〇万ドルに上りました（アンドレイ・ランコフ著、下斗米伸夫ほか訳『スターリンから金日成へ』）。

さらにソ連は、石油や天然ガスを「友好価格」という低価格で提供しました。それでも北朝鮮が現金で支払えない場合は、工業製品や農産物での支払いでも受け入れました。これを「バーター取引」といいます。現代版の物々交換です。これによって北朝鮮経済は発展し、一時は韓国経済を上回る勢いすら見せました。

これを北朝鮮は自国の成功と宣伝しましたが、実態は中ソからの援助によって実現していました。このため、やがて中ソとの関係が微妙になると、北朝鮮経済は翳《かげ》りを見せるようになります。

重工業か軽工業か

戦後復興に当たって、北朝鮮経済では、重工業を優先するか、消費財を中心とする軽工業を優先するかで、路線論争が起きます。

金日成は、アメリカの圧倒的な軍事力を目の当たりにして、重工業を優先させようとします。いわば国民の生活向上は二の次という路線です。

これに対して、党内のソ連派は、国民の生活に必要な消費財を優先的に生産すべきだと主張します。当時のソ連は、スターリン死去後、重工業優先から軽工業優先に舵《かじ》を切っていたことも影響しました。

この論争は、金日成にとって脅威でした。自分の主張に逆らうグループが党内に存在していることを改めて思い知ったからです。

金日成は、いったんはソ連派の主張を受け入れ、軽工業優先の方針を打ち出しますが、ソ連国内で軽工業優先を主張していた人物が権力闘争に敗れると、党内のソ連派の力も弱まり、金日成は、改めて重工業と軽工業の同時発展を国家の路線とします。

金日成が国家建設の規範として
絶対視したスターリン

経済の発展のために優先させなければならないのは、重工業か軽工業か。これは、開発途上国において、いつも問われる選択です。

ソ連も中国もそうでしたが、当初は重工業優先の方針をとります。しかし、国内に広範な基盤がない中で、重工業を発展させるには無理があります。国内に十分な技術的基盤がなければ、欠陥品を大量生産するだけに終わるからです。

第二次世界大戦後の日本は、鉄鋼業優先の「傾斜生産」方式を採用して成功しますが、戦前から軽工業が発展し、重工業を支えるだけの基盤ができていたのです。

その基盤がない北朝鮮では、急がば回れで、軽工業から始めなければならなかったはずですが、金日成は、経済成長という結果をすぐに出したかったのです。

「スターリン批判」で国内動揺

一九五六年二月、モスクワから衝撃的な情報がもたらされます。ソ連共産党第二〇回大会で、フルシチョフ第一書記が「スターリン批判」の秘密報告をしたのです。

スターリンは、その三年前に死去していました。当時のソ連でどのような恐怖政治が行われていたのかを、赤裸々に暴露しました。

この報告は公開されず、大会に出席していた代議員だけが知ることになりましたが、東欧をはじめ中国や北朝鮮からの参加者も報告を聞き、本国に知らせました。

当時のソ連は、中国や北朝鮮にとって革命の司令塔。ここでの決定は絶対的でした。それまでスターリンを絶対視していた金日成にとって衝撃だったのです。

フルシチョフ秘密報告では、とりわけスターリンに対する個人崇拝がやり玉にあげられました。これは、北朝鮮で自分に対する個人崇拝を進めていた金日成には痛手です。金日成は、北朝鮮国内における個人崇拝は朴憲永に対するものだと主張しました。自分の政敵だった朴憲永に罪をなすりつけたのです。

これは逆に考えれば、朴憲永に対する個人崇拝があったということは、金日成とは異なり、自然発生的に国民から敬愛されていたことになります。

スターリン批判を受けて、金日成の個人崇

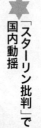

スターリンを批判したフルシチョフ（左）と金日成（右）

拝が進むことに危機感を抱いたソ連派は、一九五六年八月の中央委員会全員会議で金日成の取り巻きを批判します。

しかし、金日成の反撃にあい、試みは失敗。ソ連派のみならず延安派も含めて、「宗派的陰謀を企てた」として、降格や党籍剝奪処分にされてしまいます。これが、「八月宗派事件」と呼ばれるものです。

このためソ連派は、ソ連に対して金日成の個人崇拝の実情を訴え、介入を求めます。

これを受けて、ソ連のミコヤン第一副首相と中国の彭徳懐《ほうとくかい》国防部長（国防相）が北朝鮮を訪問。八月の会議で決まった党籍剝奪処分を撤回させます。露骨な介入でした。当時の北朝鮮が、ソ連にも中国にも頭が上がらなかったことがわかります。

しかし、金日成はこれであきらめませんで

した。その後は、「党員証交換事業」と称して、ソ連派や延安派、さらに南労派の生き残りなどを党から排除していきます。

「千里馬運動」開始

金日成は、党内の権力闘争を戦いながら、その一方で、経済発展によって自らの地位を固めようと、一大大衆運動を展開します。それが「千里馬《チョルリマ》運動」です。

一九五六年暮れに提唱し、翌年からの五か年計画に盛り込まれました。

千里馬とは、一日に千里を走るという朝鮮の伝説上の馬のことで、その千里馬の勢いにあやかろうと命名しました。ちなみに、朝鮮の千里は日本の百里に該当します。

これは、大衆を鼓舞し、革命的気力や気概

社会主義国家建設促進の象徴とされた千里馬像

で経済を発展させるというもの。経済的には合理性を欠いていましたが、革命的情熱に燃えた労働者たちは、目標を超過達成します。

これに味をしめた金日成は、以後、何度も労働者を大衆動員させて経済を発展させようとしますが、労働者たちは次第に疲弊し、効果が上がらなくなっていきます。

平壌市内には、一九六一年に建設された「千里馬像」があります。

当初の勢いを見た金日成は、一九五七年一二月二〇日、次のように演説しました。

「朝鮮人民は遠からず、白米のご飯に肉のスープをとり、絹の服を着て、かわら屋根の家に住めるようになるでしょう。これは空想ではなく、明日の現実です」

しかし、これはやはり「空想」だったのです。

日本からの帰国運動始まる

千里馬運動を展開する上で、金日成が痛感したのが、労働力不足です。朝鮮戦争で多数の若い男性が戦死していたからです。

そこで目をつけたのが、在日朝鮮人の存在でした。一九五八年八月から日本国内で北朝鮮に集団帰国を求める運動が高まりを見せます。すると金日成が直ちに反応。「在日朝鮮人の帰国念願を熱烈に歓迎する」と表明します。

これを受けて同年一一月、日本で超党派の「在日朝鮮人帰国協力会」が結成され、赤十字が窓口になって帰国事業が実施されました。

事業は三年間の中断を挟んで一九八四年までに計九万三三四〇人が帰国しました。中には在日朝鮮人と結婚した日本人も含まれていました。

当時、北朝鮮は「地上の楽園」と喧伝《けんでん》し、これを真に受けた人たちが多数いたのです。

しかし、帰国した人たちからは、日本にいる家族や親戚に「幸せに暮らしています」という文章と共に、ありとあらゆる日用品を送るように求める内容の手紙が届きます。これにより、日本に留まった人たちは、北朝鮮の経済的困窮度を知り、帰国者は急激に減っていきます。

金日成は、日本からの帰国者によって労働力不足を解消すると共に、技術者や専門家が欲しかったのです。

また、北朝鮮に帰った人を「人質」にして、日本にいる家族から資金や物資を送らせるこ

コラム

「帰国船」阻止に動いた韓国

日本で北朝鮮への帰国運動が始まったことに韓国は反発する。韓国に敵対する北朝鮮に多くの人を送り込むのは、利敵行為だと受け止めたからである。

1959年2月、李承晩《イスンマン》大統領は、フランスのAFP通信の取材に対し、「日本が韓国人を共産主義の奴隷に追い込もうとしている」と非難した。韓国が朝鮮半島における唯一の正統国家と考える李承晩大統領にとって、在日朝鮮人も韓国人であった。

北朝鮮への帰国事業が進む中、韓国はこれを阻止する秘密工作員66人を選抜し、日本に密入国させた。その名も「在日僑胞《きょうほう》北送阻止工作隊」である。任務のため日本に向かう途中で船が沈没し、工作員12人と船員5人が死亡する事故も起きた。

新潟から出航する帰国船を爆破するなど種々の妨害工作の計画があったが、本国で李承晩政権が崩壊して、作戦は中止された。

韓国内でもほとんど知られていない工作だったが、2012年になってようやく元工作員に対する補償が実施された(城内康伸『「北朝鮮帰還」を阻止せよ』)。

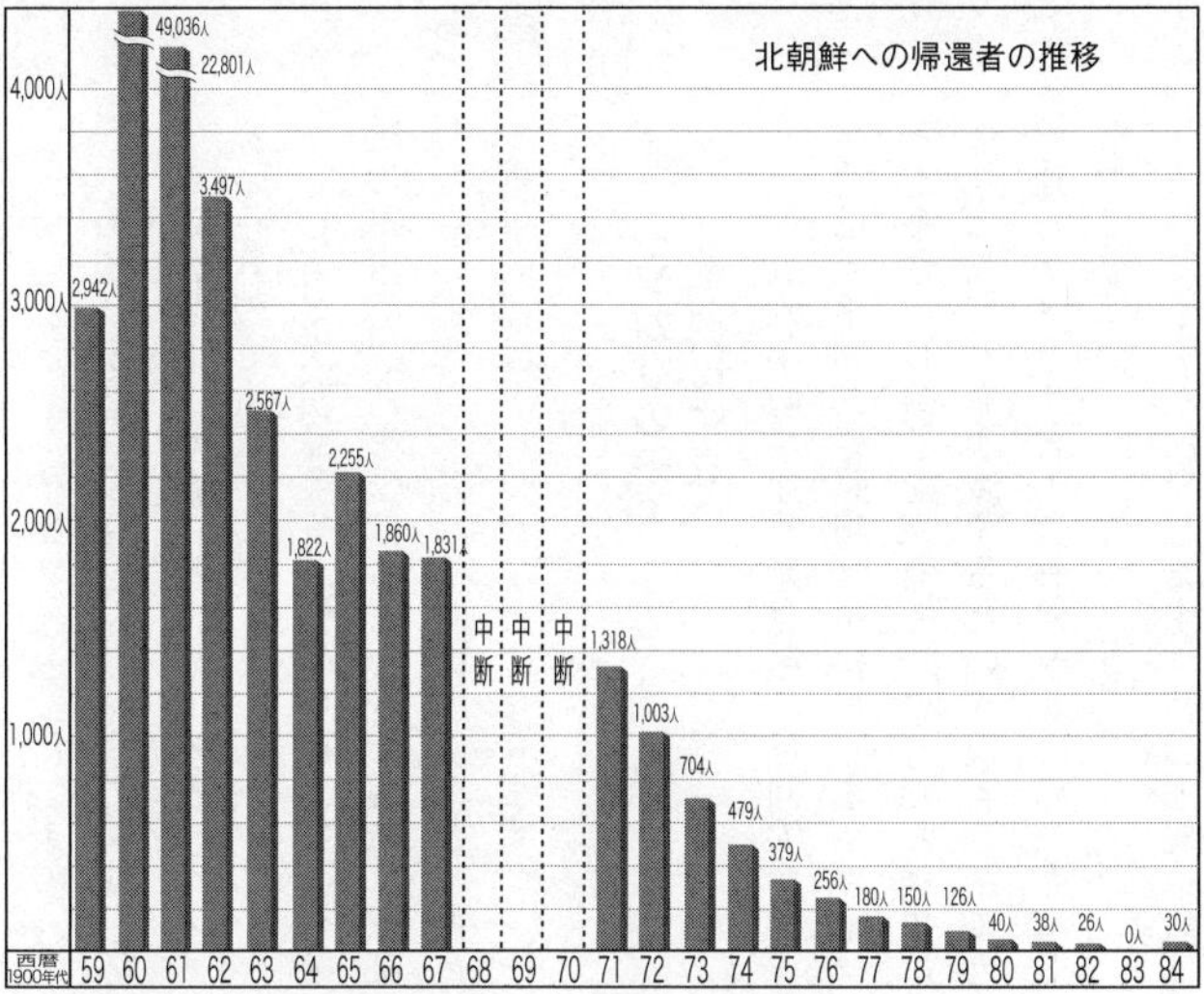

とができました。

こうして、いったん北朝鮮に入国した人たちは、日本に戻ることはできず、不満を口にした者は、姿を消すという過酷な運命が待っていました。

中ソと相互援助条約締結

朝鮮戦争が停戦になった後も、北朝鮮は韓国に駐留する米軍に対して恐怖を抱き続けます。これに対抗するには、ソ連と中国の後ろ盾が必要です。一九六一年七月、金日成はソ連を訪問し、ソ連との間で、「朝鮮民主主義人民共和国とソビエト社会主義共和国連邦間の友好、協力および相互援助に関する条約」を結び、続いて中国との間でも同じ内容の条約を結びました。

これは、「条約を結んだ相手国が軍事侵略を受けた場合、軍事的援助などを提供する」というものです。

もし第二次朝鮮戦争が起きたら、ソ連や中国の軍事的援助を受けることができると保証したものでした。これで北朝鮮は、とりあえず軍事的には一息つくことになります。

★中ソ対立の中で北朝鮮は中立へ

一九五六年のソ連共産党第二〇回大会で、ソ連は「平和共存路線」を採択します。米ソとも多数の核兵器を保有し、いったん戦争になれば双方とも壊滅するという現実を踏まえ、ソ連はアメリカとの共存路線をとることにしたのです。

これに中国が反発します。社会主義革命は、全世界で推進すべきもの。平和共存路線は、欧米の資本主義諸国に対する革命闘争を仕掛けることができない〝敗北主義〟だと考え、ソ連を激しく批判するようになるのです。これが「中ソ論争」であり、やがて「中ソ対立」に発展します。中国はソ連を「修正主義」と批判し、ソ連は中国を「教条主義」と非難しました。

ここで困った立場になったのが北朝鮮です。中ソ双方から援助を受けている北朝鮮も、何らかの見解や立場を示さなければならなくなったからです。

一九六四年、中ソ対立の中で北朝鮮は、おそるおそる中国寄りの立場をとります。

結果は、ソ連からの援助の大幅削減でした。北朝鮮経済は打撃を被ります。

しかし、一九六六年以降、中国で文化大革

命が始まると、紅衛兵の中には金日成を批判する動きが出てきます。

こうなると北朝鮮も、中国の「教条主義」を批判するようになります。

これ以降、北朝鮮は中ソ対立に中立の立場をとるようになり、双方から援助を引き出しました。

ここでのキーワードが「主体《チュチェ》」でした。

「主体」という概念が思想へ

ソ連や中国の影響力から脱し、北朝鮮独自の社会主義をめざす。そのイデオロギーが「主体」という概念です。

ソ連や中国の内政干渉に悩まされた金日成は、すでに一九五五年末の段階で、朝鮮での革命は、ソ連式でも中国式でもない、ウリ式（我々の方式）の革命を樹立しなければならないと演説しています。

考えてみれば、世界各国は歴史も文化も経済状況などの条件も異なるのですから、それぞれ独自の道を歩むのは当然のことです。それをわざわざ「ウリ式」などと強調する必要はありません。

それはつまり、金日成の絶対的な独裁を正当化する理論だったのです。

さらに中ソ対立から距離を置く自主路線を意味していました。

ところが、その後、「主体」という概念は、さらに進んで「主体思想」として、独自の奇妙な理論に発展していくことになるのです。

第七章

日韓条約が結ばれた

韓国の発展始まる

自由党から民主党へ

韓国では、李承晩《イスンマン》政権の崩壊で、一九六〇年六月、憲法が改正されます。大統領は形式的な国家元首となり、政治的実権は首相に移されました。

翌七月に国会議員選挙が実施されますが、それまでの与党だった自由党は崩壊状態となり、野党だった民主党が躍進します。民主党も自由党と同じく反共保守でしたが、李承晩政権時代に抑圧されてきたことへの同情票を集めたのです。

すっかり権限が失われた大統領職には、尹潽善《ユンボソン》が選出され、実権を握ることになった国務総理（首相）には張勉《チャンミョン》が就任しました。

韓国国内は、四・一九民主革命で学生を中心とした民主勢力が力を持ち、デモや集会が相次ぎます。金九《キムグ》暗殺事件の真相解明を求める運動や、朝鮮戦争当時の住民虐殺の責任を問う動きも出ます。

このように、国内が一気に民主化に動き出しはしたのですが、その反面、新しい政権は指導力に欠け、混乱が続きました。

そこで起きたのが、軍の若手将校たちによるクーデターでした。

若手将校によるクーデター

李承晩政権崩壊から一年後の一九六一年五月一六日、軍の海兵隊と空挺《くうてい》部隊がソウル市内に入り、政府の庁舎や陸軍本部、発電所、放送局などを占拠します。軍事クーデターでした。

クーデターは、金鐘泌《キムジョンピル》中佐ら陸軍士官学

朴正熙少将を最高指揮官とした
若手将校のクーデター（1961年5月）

校八期の将校たちが中心となり、釜山《プサン》軍需基地司令官という閑職に追いやられていた朴《パク》正熙《チョンヒ》少将が最高指揮官でした。ここから朴正熙政権が始まります。それは、毀誉褒貶《きよほうへん》の激しい人物による独裁でした。朴正熙は、朴《パク》槿恵《クネ》大統領の父親です。朴正熙政権の功罪の検証抜きには、朴槿恵政権を見ることはできないのです（朴槿恵大統領は二〇一七年に失職）。

　朴正熙ら軍の若手将校は、李承晩後の韓国内の混乱に危機感を抱いていました。李承晩を追い出した民主派による連日のデモは、北朝鮮の介入を招きかねないと危惧したのです。

　混乱の中で、経済も思わしくなく、日本との関係も改善しない。

　これがクーデターの理由でした。アメリカも、この動きを容認しました。反共政権なら北朝鮮と対峙《たいじ》できるし、かつて満州の陸軍士官学校を出て、日本名まで持っていた朴正熙なら、日本との関係改善にも期待が持てました。

当時、韓国軍に対する作戦指揮権は、朝鮮戦争が終わって間もないため、駐韓国連軍司令官つまり米軍の司令官が持っていました。米軍の許可がなければ、軍隊を動かせない状態だったのです。それなのに軍隊を動かせた。それが何を意味するかは明らかでしょう。

このクーデターに対して、当時の陸軍参謀総長は、クーデター鎮圧に消極的だったばかりか、この日の午後にはクーデターに加担してしまいます。尹潽善大統領も、クーデターを黙認します。

アメリカは、直ちにクーデターを支持しました。クーデターそのものにアメリカの影を見る所以《ゆえん》です。

★国家再建最高会議を設置

クーデター部隊は、クーデター後の明確な青写真を持っていました。クーデターの二日後の五月一八日、陸海空軍の三軍の最高指揮官と将軍などからなる軍事革命委員会が発足しました。メンバーは、いずれも三十代という若さが特徴でした。

そして翌日には「国家再建最高会議」という名称に変更します。六月六日、国家非常措置法が公布され、新政府ができるまでの間、国家再建最高会議が、国の最高統治機関となります。

続いて、最高会議直属の中央情報部が誕生し、金鐘泌が部長に就任します。これはやがて、KCIAと呼ばれるスパイ組織に発展します。情報収集ばかりでなく捜査権も持ち、絶大な権力を握ることになります。

朴正熙は、クーデターが成功した翌月には、クーデター当時の陸軍参謀総長や空挺部隊を率いた大佐などを反革命の容疑で逮捕してしまいます。最高会議の議長には、当初は陸軍参謀総長を据えていたのですが、朴正熙自らが議長に就任します。クーデターを起こすときには利用しながら、自分に権力を集中させる上で邪魔になる人物は排除する、という非情なところを見せたのです。

朴正熙という人物

朴正熙は、一九一七年一一月生まれ。韓国の片田舎の貧農の七人兄弟の末っ子として生まれました。家は貧しかったのですが、成績優秀で授業料免除の師範学校に入り、一九三七年に卒業して学校の教師になります。

この年、日中戦争が始まり、朝鮮人も軍に動員されるようになります。朴正熙は、朝鮮半島から満州に渡り、一九四〇年、満州軍官

軍人から大統領への道を選んだ朴正熙

学校に入学しました。日本名を名乗らされる創氏改名で「高木正雄」と改名しました。一九四二年、満州軍官学校予科を首席で卒業すると、日本の陸軍士官学校に編入され、四四年、卒業。満州軍中尉として終戦を迎えました。

朝鮮半島南部を占領した米軍は、韓国軍の養成を開始し、朴正熙は一九四六年、将校を養成する朝鮮警備士官学校二期生として入学しました。卒業後は、少佐にまで昇進しましたが、そこで思いがけない挫折を味わいます。

前に取り上げたように、当時の警備隊には左派勢力が多数浸透していました。済州島《チェジュド》での暴動鎮圧を命じられた麗水《ヨス》駐屯の韓国軍一四連隊が出動を拒んで反乱を起こした事件をきっかけに、韓国軍内で左派粛清の嵐が吹き荒れます。

このとき朴正熙も左派として逮捕されたのです。軍隊内の南朝鮮労働党に関係していたとされます。逮捕された朴正熙は、南朝鮮労働党に関する情報をすべて告白し、それと引き換えに重罰は免れ、軍隊を追放されたのです。

しかし、やがてチャンスが巡ってきます。朝鮮戦争です。一九五〇年、北朝鮮が韓国に攻め込むと、朴正熙は陸軍本部情報局に駆けつけ、少佐に復帰しました。

李承晩政権が崩壊すると、朴正熙ら若手将校たちは、李承晩政権のもとで腐敗していた軍隊の立て直し（整軍運動）を始めますが、米軍は、秩序を乱す行動だとしてブレーキをかけ、朴正熙を左遷させました。そこからクーデター計画がスタートします。まるでジェットコースターのような人生です。

反共体制の強化

朴正熙政権は、徹底した反共政権でした。政権を獲得した直後の一九六一年七月には、「反共法」を制定しています。

これは、それまであった国家保安法と重複する内容が多いものでしたが、共産主義の運動を称賛するだけでも罪に問われるという、まさに思想信条の自由を認めない法律でした。その後、朴政権の下で、多くの人が、この反共法によって裁かれることになります。

形ばかりの「民政移管」

軍事クーデターで獲得した政権は、正統性に欠けます。正統性を得るには、国民の支持が必要です。そのためには、選挙で当選しなければなりません。八月になって朴正熙最高会議議長は、二年後に大統領選挙を実施して民政移管すると発表します。

もちろん自分たちが民政を担うつもりでした。そのために憲法改正に取り組みます。翌一九六二年一二月、国民投票で新しい憲法が制定されました。

新しい政治体制では副大統領職が廃止されました。大統領が絶対的な権力を持ち、後継者問題が起きないようにするためです。

大統領の下に、国務総理（首相）が置かれ、内政を担当します。大統領の任期は四年。一回に限って再選できます。国会は、それまでの二院制から一院制に変わりました。

さらに政党法が制定されました。これは、国会議員選挙に無所属候補は立候補できないことを定めたものです。いずれかの政党に所属しないと立候補できない。これにより多数の政党が乱立し、与党が有利になるように考えられたと見られています。

その上、政治活動浄化法が制定されました。政治活動を浄化するというのは聞こえはいいですが、政治家としての適格判定を通らないと立候補できないという驚くべき仕掛けです。与党にとって都合の悪い人物は選挙から排除できる仕組みなのです。

民政移管ですから、軍人は政権に入れません。朴正熙は一九六三年になって軍から引退し、この年に結成した民主共和党から大統領選挙に立候補しました。

対立候補は、クーデター発生当時に大統領だった尹潽善でした。

結果は予想通り、朴正熙大統領の誕生でした。ただし、朴候補の得票が四七〇万票あまりだったのに対して、尹候補が四五四万票あまり。接戦だったのです。圧倒的に強い立場で臨んだはずの朴正熙ですが、国民の支持は高くなかったことがわかります。

新しい政権は、形式的には民政移管されましたが、実態は、軍服を脱いだ軍人たちによって構成されたものでした。これ以降、軍服なき軍事政権が続くのです。

日韓会談始まる

韓国が建国されて以来、隣国の日本とは国交がないという異常な事態が続いてきました。反日に凝り固まった李承晩大統領のもとでは、日本との関係改善は望むべくもありませんでしたが、朴正熙政権の誕生で、動き出します。

日本側も、かつて日本の陸軍士官学校を出た朴正熙なら、話がわかるだろうと期待していました。

一九六二年一〇月、金鐘泌が大統領特使として日本を訪問。大平正芳外務大臣と密かに会談を持ちました。ここから日韓交渉が大きく動き出します。

実は日韓交渉自体は、一九五二年から始まっていたのですが、一九五三年、日本側の久保田貫一郎首席代表が、日本の朝鮮半島支配の時代について、「日本としても朝鮮の鉄道や港を造ったり、農地を造成したりし、大蔵省は、当時、多い年で二〇〇〇万円も持ち出していた」と発言しました。要するに「日本はいいこともした」という発言です。

これに韓国側が激しく反発。交渉は暗礁に乗り上げていました。

日韓交渉で、当初、韓国側は対日賠償を請求しました。日本の朝鮮半島支配によって被害を受けた国民への損害賠償を求めたのです。

日本はこれを拒否します。「賠償」とは、敗戦国が戦勝国に払うもの。朝鮮半島は日本に併合されていて、戦争をしたわけではなかったからです。

しかし、韓国にしてみれば、日本の朝鮮半島支配の時代に、大韓民国臨時政府が組織され、日本と戦っていたという建前（建国神話）がありましたから、「戦争に勝った大韓民国」が戦時賠償を求めるのは当然という意識があったのです。

韓国の主張に対して、日本側は逆に「没収された財産」の返還を求めます。敗戦直後に朝鮮半島南部を占領した米軍は、日本の財産を押収し、その後、韓国側に引き渡していました。この返還を求めたのです。

このあたりになりますと、「韓国が要求するなら日本にも言い分がある」という応酬でしょうか。

このほか、日本が朝鮮半島を併合した「韓国併合条約」の扱いをどうするか、竹島（独《ト》島《ト》）の領有権問題などで両者の言い分は対立。交渉は進んでいませんでした。

しかし、朴政権の誕生で、交渉は急進展します。これに対して、韓国国内で反対運動が盛り上がります。

理由は、日本に請求する金額の少なさや李承晩ライン撤廃によって韓国の漁民が不利益を被ることなどでした。とりわけ大学生たちによる反対運動は熾烈《しれつ》を極めました。そこには、反日意識と、植民地支配を反省しない日本と無原則に協定を結ぼうとする朴政権への怒りがありました。当時は学生だった李明博《イミョンバク》元大統領も、この抗議集会に参加して逮捕されています。

これに対して、朴政権は徹底した弾圧で臨み、遂に協定調印に持ち込みます。

ちなみに、日本国内でも日韓条約交渉に対する反対運動がありました。こちらは、北朝鮮を抜きにして、韓国とだけ協定を結ぶことに対する社会党や共産党の反発でした。

日韓基本条約調印

一九六五年六月、「日本国と大韓民国との間の基本関係に関する条約」が、日本の総理官邸で調印されました。

この条約によって、韓国併合条約が失効していることや韓国政府が朝鮮半島唯一の合法

「日韓基本条約」反対を訴え、警官隊と衝突する韓国の学生たち

政府であることの確認がなされました。同時に、日本から韓国への資金供与、李ラインの撤廃、在日韓国人の法的地位の確定などの協定も結ばれました。

日韓基本条約は、日本語と韓国語、それに英語の三か国語で文書が作成され、解釈に相違が出た場合は、英文を元にして検討するという異例の形式になりました。二国間の協定なら、それぞれの言語で文書が作成されるのが通常の形式だからです。

このような異例の形式になったのは、日韓両国が、それぞれ条約を自国に都合のいいように解釈できる余地をわざと残していたからです。

たとえば第二条では、「千九百十年八月二十二日以前に大日本帝国と大韓帝国との間で締結されたすべての条約及び協定は、もはや無効であることが確認される」とあります。

この条文を、韓国側は、「韓国併合条約は国際法に違反した無効なものであり、それを確認した」と解釈します。

これに対して日本は、「今回の条約により、これまでの条約は無効になった」と解釈します。韓国併合条約が当初から無効であったなら、この条約にもとづく三六年間の朝鮮半島統治のすべてが不法になってしまい、日本として受け入れられなかったからです。

また、第三条では、大韓民国政府について、「国際連合総会決議第百九十五号（Ⅲ）に明らかに示されているとおりの朝鮮にある唯一の合法的な政府であることが確認される」となっています。

これを韓国は、「大韓民国が朝鮮にある唯一の合法的な政府であることが確認された」と読みます。北朝鮮は国家ではない、というわけです。

一方、日本は「国連による自由な選挙は南部でだけ実施され、この選挙によって成立した大韓民国だけが、現在のところ合法政府である」と解釈します。つまり「北部については関知しない」という意味です。これなら将来、北朝鮮と交渉をして、北部にある合法政府を承認しても問題ないことになります。

見る側によって、違う見え方がする。まさに玉虫色の条約になったのです。

「請求権」は経済協力に

また同時に、「日韓請求権並びに経済協力協定」も結びました。これは、日本が援助すると共に、両国の間での請求権問題が最終的に解決したことを確認しています。

この条約により、日本は韓国に一〇年間にわたり計三億ドルを無償で供与すると共に、二億ドルを低金利で貸し出すことを決めました。それ以外に、日本の民間企業が計三億ドルの資金協力をすることになりました。

問題は、この資金の意味です。「賠償」という言葉の代わりに、「経済協力」という言い方になりました。

韓国は、これを自国向けに「賠償」と説明し、日本は「経済援助」あるいは「独立祝い金」と説明しました。

両国の間の請求権に関しては、第二条に次のように記されています。

「両締約国（著者注・日本と韓国のこと）は、両締約国及びその国民（法人を含む）の財産、権利及び利益並びに両締約国及びその国民の間の請求権に関する問題が、（中略）完全かつ最終的に解決されたこととなることを確認する」

この条約により、韓国の国民が日本政府や日本の企業に対して損害賠償などの請求権を持てないことが確定しました。日本は韓国に賠償代わりに経済協力資金を渡しているのだから、後は韓国国内の問題である。韓国の国民が損害賠償を請求したかったら、韓国政府に言うべきことだ。これが、この条約以後の日本の主張です。

ですから、日本政府に言わせれば、最近の韓国で、戦時中に日本の企業が韓国人労働者に対して未払いだった賃金を要求する裁判が起こされたり、いわゆる「慰安婦」に対する補償を求めたりする動きなどは、この条約に反している、ということになります。

★「在日」の地位確定

日韓基本条約の調印と共に、在日韓国人の法的地位に関する条約も結ばれました。

第二次大戦後、朝鮮半島に戻らずに日本に留まった朝鮮半島出身者の身分は、不安定なものでした。この人たちは、日本が朝鮮半島を支配している間は日本国籍でしたが、一九五二年、サンフランシスコ講和条約が発効して日本が独立を果たすと共に、日本国籍ではなくなりました。外国人になったのです。

日本に住む外国人は、「外国人登録証」を携帯することが義務付けられています。この登録証の国籍の欄が、朝鮮半島出身者は、「朝鮮」と表記されていました。

しかし、日韓基本条約の締結で韓国が国籍として認められるようになり、国籍欄を「朝鮮」から「大韓民国」に書き換える人が増えました。国籍欄が「朝鮮」のままの人は「在日朝鮮人」と呼ばれ、「大韓民国」に書き換えた人は「在日韓国人」と呼ばれるのです。

この段階で、国籍欄が「大韓民国」になった人とその子どもたちは日本への「永住資格」を持てるようになりました。義務教育や生活保護についても日本人に準ずる扱いとなり、国民健康保険に加入することも認められました。

ただし、永住資格を持てた人の子孫に関しては扱いが未定でしたが、一九九一年に出入国管理特例法ができて、国籍欄が「朝鮮」の人も「大韓民国」の人も、さらにその子孫についても、「特別永住権」が認められるようになりました。

その数は、法務省の調べによりますと、二〇一二年末で合計三八万一六四五人となっています。日本に帰化する人が増えていることから、この数は減少傾向にあります。

朝鮮と韓国の内訳は明らかになっていませんが、北朝鮮による日本人拉致事件が明らかになって以降、国籍欄を朝鮮から大韓民国に変更する人が増えていて、朝鮮籍は三万人から四万人程度と見られています。

日本の資金援助で経済発展へ

日本が朝鮮半島を支配していた当時、日本は北部の豊富な水力を活用して水力発電所を建設。北部を工業地帯として開発する一方、南部は温暖な気候を利用して農業地帯にしていました。南北が分かれて独立したことで、韓国は農業国として出発したのです。そこに朝鮮戦争がありましたから、韓国経済は貧しいものでした。

それが、日本からの大量の資金を得て、韓国経済は発展の糸口をつかみます。朴政権は、道路網の整備など社会資本の充実に力を入れ、鉄鋼、石油精製など重工業が発展する基盤を整備しました。

日本の企業の協力もあり、新日本製鉄を中心とする技術供与により、浦項《ポハン》総合製鉄所の建設が始まります。韓国経済は、当初は繊維製品を中心とした軽工業から始め、経済力がつくと共に重工業に移行し、輸出によって外貨を獲得するようになります。

こうした経済発展は、やがて「漢江《ハンガン》の奇跡」と呼ばれるようになります。先にも述べましたが、漢江は首都ソウルを流れる大河の名前です。

北朝鮮が、「軽工業も重工業も」という無理な計画で経済が停滞していくのに対して、韓国経済は急成長。やがて南北の経済力は逆転するのです。

ベトナム派兵へ

日韓基本条約が結ばれた一九六五年、韓国は、アメリカの要請を受けてベトナム戦争への派兵を始めます。アメリカは、この年の初めから北ベトナムへの爆撃（北爆）を始めるなど、ベトナム戦争の泥沼に足を取られ、苦戦していました。そこで、朝鮮戦争の際にアメリカが助けた韓国に対して、協力を要請したのです。

韓国軍は、一九七五年までの間に最大規模で五万人、のべ三一万人の兵士をベトナムに送り込みました。その結果、五〇〇〇人以上が戦死しました。

アメリカは、この韓国の協力に経済面で応えました。韓国製品を優先的に買い上げたのです。韓国経済にとって、ベトナム戦争特需が舞い込みました。朝鮮戦争で日本経済が発展したように、ベトナム戦争で韓国経済は潤ったのです。

軍用物資の輸送や建設などを請け負うために韓国企業のベトナム進出も始まり、輸送部門の韓進《ハンジン》財閥や現代《ヒョンデ》財閥などが急成長する契機になりました。

虐殺事件を起こしていた

ベトナム戦争では、韓国軍の猛虎部隊、白

馬部隊、青龍部隊などの勇猛果敢な戦いぶりが有名になりましたが、実はその陰で、陰惨な虐殺事件を引き起こしていたことが、三〇年以上経ってから明らかにされます。

一九九九年五月に出た週刊誌『ハンギョレ21』は、一九六六年一月からの一か月間に、韓国軍部隊がベトナム中部のビンディン省など四地域で計一二〇〇人の住民を虐殺したと告発したのです。

女性や子ども、老人を一か所に集めて機関銃を乱射して全員を殺害したり、住民を家に押し込んで放火して焼死させたり、子どもの四肢を切断したり、女性を強姦《ごうかん》して殺害したりと、読むに堪えないような残虐事件の数々を報告したのです。

この告発に、韓国軍の退役軍人たちが猛反発します。二〇〇〇年六月、二四〇〇人の退役軍人たちがハンギョレ新聞社を襲撃。社屋を破壊し、社員十数人を負傷させました。

ベトナムでの韓国軍の残虐行為については、ハンギョレ新聞社以外に追及するメディアはほとんどなく、韓国においては、取り上げるのがタブーのような状態になっています。日本に対して「歴史を直視せよ」と謝罪を求める韓国も、自身のことになると、直視できないのです。

歴代の韓国大統領の中では、金大中《キムデジュン》大統領だけが、一九九八年にベトナムを訪問した際、「ベトナムの国民に苦痛を与えた点について申し訳なく思っている」と謝罪しています。

三選改憲へ

日韓基本条約を結び、日本から受け取った

資金によって経済を発展させた朴正熙大統領は、一九六七年の大統領選挙で圧勝。二期目に入りました。

自らが制定した憲法で、大統領の任期は二期までと決めておきながら、朴大統領は、いざ二期目に入ると、さらに大統領を続けたくなります。これなど李承晩大統領と同じです。

朴大統領の与党は国会の七割を占めていますから、憲法改正に必要な三分の二を上回っています。

一九六九年九月、与党議員だけで国会別館にて本会議を開き、「朴大統領はもう一期だけ大統領を務めることが可能である」とする憲法改正案を、わずか六分で議決しました。

あまりなやり方に、この改憲は「ひったくり改憲」と呼ばれましたが、続いて実施された国民投票は、圧倒的多数の国民が、改憲案を支持しました。この時点まで、多くの韓国民が、経済を発展させた朴正熙大統領を支持していたのです。

「維新クーデター」が起きる

この乱暴な改憲にもとづいて、一九七一年四月、大統領選挙が実施されました。

野党の新民党の候補は金大中でした。やがて数奇な運命を経て大統領になる金大中候補ですが、この選挙で朴大統領と接戦を繰り広げます。

韓国は、地域間の対立が激しい国柄です。朴正熙大統領が嶺南《ヨンナム》地域出身であるの対し、金大中候補は湖南《ホナム》地域出身。大統領選挙は、二つの地域の激突となりました。

湖南地域は、歴史的に差別され、経済発展

から取り残された地域です。それだけに、自分たちの代表を当選させようと、熱狂的な選挙運動を展開しました。

一方の朴陣営もなりふり構わぬ運動を展開。その様子は、かつての李承晩陣営の再現のようでした。

選挙の結果、朴正熙大統領の獲得票数は六三四万票で、金大中候補は五三九万票。その差九五万票でした。

大統領選挙では差がつきましたが、一か月後に行われた国会議員の総選挙では、与党の民主共和党が一一三議席だったのに対して、新民党は八九議席と、与野党の差は縮まりました。政権の基盤は不安定になりました。

そこで朴政権が繰り出した奥の手が、南北対話でした。翌七二年、南北政府は秘密裏に対話を開始し、七月、自主、平和、民族団結を謳った南北共同声明を発表したのです。

別々に建国され、戦争までした両国の間で、初めて実現した政府間対話と共同声明。韓国の人々は、民族統一の夢に酔いしれました。

この熱気を利用して、朴政権は、大統領の側からのクーデターを実行しました。

一九七二年一〇月一七日、国会を解散して憲法の一部条項の効力を停止し、非常戒厳令を布告したのです。「南北対話を進めるためには強力な国家体制が必要であり、そのために憲法を改正する」という理屈でした。これを「維新クーデター」と呼びました。これ以降を「維新体制」と呼びます。

コラム

クーデター

フランス語で「権力への一撃」を意味する。革命とは異なり、同じ体制内で起きる軍事力を背景にした政権交代のこと。

新しい憲法は、任期六年の大統領間接選挙制でした。国民が直接選挙で大統領を選ぶ道は閉ざされ、新たに設置される「統一主体国民会議」が大統領を選出する、という方式です。大統領の再選禁止規定は削除されました。いつまでも大統領でいられる可能性が生まれたのです。大統領は、国会の意向にかかわらず、戒厳令と同じ効力を持つ緊急措置が出せるようになりました。圧倒的な力を持つ大統領独裁を可能にするものでした。

翌一一月、国民投票で九一％を超える賛成で新憲法が成立しました。

しかし、問題は、大統領を選出できる統一主体国民会議のメンバーです。その代議員資格は、なんと「政党に三年間加盟していない者」とされました。要は、野党の国会議員を会議からはずすのが目的でした。朴政権お手盛りの国民会議が誕生し、朴正煕を大統領に選出。一二月に大統領に就任しました。

ほぼ同時期に、北朝鮮の最高人民会議は社会主義憲法を採択。新設の国家主席に金日成《キムイルソン》を選出しました。絶大な権力を持つ金日成国家主席の誕生です。

南北共同声明は、南北双方に都合がいいように利用されたのです。南北双方で独裁体制が確立すると、南北対話への動きは消えてしまいました。

維新クーデターが発生したとき、朴正煕大統領のライバルだった金大中は、東京に滞在中でした。祖国の様子を見て、帰国を断念。海外で民主化運動を始めます。しかし、まもなくとんでもない事件に巻き込まれるのです。

第八章 主体思想による特異な国家に

「四つの柱」

金日成《キムイルソン》によって特異な国家となっていく北朝鮮を導いたのは、「主体《チュチェ》」という言葉であり、それはやがて「主体思想」として結実していきます。この「主体」という用語は、既に一九五五年、金日成の演説で使われています。

朝鮮での革命は、ソ連式でも中国式でもない、朝鮮独自の革命であるとして、「ウリ式」(我々の方式)を提唱。「主体」が大切だと強調したのです。

これが、やがて「四つの柱」として定式化されます。一九六五年四月、インドネシアを訪問した際の演説で使用しました。「政治における自主、経済における自立、国防における自衛、思想における主体」というものです。

「政治における自主」とは、それまでソ連や中国による内政干渉に悩まされてきた金日成が、「北朝鮮のことは我々に任せてくれ」という宣言でした。

「経済における自立」とは、ソ連式の社会主義分業体制の拒否でした。当時のソ連のフルシチョフ第一書記は、「コメコン」(経済相互援助会議)を推進していました。社会主義諸国が相互に協力して経済を発展させようというものでしたが、これは建前。実際は、ソ連周辺の社会主義諸国を、ソ連の経済体制に組み込もうというものでした。社会主義各国がソ連の下請けとなって「部品」を製造してソ連に納入。ソ連がそれを「完成品」にして各国に配布するという構造です。

金日成としては、この構造に組み込まれると、独自の計画経済を実行できません。「独

建国以来、軍事大国を目指してきた北朝鮮（1968年）。
この頃の北朝鮮の軍事パレードでは、模型が使われた

自の経済方式でやっていくから口を出すな」というものでした。

「国防における自衛」は、一九六二年に起きた「キューバ危機」が契機です。アメリカに対抗して社会主義を目指すキューバに対し、ソ連は核ミサイルを配備しますが、アメリカのケネディ大統領の反発を受けたソ連のフルシチョフは、キューバの頭越しにアメリカと妥協してしまいます。

これを見た金日成は、いざというときにはソ連は当てにならないと痛感したはずです。朝鮮戦争では、北朝鮮はソ連の軍事力や援助に助けられましたが、今後は、ソ連が自分の頭越しにアメリカと手を結んでしまうかも知れない。それでは北朝鮮を守れない。こう悟った金日成は、自衛力強化に力を入れます。やがては、国家全体を要塞化するという目標

を掲げるまでになっていくのです。

現在の核兵器とミサイル開発も、この路線上にあります。

そして、「思想における主体」は、「我々独自の革命」ということです。これが、やがて「主体思想」として確立されます。

「正しい指導があって人間は主体となる」

では、「主体思想」とは、どのようなものなのでしょうか。私の手元に金正日《キムジョンイル》の著作になる『チュチェ哲学について』という小冊子があります。北朝鮮に取材に入った際、平壌《ピョンヤン》の書店で購入した日本語訳の本です。ここに「主体思想」の解説があります。一九八二年に金正日が発表した論文ということになっています。これを引用します。


「チュチェ思想は朝鮮革命のゆるぎない指導思想となり、われわれの時代の偉大な革命の旗じるしとなっています」

「金日成同志が述べているように、チュチェ思想は人間があらゆるものの主人公であり、すべてを決定するという哲学的原理に根ざしています」

「社会的存在である人間にとって自主性は生命です。人間にとって自主性が生命であるということは社会的・政治的生命のことをいうのです。人間は肉体的生命とともに社会的・政治的生命をもっています。肉体的生命が生物有機体としての人間の生命であるなら、社会的・政治的生命は社会的存在としての人間の生命です」

「人民大衆が歴史の主体としての地位を占めてその役割を果たすためには、必ず指導が大衆に結びつかなくてはなりません。人民大衆は歴史の創造者ではあるが、正しい指導がなければ、社会・歴史発展の主体としての地位を占め、役割を果たすことができません」「革命運動、共産主義運動における指導の問題は、人民大衆にたいする党と領袖の指導の問題にほかなりません。

労働者階級の党は革命の参謀部であり、労働者階級の領袖は革命の最高指導者です。人民大衆がいかに革命的に意識化、組織化されるか、いかに自己の革命任務と歴史的使命を遂行するかは、党と領袖の正しい指導を受けるかにかかっています」

驚くべき理論です。人間がすべての「主体」であると言いながら、「正しい指導」によってのみ、「主体」になれるというのです。指導を受ける存在であれば、それは主体的ではないと私たちは考えますが、北朝鮮の主体思想とは、そうではないのですね。

ここで出てくる「領袖」という言葉は、金日成のことです。「党」というのは、朝鮮労働党のことではありますが、実際は、朝鮮労働党を動かしている金正日のことです。つまりは、金日成と金正日の言うことを聞け、ということです。この本の別の箇所では、次のような文章が登場します。

「チュチェの革命観で核心をなすのは、党と領袖に対する忠実性です」「たとえ生命をなげうっても党と領袖に最後まで忠誠をつくす覚悟に徹し、断頭台に立たされても革命的節操を守れる人間、このような人間こそがチュチェの革命観の確立した真の革命家です」

しかも人間は、「肉体的生命」と共に「社会的・政治的生命」を持っているといいます。

これは、一種の「国家有機体論」です。この意味を、平岩俊司氏は、次のようにまとめています。

「首領が脳髄であり、人民は細胞である。そして、神経が党である。この三つが一体となって、ひとつの生命体をなす。この社会政治的生命体に参加することによって、人間は人間が本来持っている生物的な生命ではない、永遠不滅の社会政治的生命を獲得することができる。これによって人間は第二の生命を与えられるのである」(平岩俊司『北朝鮮は何を考えているのか』)

金日成に権力集中

一九六六年一〇月、朝鮮労働党第二次党代表者大会が開かれました。「党代表者大会」とは、党大会に次ぐ権威あるものです。

最終日には党の中央委員会の中に常務委員会を設置し、党の権力を集中させます。常務委員は、いずれも金日成と共に抗日運動をしていた同志たちでした。

さらに、それまでの中央委員会の委員長という金日成の肩書は、総書記という呼び名に変更されます。委員会のひとりである「委員長」ではなく、絶対的な権力を持つことをイメージしやすくするように「総書記」という名称に変更したと見られます。

この大会以降、金日成に対する個人崇拝が強まります。平壌の万景台《マンギョンデ》にある金日成の生家は聖地にされ、外国からの客や北朝鮮の人民は必ず参観しなければならない場所となります。

★一九六七年の〝クーデター〟

金日成と息子の金正日が絶対的な権力を掌握したのは、一九六七年五月に開かれた朝鮮労働党第四期第一五回中央委員会総会でのことでした。

この総会で、党のナンバー2だった朴金喆《パクキムチョル》らが粛清されます。朴は、甲山《カプサン》派と呼ばれる著名な幹部でした。日本が支配していた朝鮮半島に留まり、甲山地方で抗日運動を続けていました。朝鮮半島の外で抗日闘争をしていた金日成にしてみれば、人民の信望が厚くプライドの高い朴らは、目の上の瘤のような存在でした。

この総会について、『朝鮮労働党略史』には、次のように書かれています。孫引きになりますが、荻原遼氏の著作から引用します。

「革命がいっそう深化する過程で、とりわけ帝国主義者たちの侵略策動が激化し、外部から修正主義的思想潮流が侵入するようになると、党内に潜んでいたブルジョワおよび修正主義者たちがふたたびうごめくようになった。ブルジョワおよび修正主義分子たちの策動を粉砕し、党の唯一思想体系を徹底的に打ちたてなくては党の統一団結と戦闘力を強化できなかった」(荻原遼『北朝鮮に消えた友と私の物語』)

北朝鮮が建国されてから何年も経つのに、「党内に潜んでいたブルジョワおよび修正主義者たち」が活動をするようになったというのです。金日成・正日親子が、自分たちに都合の悪い存在に、こうしたレッテルを貼り、葬ったのです。まさに「金日成親子のクーデター」(荻原氏の表現)でした。その結果、次のようになりました。
「全党員は偉大な首領金日成同志の革命思想以外にはどんな他の思想も知らないという確固たる立場を堅持し、首領様の教示とその具現である党政策を物差にしてすべてを計り、それと相反する現象とはすこしも妥協せずに原則的にたたかうことができるようになった」(同書)

こうして完成したのが「唯一思想体系」でした。金日成の思想以外は知ってはいけない。硬直し、奥行きも広がりもない単調な思想統制が実施されるようになります。

こうなると、工業でも農業でも、すべての分野において、「金日成の革命思想」にもとづかなくてはなりません。すべて国民は、「正しい思想」にもとづく指導を待つことになります。「主体的」とはほど遠い、全員が待ちの姿勢になるのですから、経済も社会も動かなくなります。北朝鮮経済は、ここから長期停滞・衰退に入っていくのです。

権力の上層部での粛清が終わると、次は一般民衆です。「集中指導作業」と呼ばれ、民衆に密告が奨励されました。自分の身を守るために友人を密告する人物も出てきます。軽い罪状の者は山間僻地《へきち》に追いやられ、次に重い罪状だと「労働教化所」と呼ばれる強制収容所に入れられました。その数六万五〇〇〇人。さらに重いと、逮捕・処刑が待っていました。約二五〇〇人が逮捕あるいは処刑されたと言われます。

「三大革命小組」が作られる

唯一思想体系を確立するには、国民の思想

改造が必要です。これは「三大革命」と呼ばれました。「思想革命」「技術革命」「文化革命」の三つです。

国民を「主体思想」に染め上げ、技術革新を目指して働き、社会の文化を革命的にしていく。社会主義の完全勝利の日まで絶え間なく革命を続けていくというものでした。

これを実行するために、「三大革命小組」と呼ばれる少人数の組織が多数作られました。メンバーは、党員や大学生など若い男女で構成され、行政機関や職場、学校などに派遣され、組織の「革命化」を進めます。

若い男女がいきなり派遣され、我が物顔に振る舞うのですから、各地で摩擦を引き起こしました。

常に革命。その繰り返しですから、人々は疲弊していくことになります。

この様子を、北朝鮮に帰国した在日朝鮮人は、こう話しています。

「三大革命小組は、現実離れした高い目標をおしつけ生産の現場で働く専門家、技術者と絶えずいさかいを起こす。かれらがおしつける非現実的な目標を現場の人たちは相手にしない。そうすると、三大革命小組は、『思想戦』を展開し、『忠誠心が足りない』と攻撃する」「『精神一辺倒主義で『自力更生』しよう、工夫すれば、できないことはない、という」「三大革命小組はやたらと会議や決起集会を開き、整地や耕作作業の〝超過達成〟を決議させ、朝早くから夜遅くまで農民や生徒、学生の尻をたたく。しかしこんな、強引な作業には手抜きはつきものだ。かれらは土地に鍬《くわ》やすきを入れても、深く入れようとはしない。形だけの田や畑ができ上がっても作物はよく実らない。このような悪循環を繰りかえすだけだが、それでもかれらは三大革命小組運動の〝成果〟として、上部にはいつでも高い生産目標の〝超過達成〟と報告する」（金元祚《キムウオンヂヨ》『凍土の共和国』）

この取り組みで、一般民衆をがんじがらめにする方策が「生活総和」運動でした。「生活総和」とは、職場単位で毎週実施される「自己批判大会」です。

職場のメンバーが集まり、相互批判と自己批判をして、今後への教訓を導き出す、というものです。誰もが自己批判をしなければならず、各人にとって、最も苦痛な時間です。

重大な過失を自己批判することは、自分の〝犯罪行為〟を自供するようなものですから、自分の生命や地位に関わります。結局は、大したことのないミスなどを自己批判することになりますが、その内容について、職場の仲間からの批判も受けます。

常に自分の周囲を気にする監視社会へと陥っていくのです。

また、地域には戦前の日本の「隣組」に似た制度ができます。一九五八年から「五号担当制」が実施されました。要するに「五人組」です。五世帯ごとに組を作り、相互に監視します。責任者が指名され、もし同じ組から〝反革命分子〟が出るような事態になると、「なぜ気づかなかった」と批判されます。自分を守るためには、自分から密告しなければならない状況に追い込まれるのです。

密告された側は、本人ばかりでなく、家族も強制収容所に入れられてしまいます。ある日突然、一家全員がいずこかに引き立てられて行くのです。これでは、体制への反抗など不可能です。

国民は三つの階層に分類された

この過程で北朝鮮の国民の分類が進みます。

国民は管理しやすくするために、「成分」という三つの階層に大別され、さらに六四段階に分類されています。

三つの階層の上位は、政権に忠実な「核心階層」です。朝鮮労働党の党員や、一九四五年八月以前に労働者や貧農であった者、朝鮮戦争で戦死した兵士の遺族などです。

中位の階層は「動揺階層」。いまは労働者であっても、一九四五年八月以前は中小企業の経営者だったり、富農だったり、朝鮮戦争中に韓国に逃げた者の家族や、「帰国事業」で日本から帰国した者です。いまは体制に忠誠を誓っているが、必ずしも信用できない、というわけです。

下位に位置するのは、監視対象である「敵対階層」。かつての地主や資本家、キリスト教徒や仏教徒です。

金日成や金正日は、「核心階層」に依拠して「敵対階層」を弾圧し、それを「動揺階層」に見せつけることで体制を維持したのです。

日本からの帰国者の災難

先ほど「帰国事業」という言葉が出てきました。一九五九年から、日本に住んでいた朝鮮半島出身者とその家族が北朝鮮に「帰国」したことを指します。途中三年間の中断を挟みながら、二五年に及ぶ事業の結果、計九万三三四〇人の朝鮮人が「帰国」しました。
彼らのほかに、在日朝鮮人と結婚した日本人配偶者もいました。その多くが女性で、「日本人妻」と称されるようになります。日本人妻は一八三一人。日本人の夫やその子どもたちを含めると、約六八〇〇人が日本国籍を持っていました。
帰国運動が始まったのは一九五八年八月のことです。神奈川県の在日朝鮮人たちが、北朝鮮に集団帰国を求める運動を開始します。
すると翌月、北朝鮮の金日成首相（当時の肩書。その後、主席に）が、「熱烈に歓迎する」と声明を出しました。在日朝鮮人の希望に応えるというポーズでしたが、実際は、北朝鮮が仕掛けたことでした。当時の北朝鮮は、朝鮮戦争で多数の人材が失われ、労働力不足に陥っていました。日本からの帰国者によって労働力不足は解消できるし、さまざまな技術や技能を持った労働者を受け入れられると考えたのです。帰国運動の中心になったのは「朝鮮総連」（在日本朝鮮人総聯合会）でした。朝鮮総連は、常に北朝鮮からの指示に従って行

コラム

朝鮮総連

朝鮮総連の正式名称は「在日本朝鮮人総聯合会」。1945年の日本の敗戦と共に結成された「在日朝鮮人連盟」は、GHQによって、「暴力主義的団体」として解散を命じられ、1955年に新たに設立された。

北朝鮮の在外公民の組織という位置づけであり、朝鮮総連の中央議長をはじめ数人が北朝鮮の最高人民会議の代議員になっている。

帰国運動では中心的な役割を果たし、帰国者たちの中には、日本の財産を朝鮮総連に寄付して出国した人も大勢いた。

過去に北朝鮮が起こした数々の事件に関与している疑いがしばしば取り沙汰され、公安調査庁から破壊活動防止法にもとづく調査対象に指定されている。

北朝鮮へ出航する第1次帰還船で、見送りにこたえる帰国者たち

動していたからです。

日本で差別を受けていた在日朝鮮人たちは、「地上の楽園」「誰でも無料で大学に進学できる」といった甘言に誘われて、渡って行ったのです。

しかし、北朝鮮で彼らを待っていたのは、貧困と差別でした。彼らは「帰胞《キポ》」と呼ばれて差別されました。日本で貧しい暮らしをしていた人たちが多かったのですが、祖国はもっと貧しい暮らしだったのです。

「話が違う」と抗議した人たちは、連行されて消息を絶ちました。

彼らは、「資本主義国の日本に住んでいた」として「動揺階層」に分類され、厳しい監視を受けます。とりわけ「唯一思想体系」の樹立の過程では、「不純分子」として、多数が粛清されたと言われています。

韓国内に統一革命党結成へ

北朝鮮で金日成の独裁体制が完成しつつある頃、韓国では一九六〇年の四・一九民主化運動で李承晩《イスンマン》大統領が打倒されました。北朝鮮は、韓国を〝革命化〟できるチャンスと見ていましたが、その後、朴正熙《パクチヨンヒ》による軍事クーデターで、民主化は潰えます。

その一方、当初北朝鮮は、朴正熙が、朴正熙に期待するところがありました。朴正熙が、韓国軍の中で南朝鮮労働党に関係して逮捕され、一時は軍隊を追放されたことがあったからです。

そこで北朝鮮は、南朝鮮労働党に関与していた朴正熙の三番目の兄の同志だった人物、黄泰成《ファンテソン》を密使として韓国に派遣します。黄は、朴正熙とも親交があったからです。

しかし、黄はスパイとして逮捕され、死刑判決を受けて処刑されてしまいます。朴正熙は、もはや北朝鮮が期待するような人物ではなかったのです。

北朝鮮は、対韓国政策の見直しを迫られます。その結果、四・一九民主化運動が革命に発展しなかったのは、革命へと人民を率いる革命党がなかったからだと総括します。この総括にもとづいて、韓国内に「革命党」を建設する計画を立てます。一九六四年三月、「統一革命党」の結党準備委員会が秘密裏に組織されました。

中心人物は金鐘泰《キムジヨンデ》で統一革命党ソウル市委員長でした。北朝鮮から工作資金を得て、組織作りに乗り出しました。目標は、統一革命党主導による南朝鮮革命です。成功の暁には、北朝鮮との国家統一を果たすことになっていました。

ところが、一九六八年、統一革命党のメンバーと接触しようと南下した北朝鮮の工作船を韓国中央情報部（ＫＣＩＡ）が拿捕したことから、統一革命党の存在が明らかになり、党は壊滅。金鐘泰ら主要メンバーは死刑になりました。金鐘泰が処刑されると、北朝鮮は彼に「共和国英雄」の称号を授与しました。

その後、一九六九年八月になって、統一革命党中央委員会が組織されたと発表され、一九七〇年六月には「救国の声」のラジオ放送が始まりました。

しかし、このラジオ放送は、実際は北朝鮮国内から韓国向けに放送されていました。中央委員会も、ほとんど実体はなかったと見られています。

社会主義憲法制定、国家主席誕生

韓国での革命工作の一方、北朝鮮では、金日成の絶対的な権力確立に伴い、憲法の改正が行われます。

それまでの憲法は、建国時の一九四八年に採択された「朝鮮民主主義人民共和国憲法」でしたが、一九七二年一二月、「朝鮮民主主義人民共和国社会主義憲法」に改定されました。

憲法の名称が「社会主義」と銘打たれ、社会主義国家であることを正式に宣言しました。

また、国家組織も変更されました。それまでの国家機構は、立法府である最高人民会議と行政府である内閣で構成され、金日成は内閣の首相という位置でした。それが、内閣を政務院に改称すると共に、新たに「最高の指導機関」として「中央人民委員会」が創設されました。

中央人民委員会のトップには、「国家主席」のポストが作られました。国家のすべてを統率するポスト。もちろん金日成が就任しました。これ以降、金日成主席と呼ばれます。

中央人民委員会には部門別の委員会が置かれ、この中には、国防委員会も設置されました。この時点で国防委員会は、あくまで中央人民委員会の中の組織でしたが、やがて金正日が全権を掌握すると、国防委員会が、国家全体のトップ組織になるという変則的な変更が実施されます。金日成亡き後、国家主席のポストは、野球などでいう「永久欠番」となり、金正日は、国防委員会委員長として国家のトップに立つのです。

「主体農法」が飢餓を招いた

絶対的な権力と権威を掌握した金日成は、「首領さま」と呼ばれ、儒教社会の伝統の中で、「国家の父親」(国父)として振る舞うようになります。儒教では、父親は家族が絶対的に服従しなければならない存在だからです。

金日成が打ち出した「主体思想」は、あらゆる分野に適用が求められました。農業においては、「主体農法」という政策で、北朝鮮の農業発展を図りました。農業において、他国の援助を必要とせず、独自の発展を求めるというものです。しかし、その内容はというと、素人同然の政策でした。

金日成は、まず耕地の拡大を指示します。食料の増産には不可欠です。すでに平野部は田んぼになっていましたので、新たに耕地を増やすため、山の斜面に段々畑を作ることを考えました。

一九七〇年代初めから、全国の山々が段々畑に変えられていきます。農民はもちろん、学生や都市の労働者、人民軍兵士まで動員しての大事業でした。

山を耕地にするには、そこにある森林を伐採しなくてはなりません。山々は次から次へと禿山《はげやま》にされ、水や土を保持する力が失われていきました。

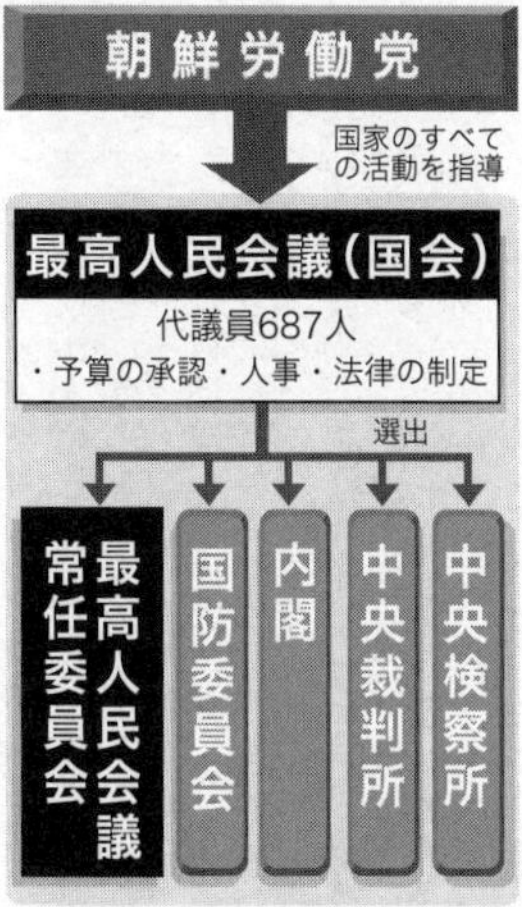

現在の北朝鮮の国家機構。1972年当時とは違っている

そこに段々畑を作るのですが、これが素人の仕事。しっかりとした石垣を築いて畑を支えることもせず、雨水を逃がすための水路を作ることもなかったのです。

さらに、その段々畑ではトウモロコシを栽培せよ、との「偉大なる首領さま」の教示でした。そもそも段々畑には、土壌を保持するために、茶や柑橘《かんきつ》類など多年草の植物が適しており、トウモロコシのような一年草は不適と言われています。さらにトウモロコシは土の栄養分を吸収するので、連作障害も発生しがちです。

結局、トウモロコシ生産はうまくいかず、減収を重ねていくことになりました。

一方、従来あった田んぼでは稲作が続けられていましたが、ここでは「密植」が奨励されました。田んぼに隙間なく苗を植えれば、それだけ生産量が増えるはずだという発想でした。これ自体は、ソ連のスターリン、中国の毛沢東《もうたくとう》によって試みられ、いずれも失敗に終わった農法の北朝鮮版でした。当時は、ソ連も中国も「大成功」だと宣伝していたのです。

田植えは全国一斉に行われていました。学生や軍の兵士からなる「農村支援隊」が農地に赴き、気温や天候の差が各地で異なることもかまわず、一斉に田植えが実施されました。地域によっては、田植えの直後に霜の害に遭うこともありました。それぞれの地域にふさわしい時期を考慮した田植えもされず、さらに密植された田んぼの稲には、ほとんど実が入りません。コメの生産高も激減してしまいます。

こうなると、天候不良に極めて弱い農業になります。

山間部に雨が降っても、森林が失われているので、山に保水能力がありません。雨水は、山に溜められることなく一気に下るため、いったん日照りが続くと、すぐに旱魃《かんばつ》に見舞われます。

また、豪雨が降ると、鉄砲水となって段々畑を一気に流してしまいます。その土砂は川底に積もり、氾濫を招きました。さらに川から流れた土砂は海にまで達し、浅瀬の生き物を全滅させたために漁業にまで影響を及ぼす事態になってしまったのです。

この農法が誤りであると気づいた農業関係者がいたとしても、「偉大なる首領さま」の指示に反論することはできません。こうして、独裁者への個人崇拝が、大々的な食料危機を招いたのです。

その後、北朝鮮は禿山の修復作業に乗り出しますが、いまだに多くの山が、醜い山肌を晒《さら》しています。

大統領暗殺を企てた

朝鮮戦争が休戦になった後も、北朝鮮と韓国は軍事的な緊張関係が続きます。北朝鮮がしばしば武装ゲリラを韓国に送り込み、攪乱《かくらん》を図ったからです。

とりわけ有名な事件は、一九六八年一月二一日の青瓦《チョンワ》台《デ》襲撃未遂事件です。「青瓦台」とは、韓国の大統領官邸のこと。青い瓦屋根なので、この呼び名があります。

一九六八年一月二一日の夜一〇時頃、ソウルの大統領官邸近くの峠道で、不審な集団を警備の警察官が発見します。声をかけると、男たちは自動小銃を乱射。大統領官邸を警備していた韓国軍も駆けつけ、激しい銃撃戦になりました。

この銃撃戦で、二八人が射殺され、一人が降伏、二人が逃走しました。

男たちは、北朝鮮の民族保衛部（現在の人

青瓦台。大統領府と裏手の北岳山

民武力省）偵察局第一二四部隊でした。朴正熙大統領の暗殺を命じられていたのです。

彼らは、韓国軍第二六師団の制服を着用して軍事境界線を越え、韓国内に侵入しました。

韓国内を韓国軍の制服で行進しましたが、ソウルの街がどこだかわかりません。北朝鮮では「廃墟と化している」と教えられていたのに、煌々《こうこう》と輝く大都市が目前にあったからです。

そこで彼らは、通りかかった市民に、「訓練中の兵士だが、ソウルはどこにある？」と尋ねます。目の前にソウルの街があるのですから、韓国軍の兵士がこんな質問をするはずはありません。不審に思った市民が警察に通報。警察は警戒態勢を取っていたのです。

特殊部隊の隊員たちは、途中で背広やレインコートに着替えて青瓦台に近づきましたが、警戒中の警察官に発見されたのです。

この銃撃戦で、韓国側も、警察官と兵士、それに巻き添えになった住民を含めて六八人が犠牲になりました。

北朝鮮の『労働新聞』は、この銃撃戦を「韓国内の武装遊撃隊（ゲリラ）が各地で韓

青瓦台事件で逮捕された
北朝鮮軍の金新朝少尉（左）

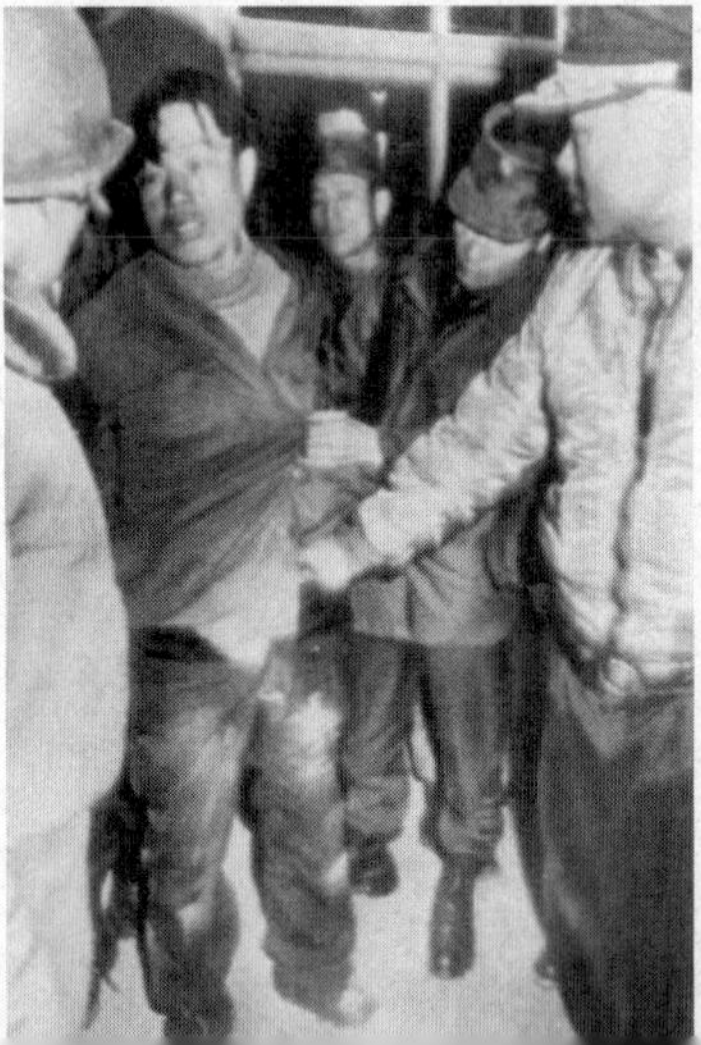

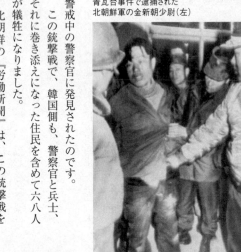

国軍を攻撃」と報じ、あくまで韓国人による決起だとして、自国の関与を否定しました。

★韓国も特殊部隊を養成したが

この事件に、朴正熙大統領は激怒。報復手段を考えるように部下に命じます。

韓国中央情報部の金炯旭《キムヒヨンウク》部長は、金日成暗殺部隊を創設します。一九六八年四月、空軍二三二五戦隊二〇九派遣隊が結成されます。創設時期から通称「六八四部隊」と呼ばれました。隊員数は、青瓦台を襲撃しようとした北朝鮮の特殊部隊と同じ三一人でした。

隊員たちは、目的を知らされないまま、高額の報酬支払いを約束して民間から集められました。部隊は、仁川《インチヨン》沖合の実尾島《シルミド》で訓練を受けました。訓練は過酷で、七人が訓練中の事故で死亡しています。

ところが、一九七〇年以降、南北融和の動きが出てきたため、韓国中央情報部は一九七一年になって暗殺計画を撤回します。

それを知らされない隊員たちは、次第に待遇が悪化することに怒り、遂に一九七一年八月、反乱を起こします。指導員を殺害し、島を脱出してバスを乗っ取り、ソウル市内に入ったところで、警察や軍と銃撃戦になります。隊員たちは、射殺されたり、手榴弾で自爆したりして、二〇人が死亡。逮捕された四人は全員死刑になりました。

この事件は、軍事政権の下で長らく秘密にされてきましたが、民主化によって事実が明らかになり、二〇〇三年には、この事件を題材にした映画『シルミド』が公開されて、広く知られるようになりました。

✡多数の兵士を送り込む

青瓦台襲撃未遂事件が起きた同じ年の一九六八年一〇月から一一月にかけ、韓国の東海岸蔚珍《ウルチン》の三陟《サムチヨク》地区に約一二〇人の北朝鮮の武装兵士が上陸しています。彼らの目的は、北の思想を付近の住民に浸透させ、対南工作の拠点と内通者を作り、攪乱することでした。

当時、南ベトナムではベトナム戦争の最中で、南ベトナム解放民族戦線が、民衆の支持を得ながら、南ベトナム政府や米軍に対してゲリラ戦を展開していました。これにヒントを得た金日成が、韓国内でも同じことが可能か試したとも言われています。

兵士たちは、「韓国の人民は苦しい生活をしているので、北朝鮮の兵士が現われたら喜んで支援してくれるはずだ」と教えられていたようです。

一一月三日には、住民たちを集めて、男性は南朝鮮労働党に、女性は女性同盟に加入するように求めました。このとき、「僕は共産党が嫌いだ」と言った小学生の男児が殺害されるという事態も起きています。

住民から通報を受けて、韓国軍が出動。この年の暮れまで掃討作戦を展開し、兵士一〇七人を射殺し、七人を捕虜にしました。韓国側も死者五七人、負傷者五六人を出しています（数字は日本の外務省『外交青書』一九六九年版より）。

北朝鮮による「ベトナム戦争化」の試みは無残な失敗に終わったのです。

大統領をビルマで殺そうとした

一九八三年一〇月九日、韓国の全斗煥《チヨンドファン》大統領は、ビルマ（現在のミャンマー）を訪れていました。

大統領が首都ラングーン（現在のヤンゴン）にある国立墓地のアウンサン廟《びよう》（ビルマ建国の父の墓所）での歓迎式典に出席する直前、会場が爆破されました。

北朝鮮は、再び韓国の大統領殺害を計画したのです。三人の北朝鮮工作員は、会場の屋根に爆弾を仕掛け、全大統領が到着したときに、遠隔操作で爆破させる予定でした。

ところが、全大統領の到着が遅れたため、到着を前に演奏隊が歓迎の演奏の練習を始め、これを大統領到着と勘違いした工作員が爆発させてしまったのでした。

全大統領は無事でしたが、すでに会場に到着していた韓国政府の閣僚四人を含む韓国人一七人が死亡し、ビルマ政府の要人四人も死亡しました。

三人の工作員のうち一人は射殺されましたが、二人は負傷して逮捕されました。ビルマ政府の尋問によって自供が得られ、北朝鮮による暗殺未遂事件であることが明らかになりました。当時のビルマは同じ社会主義の国として北朝鮮と友好関係にありましたが、他国の大統領暗殺計画と、建国の父であるアウンサンの墓前での爆破事件に激怒し、北朝鮮との国交を断絶しました。

大韓航空機爆破事件

その後も北朝鮮は、テロ行為をやめません。

コラム

元死刑囚

金賢姫は事件の被告として裁判にかけられ、1990年、死刑判決が確定した。しかし盧泰愚《ノテウ》大統領は、事件の生き証人として特赦。釈放され、取り調べを担当した国家安全企画部（現在の国家情報院）の部員と結婚。子どもを産んでいる。いったんは死刑が確定したことから、日本のメディアは「元死刑囚」の呼称をつけている。

ソウル・オリンピックの前には、これを妨害するため、「大韓航空機爆破事件」を引き起こすのです。

一九八七年一一月、イラクのバグダッドからソウルに向かう大韓航空機が、ミャンマーの空域のアンダマン海上空で空中爆発。乗員乗客計一一五人全員が死亡しました。

その後、途中の経由地アブダビで降りた不審な男女が、バーレーンに宿泊していることがわかり、二人とも日本のパスポートを持っていたことから、バーレーンの日本大使館員が、バーレーンの警察官と共に二人に接触しました。

事情聴取を受けることになった男は、隠し持っていた青酸カリ入りのカプセルを噛《か》んで自殺。一緒にいた女もカプセルを噛もうとしたところを、警察官が阻止しました。二人が持っていたパスポートは偽造と判明し、女は韓国に引き渡されました。

女は当初、日本人の「蜂谷真由美」だと主張していましたが、実際は、北朝鮮の工作員の金賢姫《キムヒョンヒ》だと判明しました。自殺した男は同じく工作員の金勝一《キムスンイル》でした。二人はソウル・オリンピックの開催阻止のため、オリンピックへの参加申請を各国に思いとどまらせ

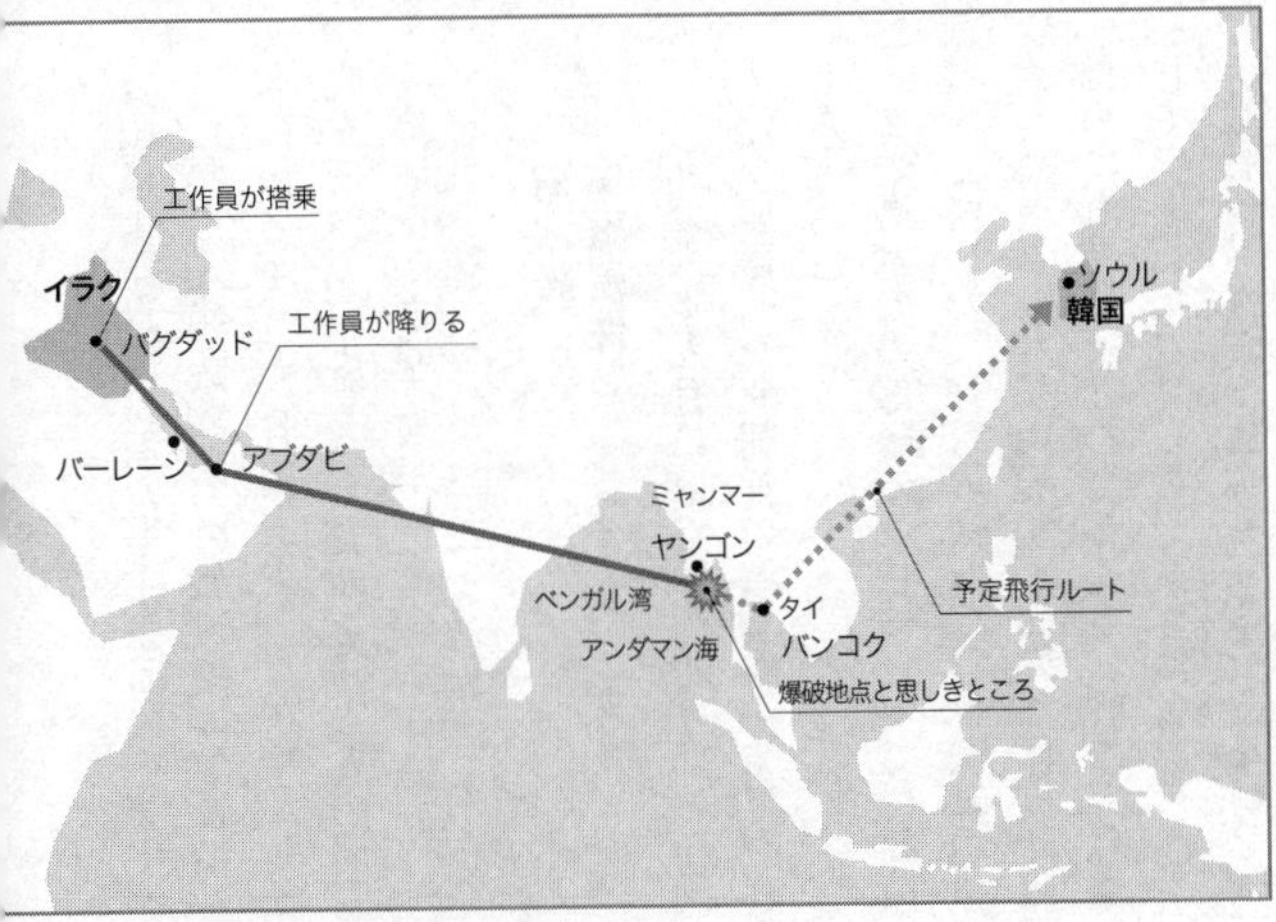

大韓航空機爆破事件の飛行ルート

るべく大韓航空機を爆破するように指示され、日本人親子を装い、バグダッドで搭乗。爆弾を仕掛けてアブダビで降りていたことがわかりました。

金賢姫は、日本人を装うことができる程度に日本語を話せたため、誰から日本語教育を受けたかが問題になりました。金賢姫は、「李恩恵《リウネ》」と呼ばれる女性に日本語や日本文化の教育を受けたと供述したことから、この女性が、日本から拉致された田口八重子さんであることが判明。日本人拉致事件が注目されるきっかけとなりました。

この事件では、北朝鮮の意図に反して、北朝鮮が人の命を何とも思わない謀略国家であるという評価が定着し、ソウル・オリンピック参加を取りやめる国は出ませんでした。

北朝鮮は、いまも事件への関与を否定し、

韓国による自作自演だと主張しています。

ただし、北朝鮮国内の報道では金賢姫の実名は出さず、「蜂谷真由美なる女」という表現を使っています。金賢姫を知る人が国内に大勢いるからです。

潜水艦座礁事件も

一九九六年九月には、韓国北東部の江陵《カンヌン》の海岸で座礁した北朝鮮の潜水艦が発見されました。

この潜水艦の部隊の役目は、すでに韓国に潜入していた工作員の回収と、韓国軍の偵察だったと言われています。その工作員回収のために海岸に接近したところ、波に押し流されて座礁したのでした。

艦長は潜水艦を放棄せざるをえないと判断し、部隊を上陸させました。座礁した潜水艦を発見した住民が通報し、直ちに軍の出動となり、北朝鮮工作員の掃討作戦が開始されます。

工作員は二六人でしたが、そのうちの一一人が山中で集団自殺していました。自らの死をもって証拠隠滅を図る。驚くべき軍紀です。ほかに一三人が韓国軍との銃撃戦で射殺され、一人が逮捕され、一人は逃亡し発見されませんでした。

この部隊の全容は、残された潜水艦の遺留品と逮捕者の自供から明らかになりましたが、北朝鮮は潜水艦が故障して座礁したと主張。しかし、さすがにシラを切りとおすことはできず、韓国に対して「遺憾の意」を示しています。

非武装地帯で発見された南侵トンネル

南侵トンネルも建設

朝鮮戦争は休戦中といっても、北朝鮮は、いつでも戦争を再開できる準備をしてきました。その典型的な例が「南侵トンネル」でしょう。

軍事休戦ラインと非武装地帯の下を通って韓国内に抜けるトンネルを密かに掘削していたのです。一九七四年に最初のトンネルが見つかりました。トンネルの中からはソ連製のダイナマイト、北朝鮮製の電話機などが見つかりました。トンネルの大きさからして、一時間に三〇〇〇人近い武装兵士が移動可能でした。その後、七五年に二本目、七八年に三本目、そして一九九〇年に四本目が発見されています。

三本目の出口は板門店《パンムンジョム》の南四キロで、ソウ

ルまで四五キロの地点に建設されていました。

第二トンネルから第四トンネルまで次第に断面が大きくなり、とりわけ第三トンネルは、戦車までが通行可能で、一時間に約三万人の武装兵士を韓国に送り込めるようになっていました。

こうしたトンネル建設に対して韓国は、繰り返し抗議しましたが、北朝鮮は、認めようとしません。

その後、脱北者からの情報により、韓国の『国防白書』(一九九七年版)は、すでに二十数本のトンネルが掘削されているものと推定していますが、その後、新たなトンネルは発見されていません。

第二トンネルや第三トンネルは、観光客向けに整備され、開放されています。

第九章
韓国、民主化への苦闘
朴正煕の暗殺と光州事件

★大統領候補が拉致された

一九七三年八月八日、東京都千代田区のホテルグランドパレスで、金大中《キムデジュン》が、何者かに拉致されました。

韓国の大統領候補だった金大中は東京に滞在していましたが、韓国の朴正熙《パクチヨンヒ》大統領が断行した維新クーデターで帰国を断念。アメリカや日本を行き来しながら祖国の民主化を求めていました。この日は、知人が宿泊しているホテルの部屋を訪ね、部屋を出たところで男たちに拉致されたのです。

前大統領候補が白昼、東京都内のホテルで拉致されたのですから、大騒ぎです。警視庁は捜査本部を設置。行方の捜査を始めました。これが「金大中事件」です。当時は、韓国の人名を日本語読みしていたので、このときは「きんだいちゅう事件」と呼ばれました。

警視庁の捜査の結果、現場の部屋から韓国大使館の金東雲《キムドウン》一等書記官の指紋が見つかりました。韓国政府が関与している疑いが濃厚になったのです。

五日後、金大中はソウル市内の自宅前で発見されました。何者かが韓国に連行し、自宅近くで解放したのです。

実は金大中は、大統領選挙の直後、乗っていた車に大型トラックが突っ込むという「事故」にも遭っています。このときは三人が死亡し、金大中本人も腰と股関節に障害を持つようになりました。

この「事故」は、その後、韓国中央情報部（ＫＣＩＡ）が実行した暗殺工作であることがわかっています。それに続き、今度は東京で狙われたのです。

「金大中事件」の真相解明を求め、韓国大使館に抗議する人々

その後に判明することですが、金大中事件も、KCIAの仕業でした。この事件に朴大統領本人が関与していたかどうかは定かではありませんが、朴大統領に評価してもらおうと考えたKCIAの李厚洛《イフラク》中央情報部部長が命令したこととされています。

金大中は、ホテルの別の部屋に連れ込まれてクロロホルムをかがされ、意識が朦朧《もうろう》となった後、エレベーターで地下駐車場に連行され、車に押し込められて関西に連れて行かれたことがわかりました。

関西では「アンの家」と呼ばれたアジトに監禁された後、神戸港から工作船で出国したものとみられます。車の中で、「アンの家に行け」と言っている声を金大中が聞いていたからです。

金大中本人の証言によりますと、途中、足

身柄を解放され、
報道陣の取材に応える金大中

におもりをつけられ、海に投げ込まれそうになったところ、自衛隊機が飛来し、照明弾を投下したため、男たちは海に投げ込むことを断念したとされます。

これについて自衛隊側は知らぬ存ぜずを通しました。拉致を知ったアメリカが、KCIAの犯行と見て、自衛隊に連絡して犯行を阻止させたと言われていますが、確たる証拠はありません。そもそも、金大中を乗せた船を上空からどうやって発見したのかなど、不明な点ばかりです。

この事件について、日本政府は日本の主権を侵害したとして韓国政府に謝罪を要求。日本の捜査当局による捜査に協力するように求めましたが、韓国政府は拒否します。結局、この年の一一月に日本を訪問した韓国の金《キム》鍾泌《ジョンピル》首相と田中角栄首相との間で、真相を明らかにしないまま政治決着させることで合意してしまいました。

この事件は、二〇〇六年になって韓国政府がKCIAによる組織的犯行だったとする報告書をまとめています。

韓国に連行された金大中は、日本に戻されることなく、しばらく自宅軟禁された上で、結局逮捕されてしまいます。

大統領狙撃事件で夫人が死亡

一九七三年の金大中事件に続き、翌七四年には、これも日本に関係ある事件が勃発しました。在日韓国人の男が、大阪府警の警察官の拳銃を盗んで韓国に渡り、朴正煕大統領を暗殺しようとしたのです。

銃弾は大統領を逸《そ》れ、近くにいた夫人の陸《ユク》英《ヨン》修《ス》に当たり、夫人は死亡しました。

事件を起こしたのは、大阪在住の在日韓国人の文《ムン》世光《セグァン》です。

文は一九七四年七月の深夜、大阪市中央区の高津派出所に忍び込み、仮眠していた警察官の拳銃二丁と銃弾五発を盗みます。さらに日本人の戸籍謄本を使って日本のパスポートを取得。トランジスタラジオの中に拳銃を隠して航空機でソウルに渡ります。

八月一五日は、韓国では日本の支配から脱した記念の日「光復節」。文は、国立劇場で開催された記念式典に入り込み、演壇の大統領に向かって拳銃を発射します。射撃に気づいた朴正煕大統領は演壇の背後に隠れますが、四発目の銃弾が夫人の頭部に当たり、致命傷を与えました。

韓国の警察は、文世光が朝鮮総連の指示によって犯行に及んだとして、日本政府に対し、朝鮮総連の取り締まりを求めます。

しかし、日本は取り締まる根拠となる法律がないとして、これを拒否。大阪地検は独自に捜査しますが、結局、文の背後関係については解明できませんでした。

事件は、金大中事件で日韓の関係が悪化していたときでもあり、日本の警察官の拳銃を在日韓国人が盗んで使用したという日本にも責任のある事件だっただけに、両国関係は一段と悪化しました。

この事件は、二〇〇二年になって、朴正煕と陸英修の娘である朴槿恵《パククネ》議員（後の大統領）が平壌《ピョンヤン》を訪問して金正日《キムジョンイル》総書記に会った際、金正日総書記が、文が北朝鮮の工作員だったことを認め、謝罪したと言われます。

大統領本人も射殺された

一九七九年一〇月二六日、さらに衝撃的な事件が起きました。朴正煕大統領が、酒の席で、こともあろうに、自分の忠実な部下であるはずのKCIAの金載圭《キムジェギュ》中央情報部部長によって射殺されたのです。

この日、中央情報部の別館で、大統領と金載圭部長、それに車智澈《チャジチョル》警護室長が宴会を開いていたところ、突然、金載圭部長が車智澈室長を拳銃で撃ち、続いて朴正煕大統領を射殺したのです。

当時、韓国内では、朴政権の独裁に反対する抗議行動が各地で起きていました。とりわけ韓国南部の馬山《マサン》と釜山《プサン》で起きた大規模な暴動への対応をめぐり、朴政権は苦慮していました。

これについて、朴大統領は金載圭の対応策を却下し、車智澈の案を採用していました。金載圭は、これに不満を持って撃ったとされましたが、この程度の不満で大統領を暗殺するというのは、論理の飛躍があります。実際には、金載圭のクーデターだったとされます。その証拠に、宴会場の近くには陸軍参謀総長らが待機していました。金載圭による銃撃を合図に、軍事クーデターを起こそうとしていたと見られます。

しかし、これは失敗に終わります。軍の中の若手が中心となって、別のクーデターを起こし、金載圭らのクーデターを潰したのです。それが、全斗煥《チョンドファン》による「粛軍」クーデターでした。

「粛軍」クーデターで全斗煥政権に

大統領が暗殺されたことで、待機していた陸軍参謀総長は非常戒厳令を出しますが、戒厳司令部合同捜査本部長となった全斗煥保安司令官は、直ちに金載圭を逮捕します。金載圭のクーデターは、あっけなく失敗するのです。

その後、軍部内では、維新体制を転換して民主化を進めようとする勢力と、それに反対し、従来の独裁体制を維持しようとする勢力が対立します。

独裁体制を維持しようとする全斗煥保安司令官は、一二月一二日、戒厳司令官らを一斉に逮捕し、軍の実権を握ります。これが「粛軍」クーデターでした。

クーデターで政権を取った朴正熙は、クーデターを計画した人物によって暗殺され、その計画は、また別のクーデターによって覆されたのです。

大統領が欠けたことで、国務総理だった崔《チエ》圭夏《ギユハ》が新しい大統領に就任しますが、全斗煥の操り人形のような状態でした。

「光州事件」が起きた

全斗煥は一九三一年、いわゆる嶺南《ヨンナム》地域と

言われる慶尚南道《キョンサンナムド》の貧農の家の五男として生まれました。朝鮮戦争中の一九五一年、韓国の陸軍士官学校に一一期生として入学しました。陸軍士官学校は、戦争で休校に追い込まれていましたが、この年から再開されました。将来を嘱望されたエリートとして養成されたのです。同期には、全斗煥の後継者となる盧泰愚《ノテウ》もいました。

一九六一年の朴正煕によるクーデターの際には、いち早くクーデターを支持し、後輩の陸軍士官学校の学生たちにクーデター支持行進をさせています。これが朴正煕に認められ、以後、軍の中で出世街道を走ります。

軍の中で全斗煥は、嶺南地域出身者たちによる派閥「一心会《ハナフェ》」を組織し、朴大統領の黙認の下、組織を拡大し、軍の中に全斗煥のために行動する私兵を作り上げていました。粛軍クーデターでは、この組織がものをいうのです。

粛軍クーデターの際、全斗煥は少将でしたが、以後九か月の間にお手盛りで中将、大将と昇進します。

粛軍クーデターの後も、各地で民主化を求める集会やデモ行進が続きます。これに対して全斗煥は、一九八〇年五月一七日、戒厳令の範囲を拡大。一八日には、有力な野党指導者の金大中を逮捕し、金泳三《キムヨンサム》を自宅軟禁にします。

さらに政治活動の停止や言論・出版・放送などの事前検閲、大学の休校などを盛り込んだ戒厳布告を発表します。

この措置に、金大中の出身地である全羅南道《チョルラナムド》の光州《クアンジュ》市で大規模な抗議行動が起きました。「光州事件」の発生です。

五月一八日、光州市での抗議行動の中心になっていた全南《チョンナム》大学を空挺部隊が封鎖すると、これに学生が猛反発。さらに一般市民が多数街頭に出て、バスやタクシーを倒して街頭にバリケードを築き、火炎瓶を投げるなど暴動に発展。市街戦の様相を呈しました。

二一日になって空挺部隊がデモの群衆に一斉射撃をすると、市民は郷土予備軍（朝鮮戦争の再発に備えた一般市民の予備兵）の武器庫を襲って武装し、軍の攻撃に対抗します。

光州市と韓国の主要都市

この反撃に驚いた軍は、市外に逃れ、光州市を封鎖・包囲しました。通信回線も遮断したため、光州市民は、外部との連絡手段を断たれます。

全斗煥は、軍を使ってマスコミを統制し、マスコミは、光州での出来事を一切報道できなくなりました。報道するのは海外メディアだけ、という異常な事態が続きました。当時筆者も、「光州で何か異常な事態が起きているらしいが、その様子が外に漏れて来ない」という不安と焦燥感に駆られたことを思い出します。

光州の包囲が続く中、市民たちは徹底抗戦を叫ぶグループと、政府との協調を模索するグループとに分裂。徹底抗戦を主張するグループだけが残ったところを、二七日、軍が戦車を投入して集中攻撃。多数の市民を殺害して、鎮圧作戦は終了しました。当時人口七五万人の光州市に対して、陸軍二万人が投入されました。

この事件の犠牲者は、七月になって戒厳司令部が発表した数字は一八九人でしたが、光州市民の間では、二〇〇〇人に達したのではないかと言われています。

全斗煥は、光州の事態は金大中が首謀者だったとして、軍法会議にかけ、九月一七日、金大中に陰謀、反国家団体首魁《しゆかい》罪で死刑判決を言い渡しました（後に無期。その後、懲役二〇年に減刑）。

光州事件では、韓国軍が鎮圧に動員されました。当時は、韓国軍の作戦統制権（軍を動かす権限）は在韓米軍が持っていました。朝鮮戦争が再発したときに備えたものです。つまり光州での弾圧を、米軍が承認したことを意味します。これは、その後の反米意識の高まりにつながります。

当時の韓国では、先ほど述べたように情報統制が敷かれ、国民には知らされていませんでしたが、少しずつ事実が明らかになっていくと、責任を問う声が高まります。

後に金泳三が大統領になり、光州事件を「五・一八民主化運動」と規定する談話を発表しました。それまで闇に葬られてきた暴動を、民主化運動として高く評価したのです。

全斗煥、三権を掌握

光州事件以後、全斗煥はますます軍事独裁色を濃くします。立法、行政、司法の三権を

民主化を求めて抗議する学生たち（1980年5月）

掌握する「国家保衛非常対策委員会」を発足させ、金大中を逮捕する一方、保守の金鐘泌、李厚洛などの保守政治家を不正蓄財者として摘発し、資産を没収しました。

さらに「政治風土刷新特別措置法」を制定し、政治家五六七人の政治活動を禁止。地方新聞を一道一紙に統合し、六四紙あった新聞のうち四四紙を廃刊に追い込みました。

一道一紙とは韓国の地方区分である道（日本の都道府県に該当）ごとに地方紙は一紙しか認めないというものです。日本でも第二次世界大戦中、全国に多数あった地方紙を一県一紙に集約しました。それと同じことをしたのですね。地方紙の数を絞ることで、言論統制が容易になるからです。

それまで韓国では新聞社がラジオ局やテレビ局を保有していましたが、これを統廃合してKBS（韓国放送公社）に統一。MBC（文化放送）の株式の七〇％をKBSが取得して、半官半民の放送局に変えてしまいます。基督教放送のニュース報道を禁止して純粋な宗教放送とさせ、放送局は三社に絞りました。

通信社も、合同通信と東洋通信の大手二社と中小の通信社を聯合通信（現在の聯合ニュース）に一本化しました。

多様な言論空間を消滅させたのです。ただし、一九九〇年以降の民主化に伴い、現在は放送局が増えています。

名前ばかりだった崔大統領は、一九八〇年八月に辞任。全斗煥は軍を退役し、統一主体国民会議から選出されて大統領に就任しました。

大統領に就任すると、またもすぐに改憲。大統領は任期七年で一度限りのものにしまし

光州事件鎮圧の指揮をとった全斗煥

た。大統領が国民の直接選挙では選べない仕組みは変えず、五〇〇〇人を超える選挙人団によって選ばれるという間接選挙制度にしました。

この新しい憲法にもとづいて、一九八一年二月の大統領選挙で、全斗煥が大統領に選ばれました。

全斗煥政権にとって焦眉の課題は、アメリカとの関係改善でした。朴政権時代、アメリカのカーター大統領は、朝鮮半島からの米軍撤退を検討し、これに朴大統領が激怒し、「米軍が撤退するなら韓国は核武装する」と警告するなど、関係が悪化していたからです。反共を旨とする全斗煥大統領は、アメリカ大統領に同じく反共のレーガン大統領が就任したのを機に、関係を改善し、北朝鮮に対峙したかったのです。

一方、アメリカは、全斗煥政権がかつての大統領候補であった金大中に死刑判決を下したことに懸念を抱いていました。金大中の命を助けるなら、全斗煥大統領の訪米を受け入れる。こんな取引が成立しました。

米韓首脳会談の結果、レーガン大統領は在

韓米軍を撤退させるどころか増強することを約束。四万三〇〇〇人の規模にしました。

いったんは死刑判決を受け、その後、無期から懲役二〇年に減刑されていた金大中は、一九八二年一二月、刑執行が停止されて釈放され、政治活動をしないという条件でアメリカに出国しました。

第一〇章 北朝鮮、日本人の拉致実行

★北朝鮮工作員、韓国で逮捕

一九七〇年代後半から八〇年代にかけて、日本各地で不可解な失踪事件や行方不明事件が相次いで発生しました。これが北朝鮮による日本人拉致事件でした。

当時は、それぞれの警察が単なる行方不明事件として捜査していて、北朝鮮による犯行という実態は、なかなか判明しませんでした。

一九八五年四月、韓国のソウルで、日本人名義のパスポートを所持していた北朝鮮の工作員、辛光洙《シングアンス》が逮捕されます。辛光洙の証言により、一九八〇年に宮崎県の青島海岸で原敕晁《ただあき》さんが拉致されたことが発覚します。北朝鮮の工作員が、日本人になりすまして韓国に入国する目的で、日本国内で日本人を拉致していたことが、これで明らかになったのです。

次に北朝鮮による日本人拉致疑惑が大きく取り上げられるのは、一九八七年一一月の大韓航空機爆破事件によってでした。

この北朝鮮によるテロ事件の実行犯の一人、金賢姫《キムヒョンヒ》の証言により、李恩恵《リウネ》という名前の日本人から日本語や日本の習慣などを学んでいたことがわかります。金賢姫の描いた似顔絵を元にして、日本国内で捜査を始めたところ、李恩恵という人物が、一九七八年から行方不明になっていた田口八重子さんであるということがわかりました。

田口さんも北朝鮮の工作員に拉致され、その後、李恩恵という名前で北朝鮮に生存していたのです。

各地で日本人が失踪

警察の捜査の結果、全国各地で日本人が失踪していることが判明。その多くが、北朝鮮によって引き起こされたのではないかと見て、本格的な捜査が始まります。

一九七七年九月、東京三鷹《みたか》市の久米裕《ゆたか》さんが、石川県の宇出津《うしつ》海岸で姿を消します。同年一〇月には、鳥取県の米子《よなご》市で松本京子さんが行方不明になりました。このときは、

帰国を果たした日本人拉致被害者たち
(2002年10月15日)

近隣に住む男性が、松本さんらしき女性と話していた何者かに暴行され、通報を受けた警察が女性と犯人を追いますが、捕捉できませんでした。

さらに一一月には、新潟県の中学生・横田めぐみさんが学校での部活動を終えても帰宅せず、一週間後には行方不明者として公開捜査されますが、家族や警察の捜索にもかかわらず、遺留品さえ見つからないという事件が起こりました。

一九七八年の七月から八月にかけては、交際中の男女が行方不明になるという事件が立て続けに発生します。七月に福井県小浜市で地村保志さんと濱本富貴恵さん、新潟県柏崎市で蓮池薫さんと奥土祐木子《ゆきこ》さん、八月には鹿児島県日置《ひおき》郡で市川修一さんと増元るみ子さんが姿を消します。三組とも、自分たちから失踪する理由などまるでない、不可解な事件でした。

さらに、新潟県佐渡郡でも、曽我ひとみさんと母親の曽我ミヨシさんが行方不明になりました。

この直後、富山県高岡市の海岸で若い男女が何者かに襲われ、手錠などで拘束されるという事件が起きます。近所の人が近づくのに気づいた犯人グループは逃走。拉致は未遂に終わりました。

遺留品の手錠や布袋などは、日本国内で生産されたものではなく、この時点で警察は外国の情報機関の関与を疑います。同様の失踪事件の情報を全国の警察に求めたところ、小浜市、柏崎市と日置郡の三件が類似していることがわかり、同一犯による犯行として捜査を進めることになったのです。

しかし、これらが報道されるのは、一年半近くも経った一九八〇年の一月のことでした。『産経新聞』が「アベック3組ナゾの蒸発」という見出しで、富山の誘拐未遂事件から三組の行方不明事件を一面で報じ、外国情報機関が関与している可能性があるという記事を掲載しました。

しかし、他の新聞は後追いすることなく、警察からも北朝鮮という国の名前は出てきませんでした。

この一九八〇年の五月には、スペインのマドリードとオーストリアのウィーンで、二人の日本人留学生、松木薫さんと石岡亨《とおる》さんが消息を絶ちます。そして八三年七月には、イギリス留学を終えて帰国するはずだった有本恵子さんが、コペンハーゲンからの手紙を最後に音信を絶ってしまいます。

これら一連の失踪事件に北朝鮮が関わっているという疑惑はありましたが、警察も日本政府もそれを認めることはありませんでした。

日本政府、北朝鮮の関与を認める

拉致問題が政治問題化するのは、一九八八年になってからのことです。衆議院予算委員会で、共産党議員の質問に答え、梶山《かじやま》静六国家公安委員長が北朝鮮の関与を認める発言をしました。事件発生から一〇年近く経って、政府はようやく、一連の行方不明事件が、北朝鮮による拉致事件であることを認めたのです。

しかし、これで拉致問題が解決にむけて前進したわけではありませんでした。

この年の九月、留学中に行方不明になっていた石岡亨さんの手紙が実家に届きます。消印はポーランドのものでした。北朝鮮から出国した誰かに託されたものと思われます。そこには、石岡さんと同様にヨーロッパで消息を絶った松木薫さんと有本恵子さんも北朝鮮で生活していることが書かれていました。

次々に出てくる証言や証拠をもとに、拉致被害者の家族は、国会議員や政府に安否確認と救出を求めますが、政府は動こうとしませんでした。

一九九〇年には自民党の金丸信《かねまるしん》を団長とする訪朝団が北朝鮮を訪れ、金日成《キムイルソン》と会談をしますが、拉致問題に触れられることはありませんでした。

★日本、北朝鮮に初めて調査要請

一九九一年に始まった日朝国交正常化交渉で、第三回の協議の際、初めて日本側が、大韓航空機爆破事件の金賢姫元死刑囚に、日本語を教えたとされる李恩恵について調査を要請します。しかし、北朝鮮は拉致はありえないと反発しました。

翌年の第八回交渉の非公式協議で、再度、李恩恵の調査要請を持ち出すと、北朝鮮はさらに猛反発。交渉は中断され、再開までに七年五か月かかることになります。

★家族連絡会発足

一九九七年、脱北して韓国に亡命した北朝鮮元工作員、安明進《アンミョンジン》が「行方不明になっている横田めぐみさんを北朝鮮国内で見た」と証言し、これを機に、家族は実名を公表して救出運動を行うことを決断します。

同年、「北朝鮮による拉致被害者家族連絡会（家族連絡会）」が結成されました。

さらに超党派の国会議員により、北朝鮮拉致疑惑日本人救援議員連盟が結成されました。また翌年には、民間レベルで、北朝鮮に拉致された日本人を救出するための全国協議会（救う会）が発足しました。

ここから事態は動き始めます。一九九七年の五月、警察庁は拉致の疑惑があるとされる事件のうち、七件一〇人を北朝鮮による拉致であると認定し、これを日本政府も認めました。

しかし、北朝鮮は否定し続けます。一九九八年の六月には北朝鮮赤十字会中央委員会の談話として、日本の言う七件一〇人は北朝鮮領内には存在しないと発表しました。

一九九九年、元首相の村山富市ら超党派の訪朝団が北朝鮮を訪れます。この会談の席で、北朝鮮側は、拉致ではなく行方不明者として調査すると答え、国交正常化交渉を再開することで合意しました。しかし、拉致問題が進展しないまま、二〇〇〇年三月、政府は食料不足に喘《あえ》ぐ北朝鮮に一〇万トンのコメ支援を決定します。

「家族連絡会」は、これに抗議して自民党本部前で座り込みを行いました。「この支援に対して北朝鮮側の譲歩は担保されていないばかりか、一部報道では拉致問題は取り上げないとの報道すらされており、容認できるものではない」と訴えたのです。

当時の北朝鮮は、慢性的な食料危機を抱えていました。ソ連崩壊後は、日本からのコメ援助が頼みの綱となっていました。拉致問題について、日本国内での捜査によってほぼ証拠が出そろい、全貌が摑めてきているにもかかわらず、瀬戸際になっても「事件はでっちあげだ」と言い募る姿勢を崩さない北朝鮮。それに対して、何よりも威力のあるコメの援助を真相解明の切り札としてなぜ使わないのかと家族連絡会は主張したのですが、政府は予定通り、一〇月になると北朝鮮に対し、追加分も含めて五〇万トンのコメの支援を実施します。

★「よど号事件」犯の関与も判明

二〇〇二年三月、よど号ハイジャック事件の犯人の妻である八尾恵が、ヨーロッパで有本恵子さんを拉致したという証言をします。八尾恵は一九七七年に北朝鮮に渡り、よど号事件の犯人である柴田泰弘と結婚していました。一九八〇年代にヨーロッパで日本人拉致に関わり、その後帰国していました。

証言で八尾は、よど号事件の犯人たちは日本人と結婚して集団で暮らし、日本を北朝鮮化するために活動をしていることを明かします。その手段のひとつとして、海外にいる日本人を拉致し、教育していたというのです。

この証言の衝撃は大きく、政府は公式の場で「拉致問題の解決なくして日朝の国交正常化はありえない」という立場を繰り返すようになります。警察庁は、有本恵子さんを一一人目の拉致被害者と認定しました。

国交正常化を優先させるために、拉致問題にできるだけ触れないようにしてきた日本政府の大きな転換でした。

では、この「よど号事件」とは、どういうものだったのでしょうか。簡単におさらいし

よど号事件で金浦空港を警備する韓国軍の兵士たち(1970年4月1日)

ておきましょう。

「よど号事件」とは、世界革命を目指していた日本の組織「共産主義者同盟赤軍派」が、一九七〇年三月に起こした日本航空機ハイジャック事件です。日本で最初のハイジャックでした。

「よど号」とは、日本航空のボーイング７２７型機に付けられていた愛称です。航空機の数が少なかった当時は、各飛行機に愛称が付けられていました。日本航空は、ボーイング７２７型機に、日本各地の河川の名前をつけていました。「よど号」は、大阪の淀川《よどがわ》から名付けられていました。

当時の赤軍派は、世界同時革命を実現しようとしていました。いまから見れば、夢想というか誇大妄想というか、そういうレベルのものですが、当時の日本は学生運動が燃え盛り、まるで革命一歩手前のようにも見えることがあったのです。
赤軍派は、世界革命の根拠地を各地に築こうと考え、まずは手近な北朝鮮に行こうとしますが、逮捕状が出ていた者がいたので、合法的な出国は無理と考え、羽田空港発板付《いたづけ》空港（現在の福岡空港）行きの飛行機を乗っ取ったのです。

コラム
われわれは明日のジョーである

赤軍派の犯行グループは、羽田空港出発前に「われわれは明日のジョーである」という声明文を残した。これは、当時の人気漫画『あしたのジョー』の主人公・矢吹丈になぞらえて、燃え尽きるまで戦うという意味だったが、漫画を引用する幼さが失笑を買った。

これもいまから見れば、北朝鮮を渡航先に選ぶのは滑稽でしょうが、当時の北朝鮮は内情がベールに包まれていました。赤軍派は、北朝鮮を世界革命の根拠地にするつもりだったのです。
北朝鮮に渡った九人の赤軍派のメンバーは簡単に洗脳され、北朝鮮の指示で行動するようになります。九人のうち、三人は北朝鮮で死亡し、二人は密かに日本に帰国したところを逮捕され、有罪判決を受けますが、二人とも病死。残る四人が、いまも北朝鮮国内に留まっています。

★北朝鮮、遂に拉致認める

二〇〇二年九月一七日、小泉純一郎総理大臣と金正日《キムジョンイル》国防委員長との日朝首脳会談が実現します。この会談において、金正日は初めて北朝鮮による日本人拉致があったことを認め、謝罪しました。

その説明では、「特殊機関の一部の英雄主義に走った者の行為であり、関係者はすでに処罰した」とされ、国家や自分の関与は否定しました。

その上で、日本側の安否確認に応え、四人の生存者を認める一方、八人は死亡したと説明しました。

また、日本側が拉致被害者として認定していなかった曽我ひとみさんの生存を認め、横田めぐみさんは死亡したと説明しつつも、彼女の娘が生存していることを発表しました。

これを受け、一〇月一五日、生存していた地村保志さんと富貴恵さん（旧姓濱本）夫妻、蓮池薫さんと祐木子さん（旧姓奥土）夫妻、そして曽我ひとみさんの五人が、遂に帰国を果たしました。

この帰国は「一時帰国」とされていましたが、本人たちの意思と家族会の要望により、政府も、五人を日本に永住させると発表しました。これには北朝鮮が約束違反だと反発します。

その後、二〇〇四年には小泉首相が北朝鮮を再び訪れ、日朝首脳会談が行われます。これにより、地村さんと蓮池さんの家族五人の帰国が実現しました。

一方、日本政府は、北朝鮮が第一回の首脳会談で署名した平壌《ピョンヤン》宣言を守ることを条件に経済制裁を行わないことを約束し、コメ二五万トンと一〇〇〇万ドルの医療支援を表明しました。

またこの年の七月、夫が北朝鮮に亡命した

アメリカ人だったために、北朝鮮に残されたままだった曽我ひとみさんの家族について、日朝外相会談で合意され、曽我ひとみさんはインドネシアで家族と再会、家族とともに帰国しました。

ところが、死亡したとされる松木薫さんの遺骨を調査した結果、他人のものであると判明。また、他の死亡したとされる被害者についても、死亡を裏付ける資料は捏造《ねつぞう》された可能性が高いものでした。

横田めぐみさんのものとされる遺骨も引き渡されますが、警察庁によるDNA鑑定の結果、別人のものとわかります。北朝鮮の説明に対する日本側の不信感が強まります。

★北朝鮮、「徹底した再調査」を約束

政府は、二〇〇六年、全閣僚を構成員とする拉致問題対策本部を閣議決定で設置します。二〇〇九年にこれは廃止され、内閣府に総理大臣を本部長とする、新たな拉致問題対策本部が設置されました。

その後も、日本政府と北朝鮮による水面下での交渉が続けられてきましたが、北朝鮮は「拉致問題は解決済み」と主張して、進展はありませんでした。

それが動いたのが、二〇一四年五月のことでした。日本政府は、日本人拉致被害者の安否を再調査することで北朝鮮と合意したと発表したのです。

日本と北朝鮮は、スウェーデンのストックホルムで政府間協議を開催していました。その中で北朝鮮は、拉致被害者と拉致の疑いがある行方不明者の安否、さらに一九四五年前

後に北朝鮮国内で死亡した日本人の遺骨と墓地、残留日本人、日本から北朝鮮に帰国した朝鮮人の日本人配偶者など、日本人に関するすべての問題を解決する意思を表明したのです。

そして、生存者がいる場合は、日本に帰国させる方向で同意しました。

これを受けて、日本は北朝鮮に対して独自に実施していた経済制裁を段階的に解除しました。

北朝鮮は、それまで後ろ盾になっていた中国との関係が悪化し、食料不足も深刻になっている中で、拉致問題を解決して日朝の国交正常化交渉を加速し、日本からの資金援助を引き出そうと考え、拉致問題の解決に乗り出すことに同意したのです。

「拉致問題は解決済み」と主張してきた金正日が死去したことで、金正恩《キムジョンウン》も再調査をし

現在、拉致被害者として政府に認定されている17名

失踪年月日	事案名	被害者の氏名	年齢(当時)	失踪場所	状態／北朝鮮側の言い分
1977年9月19日	宇出津（うしつ）事件	久米裕さん	52歳	石川県	安否未確認／入境を否定
1977年10月21日	女性拉致容疑事案	松本京子さん	29歳	鳥取県	安否未確認／入境を否定
1977年11月15日	少女拉致容疑事案	横田めぐみさん	13歳	新潟県	安否未確認／「自殺」と主張
1978年6月頃	元飲食店店員拉致容疑事案	田中実さん	28歳	兵庫県	安否未確認／入境を否定
1978年6月頃	李恩恵（リ・ウネ）拉致容疑事案	田口八重子さん	22歳	不明	安否未確認／「交通事故で死亡」と主張
1978年7月7日	アベック拉致容疑事案	地村保志さん 地村富貴恵さん（旧姓：濱本）	23歳 23歳	福井県	2002年10月帰国
1978年7月31日	アベック拉致容疑事案	蓮池薫さん 蓮池祐木子さん（旧姓：奥土）	20歳 22歳	新潟県	2002年10月帰国
1978年8月12日	アベック拉致容疑事案	市川修一さん 増元るみ子さん	23歳 24歳	鹿児島県	安否未確認／「心臓麻痺で死亡（市川さんは海水浴中に）」と主張
1978年8月12日	母娘拉致容疑事案	曽我ひとみさん 曽我ミヨシさん	19歳 46歳	新潟県	ひとみさんは2002年10月帰国 ミヨシさんは安否未確認／入境を否定
1980年5月頃	欧州における日本人男性拉致容疑事案	石岡亨さん 松木薫さん	22歳 26歳	ヨーロッパ	安否未確認／石岡さんは「ガス事故で死亡」松木さんは「交通事故で死亡」と主張
1980年6月中旬	辛光洙（シン・グァンス）事件	原敕晁さん	43歳	宮崎県	安否未確認／「肝硬変で死亡」と主張
1983年7月頃	欧州における日本人女性拉致容疑事案	有本恵子さん	23歳	ヨーロッパ	安否未確認／「ガス事故で死亡」と主張

やすいという背景もありました。

二〇一四年五月現在、日本政府が拉致被害者として認定しているのは一二件一七人ですが、他にも多くの被害者が存在する可能性は高く、「救う会」ではそれ以外に七人を認定しています。

さらに、その後結成された特定失踪者問題調査会による失踪者リストには、北朝鮮に拉致された疑いを否定できない人として約四七〇人の名前が載っています。

北朝鮮による拉致事件は、日本だけではありません。韓国では、政府によって認定された被害者だけでも、五〇〇人近くになります。また中国や中東のレバノンでも、拉致事件が発生しています。

特に韓国の拉致被害者は拉北者と呼ばれ、元工作員らの証言によれば、北の思想で教化して工作員として韓国に送り込むのが大きな目的のようです。

なぜ拉致が行われたのか

何の罪もない日本人を拉致して、人生をメチャメチャにする。どうして北朝鮮は拉致を実行したのでしょうか。

北朝鮮は、朝鮮戦争以降、韓国内で活動していた北朝鮮の工作員が相次いで摘発されたことから、日本人を拉致して日本のパスポートを取得し、日本人になりすました工作員を韓国に入国させる計画を立てたとされています。

また、日本人になりすますための日本語の教育係として日本人を拉致するケースもありました。

北朝鮮へのコメ支援に反対し、座り込みをする拉致被害者の家族と支援者たち

あるいは、日本に潜入していた工作員が引き揚げる際、たまたまそれを目撃した日本人を拉致したこともあったようです。横田めぐみさんが、その例のようです。

さらには、北朝鮮の工作員の訓練の一環として日本に潜入させるケースがあり、その際、確かに日本に潜入した証拠として日本人を連れ去ったこともあるとされています。

一方で特定失踪者問題調査会の調査結果によると、拉致された、もしくは拉致された疑いが濃厚な人の失踪前に従事していた職業は印刷工や医師、看護師などの専門職も多く、こうした技術の確保のために拉致したという疑惑も存在します。

驚くべき無法国家。これが北朝鮮という国家なのです。

第二章

死刑囚から大統領へ

韓国の民主化

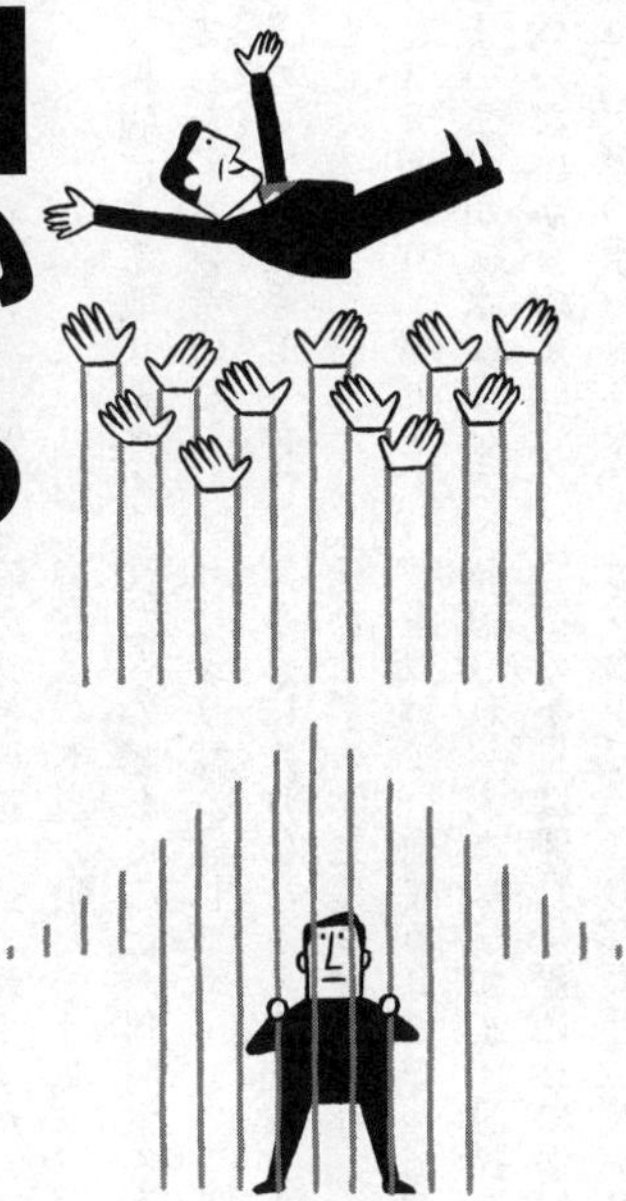

全斗煥独裁政権への怒り高まる

全斗煥《チョンドファン》政権の強硬策が続く中、一九八七年一月には、ソウル大学の学生の朴鐘哲《パクチョンチル》が、警察による水拷問を受けている最中に死亡しました。

当時の韓国の警察は、拷問による取り調べを日常的に実施していました。対象者の顔を水の中につけて息ができないようにさせ、仲間の情報を聞き出そうとしたのです。殴ったり叩《たた》いたりすると、体にアザが残り、拷問をしたことがわかってしまいますが、水に顔をつける方法だと、跡が残らないからです。

水による拷問としては、大量の水を無理やり飲ませるという方法もとられました。

朴鐘哲の死亡について、当初、警察は「取り調べ中にショック死した」と偽りましたが、検死した医師が窒息死だったことを証言したことから、事実が発覚。民衆の警察への怒りが高まります。

この結果、警察は、拷問致死の疑いで警察官の逮捕に追い込まれますが、逮捕された警察官は、本当の犯人ではなく、でっち上げられたものであることが判明するや、民衆の怒りは最高潮に達します。

さらに六月になると、抗議デモをしていた延世《ヨンセ》大学の学生の李韓烈《イハニョル》が警察の催涙弾の直撃を受けて、血まみれになって倒れる写真が報道され、人々はますます激昂《げっこう》します。

この学生は翌月に死亡します。追悼集会にはソウルで一〇〇万人近い人々が集まったのをはじめ、光州《クアンジュ》で五〇万人、釜山《プサン》で三〇万人の人が街頭に繰り出しました。

さらに、全国各地で労働運動も盛り上がり、労働組合の組織化が進みました。

★「六・二九民主化宣言」

　ここに至って、遂に全斗煥大統領は、民衆の怒りを受け止め、民主化に踏み切りま

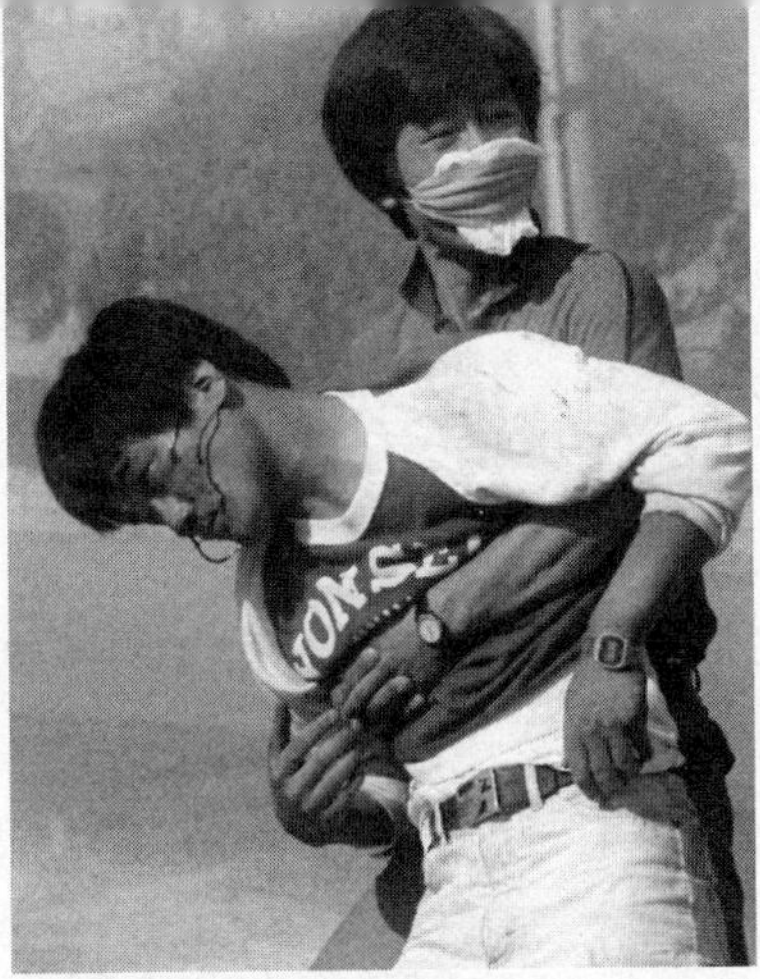

催涙弾の直撃を受けて、その後死亡し、抗議運動のシンボルとなった、李韓烈

す。韓国では翌年にオリンピックが開催されることになっていました。世界の目が注がれ、アメリカによる民主化への圧力の中で、軍隊を使った弾圧は、もはや選択肢にありませんでした。

　全斗煥は、自分の後継者として、陸軍士官学校の同期で、常に自分と行動を共にしてきた盧泰愚《ノテウ》を選びます。この盧泰愚が、大統領候補として、「国民大和合と偉大なる国家への前進のための特別宣言」を発表します。

　発表した日が六月二九日だったことから、この宣言は「六・二九民主化宣言」と呼ばれます。憲法を改正して、大統領は、議会による間接選挙ではなく、国民による直接選挙で選ばれるようにしたのです。

　また、言論の自由の保障や地方自治体での選挙を実施することも約束されました。それ

までは地方自治体での選挙はなかったのです。

この民主化宣言にもとづき、七月には金大中《キムデジュン》など二三三五人が赦免・復権し、三五七人が釈放され、二七〇人の指名手配が取り消されました。アメリカに亡命のような形で滞在していた金大中も帰国して政治活動ができるようになったのです。

全斗煥や盧泰愚が、大統領を直接選挙で選べるようにした背景には、野党陣営が大統領候補を一本化できずに盧泰愚当選の可能性が高くなるという計算がありました。

金大中が帰国して政治活動を再開すれば、金泳三《キムヨンサム》と対立して、野党が分裂し、盧泰愚候補が漁夫の利を得られるだろうとの読みでした。金大中も金泳三も、共に軍事政権に反対し、民主化を求めていたのに、どちらも「自分こそ大統領にふさわしい」との思いが強く、協力して片方が大統領選挙を断念することはできないだろうと見られていたのです。そして、その通りになりました。

一九八七年一〇月、大統領直接選挙を盛り込んだ憲法が成立し、一二月一六日、大統領選挙が実施されました。大統領の任期は五年

コラム

デモ映像が北朝鮮に悪影響

当時、北朝鮮は、学生たちのデモと警官隊との衝突の映像を国内のテレビで積極的に放映し、「民主化を求める学生たちが独裁政権と戦っている」と伝えた。

ところが、学生のデモに備えて商店街がシャッターを下ろすと、シャッターには店の電話番号が記されている。これを見た北朝鮮の人たちは、「一軒一軒の商店が電話を持っている。韓国はなんと豊かなんだろう」という感想を持ってしまった。

これに気づいた北朝鮮当局は、次第にデモ映像を放映しなくなった。テレビの映像は、当局の意図を超えて、思わぬ影響を与えるのである。

の一期限りになりました。

ちなみに、このとき制定された憲法は、いまも続いています。これだけ長持ちした憲法は韓国では初めてです。

この憲法により、憲法裁判所が新たに設けられました。軍事政権の下で人権を侵すような各種の法令がつくられましたが、これらが違憲審査の対象となりました。

この憲法が成立したことにより、政府による言論支配の根拠になっていた言論基本法が廃止され、新聞は自由な言論を獲得しました。

野党分裂で盧泰愚政権誕生

野党陣営は一本化できないから全斗煥の後継者である盧泰愚が当選するだろう。大統領選挙は、政権の思惑通りの結果となりました。

大統領就任演説を行う盧泰愚大統領。右は全斗煥

民主化運動を進めてきた金大中、金泳三のどちらかが統一候補として立候補すれば、どちらでも勝てたのに、それができなかったのです。「民主化よりも大統領の椅子」（辺真一《ピョンジンイル》『大統領を殺す国　韓国』）を優先したのです。

対立意識の強い慶尚道と全羅道

　大統領選挙の結果は、盧泰愚が三六・六％、二位の金泳三が二八・〇％、三位の金大中が二七・一％、四位の金鐘泌《キムジョンピル》が八・一％でした。金泳三と金大中の獲得票を足すと五五・一％。盧泰愚に勝てたはずだったのです。

　この選挙では、韓国の地域対立の深刻さも浮き彫りになりました。盧泰愚は慶尚北道《キョンサンブクド》出身で、金大中は全羅南道《チョルラナムド》出身。慶尚道と全羅道の人は仲が悪く、慶尚道の人たちは、たとえ民主化を支持していても、全羅道出身者だけは嫌だというほどの地域対立意識がありました。

　金泳三は慶尚南道出身です。慶尚南道の人たちも、全羅南道を嫌い、その一方で、同じ慶尚道でも北と南ではライバル心があり、票が分散しました。

　結果、盧泰愚は慶尚北道の中心の大邱《テグ》での得票率が七〇・七％、金泳三は慶尚南道の都市・釜山で五六・〇％、金大中は全羅道の都市・光州で九四・四％を獲得しました。光州での得票率は、民主選挙としては異常としか言えません。これが地域対立の現状でした。

金大中が釜山で演説したときには三〇〇人の暴徒が金大中の選挙スタッフを襲撃するという騒動まで起きました。

軍事政権の後継者か民主化か、という政策論争よりは、慶尚北道か慶尚南道か、それとも全羅南道か、という地域対立の選挙の様相が濃かったのです。

それでも、盧泰愚大統領が国民の選挙で選ばれたことは、韓国の歴史上初めて、平和裏に大統領が交代したことになります。

しかし、大統領の座から降りた全斗煥を待っていたのは、忠実な仲間だったはずの盧泰愚による裏切りでした。

全斗煥、山寺へ

全斗煥の後継者として選挙に勝てた盧泰愚でしたが、民主化を求めた国民の熱気は残っていました。うっかり全斗煥の肩を持てば、自分が危うくなります。自分を守るため、盟友を裏切ります。盧泰愚は、全斗煥の在任中の不正蓄財を追及したのです。全斗煥の弟や義弟など親族が次々に不正蓄財容疑で逮捕されます。

全斗煥は当初、大統領経験者など元老で構成する国政諮問会議の議長に就任し、院政を敷こうとしましたが、マスコミによる追及が始まり、国政諮問会議は二重権力だと批判されます。院政どころではなくなりました。

韓国では、大統領に絶大な権力が集中する

ため、財閥を中心に、正規の政治献金や裏の政治献金が行われます。これが莫大《ばくだい》な金額に上ります。さらに、使い道を明らかにする必要のない、日本でいう官房機密費のような政権の裏金もあり、全斗煥一族は、これらを自分たちの財布に入れていたのです。

こうした不正行為の追及は国会でも行われ、関係者への聴聞会はテレビ中継されて、国民の関心を集めます。全斗煥は、もはや権力を維持することができなくなりました。一九八八年九月に開かれたソウル・オリンピックは、全斗煥が大統領在任中に誘致に成功しましたが、その開会式にも顔を出すことができませんでした。ソウル・オリンピック誘致の立役者だったにもかかわらず、その栄光は後継者の盧泰愚に奪われたのです。

窮地に立った全斗煥は、一九八八年一一月、国民に謝罪し、財産一三九億ウォンを国庫に献納して、山寺に籠って隠遁《いんとん》生活に入りました。二年後、全斗煥はひっそりとソウルに戻ってきますが、それで追及が終わったわけではありませんでした。盧泰愚政権の任期が終わると、今度は盧泰愚と共に追及されることになります。それは、この後で取り上げます。

それにしても、盧泰愚は、どうして同期の全斗煥に対して、このような仕打ちができたのでしょうか。

ひとつには、選挙制度の違いがあります。全斗煥は国会議員による間接選挙で大統領に就任しましたが、盧泰愚は、国民の直接選挙で選ばれています。「自分は国民から直接選ばれた」という自信が、前任者を追及する原動力になったのです。

もうひとつは、韓国特有の事情です。韓国

の大統領は、常に前任者を追及し、前任者とは異なるところを見せることで新しい権力を獲得してきました。盧泰愚も例外ではなかったということです。

しかし、盧泰愚の次の大統領も同じことをしますから、大統領の座を降りた盧泰愚もまた、追及の対象になるのです。

★「主思派」の台頭

全斗煥政権時代の末期、民主化運動を推進した学生たちは、次第に左傾化するようになります。北朝鮮と長らく対立してきた韓国では、マルクスや共産主義の文献が発売禁止で、多くの若者たちは、触れることのできない思想でした。

ところが、民主化の過程で、こうした書籍も刊行できるようになり、社会主義思想を持った学生運動が盛んになります。中でも、北朝鮮の影響を受けた「主思派《チュサパ》」と呼ばれる組織が力を持つようになります。これは、北朝鮮の「主体思想《チュチェ》」に共鳴することから、こう呼ばれました。北朝鮮は、韓国内での影響力を拡大するため、韓国にスパイを送り込み、「主体思想」を広めたとも言われています。

そうした韓国の若者を象徴する人物が、女子大生の林秀卿《イムスギョン》でした。

一九八八年、ソウル・オリンピックが開催されたのに対抗して、北朝鮮は翌年七月、平壌《ピョンヤン》で世界青年学生祭典を開催しました。

韓国内の主思派の全国大学生代表協議会（全大協）は、これに合わせて代表を平壌に派遣します。選ばれたのが、当時、韓国外国語大学四年の林秀卿でした。彼女は、ソウル

コラム

その後の林秀卿

林秀卿は、懲役5年の刑が確定し、服役したが、刑の途中、特赦で釈放された。

その後、主婦になって家庭に入っていたが、2012年の総選挙で、主思派が多い民主統合党の比例代表候補として当選。議員就任後、面会した脱北者に対して「変節者」となじったことが報道された。北朝鮮のシンパであることに変わりはないようだ。

からいったん東京へ向かい、ベルリンを経由して平壌に入りました。

祭典会場に姿を現した彼女の姿に、平壌の学生たちは熱狂しました。韓国の禁を犯して北朝鮮にやってきた彼女は、韓国に戻れば処刑されるだろうと考え、その勇気を称《たた》えたのです。

その一方、韓国では女子大生が単独で国外に出ることができる自由を持っていることに気づいた北朝鮮の若者たちも多かったようです。これがきっかけになって、東欧に留学していた北朝鮮の学生たちが、多数、韓国に亡命するようになり、当時の北朝鮮の若者たちの受け止め方がわかりました。

林秀卿は、祭典終了後の八月一五日、板門《パンムン》店《ジョム》経由で韓国に戻り、国家保安法違反容疑で逮捕されました。

やがて北朝鮮では、逮捕された林秀卿に両親が面会したニュースが流れます。これを聞いた北朝鮮の人たちは、林秀卿が処刑されていないこと、両親が収容所に送られることなく自由に生活していることに驚きました。北朝鮮当局の思惑とは異なり、韓国の自由さが伝わってしまったのです。

ソウル・オリンピックの成功

韓国が先進国の仲間入りを果たすまでに経済が発展したことを示したのが、一九八八年九月に開催されたソウル・オリンピックでした。

オリンピック前、これで韓国との差が大きくついてしまうことを恐れた北朝鮮は、参加をボイコットするように呼びかけますが、賛同する国はなく、一六〇の国と地域が参加し、成功裏に終わりました。

民主化された韓国が先進国の仲間入りをしようとしている姿を世界に印象付けたのです。

当時は、北朝鮮からソ連や東欧に留学していた学生たちが、テレビでソウル・オリンピックを観戦し、韓国の発展ぶりを初めて知る、という影響もありました。ソ連や東欧に留学中の北朝鮮の学生が韓国に脱北するケースも

経済発展の跳躍台となったソウル・オリンピック

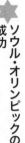

増えました。

盧泰愚大統領は、「北方外交」も展開します。東西冷戦時代に国交がなく対立していたソ連や東欧諸国と相次いで国交を結んだのです。一九八九年にまずハンガリーと国交を結び、次いで九〇年、ソ連とも国交樹立に成功します。

さらに一九九一年には、北朝鮮と同時に国連加盟を果たします。それまで相手の国を「傀儡」と呼んで、国家として相手にしてこなかったのに、同時に国連加盟を果たしたのです。

その後、一九九二年には中国、ベトナムとも国交を樹立します。北朝鮮の国際的孤立が進みました。北朝鮮にとって、中国が韓国と国交を結んだことは、とりわけショックでした。中国は、北朝鮮にとって、共に朝鮮戦争を戦った戦友でした。その戦友が自分を裏切り、敵と結んだのですから。

韓国経済が急激に発展したことで、社会主義諸国も、イデオロギーよりは経済で、韓国を選んだのです。

保守にすり寄り、金泳三大統領当選

一九九三年、盧泰愚大統領は五年間の任期を終え、退陣します。次の大統領を選ぶ選挙には八人が立候補しましたが、事実上、金泳三と金大中の一騎打ちでした。どちらも民主化運動の旗手。民主化運動陣営の仲間割れでした。

しかし、結果は、金泳三が大差で金大中を破りました。金泳三が、盧泰愚率いる与党に合流し、与党候補として立候補したからです。

金泳三の得票率は四一・四％、金大中が三三・四％という大差でした。

これは、民主化陣営にしてみれば裏切りでしたが、盧泰愚大統領の働きかけによって与野党大合併が実現したのです。

大統領に就任した金泳三。右は盧泰愚

大合併には、それぞれ理由がありました。盧泰愚大統領が所属する与党の民主正義党は、総選挙で過半数を割り込み、議会での主導権を失っていました。次の大統領選挙で金大中が当選すれば、光州事件を厳しく弾圧した責任を問われる恐れもありました。「金大中よりは金泳三」というのが、盧泰愚大統領にとっては「よりましな選択」だったのです。

一方、金泳三率いる統一民主党は、野党第一党の座を金大中率いる平和民主党に奪われていました。民主正義党と統一民主党が一緒になれば、過半数を確保し、大きな政治力を持つことができます。

それに、野党第三党の新民主共和党を率いる金鐘泌が参加しました。金鐘泌は、陸軍士官学校で盧泰愚の先輩。先輩と後輩の仲で気心が知れていた事情もありました。

それにしても、厳しく対立していたはずの勢力が手を組む。あっと驚く行動でしたが、その一年半後、日本でも同様のことが起きました。社会党と自民党が、新党さきがけと共に連立政権を組み、長年の野党暮らしだった社会党の村山富市が首相になったのです。これには多くの日本人が驚きましたが、韓国でもその前に同様のことが起きていたのです。

ここでもまた前政権追及

長く続いた軍人大統領の時代が終わり、ようやく誕生した文民大統領です。金泳三大統領は、軍閥解体に乗り出しました。二度とクーデターを起こさせないようにするためです。

大統領に就任一〇日目に、陸軍参謀総長と機務司令官（旧・保安司令官）を更迭します。二人は、韓国軍部を牛耳っていた一心会《ハナフェ》の幹部でした。

一心会は、朴正熙《パクチヨンヒ》大統領の時代から軍部内に結成された軍閥でした。クーデターの温床になっていた組織です。一心会の幹部を一斉に異動させ、組織を解体に追い込みました。

さらに同年八月には「金融実名制」を導入します。架空名義の預金や第三者名義の預金を本人名義に強制的に書き換えさせるものです。当然といえば当然のこと。そんなことがまかり通っていたのかと思いますが、かつては日本でも架空の預金口座はいくらでもありました。

この金融実名制の実施により、前大統領の不正蓄財が発覚するのです。

一九九五年、金泳三政権は、盧泰愚前大統領の不正蓄財を摘発します。盧泰愚は、前任者の全斗煥の不正蓄財を追及したのに、自分も同じことをしていたのです。

盧泰愚前大統領は、在任中、武器購入や電力事業など、国家的な事業で手数料を取る一方、財界から裏献金を受けていました。両方の合計額は五〇〇〇億ウォン（当時のレートで約五二七億円）。

あまりの巨額に言葉を失います。

盧泰愚前大統領の罪状は、それに留まりません。軍政時代、光州事件で弾圧に手を染めた責任を追及されます。

そうなると、責任があるのは盧泰愚前大統領だけではありません。さらに前任の全斗煥元大統領の責任も追及されることになります。

盧泰愚前大統領は収賄容疑で、全斗煥元大統領は、大統領在任中のクーデターの首謀者の容疑で逮捕されました。

しかし、当時の世論が要求した内乱罪は時効で適用できませんでした。

時効で過去の罪を追及できないときには、どうするか。当時のことを追及できる法律を後から作り、過去を裁く。これが韓国流の法運用です。二人を逮捕した後で特別法を制定し、大統領在任中の時効を停止したのです。

議会で「五・一八民主化運動等に関する特別法」と「憲政秩序破壊犯罪の時効等に関する特別法」が可決され、光州事件や軍事反乱などに対する権力犯罪の時効を停止しました。

この特別法を根拠に、一九九七年四月、大法院（最高裁判所）は、全斗煥元大統領に無期懲役、追徴金二二〇五億ウォン（当時のレートで約二三二億円）、盧泰愚前大統領に懲役一七年、追徴金二六二八億ウォンの判決を言い渡しました。

その八か月後、大統領特赦により残りの刑期の執行を免除されて釈放されました。

しかし、二人とも、後から成立した法律によって裁かれたのです。後からできた法律で、過去の事件を裁く。こういう法律は「遡及法」といい、近代国家ではありえないものですが、韓国では、こうした法律が平然と作られるのです。その後、過去に親日派だった人物の財産を没収するという遡及法も成立することになります。

しかし、全斗煥元大統領に対する追及は、これで終わってはいなかったのです。二〇一三年七月、ソウル地検の特別捜査チームが、全斗煥元大統領の自宅や長男が経営する会社などに対する家宅捜索を実施しました。

全斗煥元大統領の不正蓄財に対する追徴金は、所持していた現金や自宅を競売にかけて得た金額などで、過去に四分の一の五三三億ウォンが徴収されていました。

それ以上の徴収はできずに、これで終わっていたはずでしたが、その後も「全斗煥にはまだ財産があるらしい」との噂《うわさ》が絶えません。

追徴金支払いの時効は二〇一三年一〇月に来るはずでしたが、世論の反応は厳しく、世論に弱い議会は、時効を二〇二〇年までに延長する法律を可決します。時効は、あらかじめ決まっているもの。それを後から延長するのですから、これも「遡及法」です。

この法律ができた途端、地検が家宅捜索に入ったのです。

時効を認めず、いつまでも責任を追及する。これが韓国社会です。

ちなみに、この捜索で、高価な骨董《こっとう》品が大量に見つかりました。防戦する側もしたたか

囚人服姿で法廷に立つ、
盧泰愚（左）と全斗煥

だったようです。

韓国の大統領は、暗殺されたり亡命したり、任期後に起訴されたり、親族の不正蓄財が摘発されたり。平穏に終わった人は、ほとんどいない状態が続くのです。

ただし、長く続いた軍事政権を終わらせて、民主化勢力に政治の実権を渡したという点で、盧泰愚大統領を評価する声もあります。韓国では、次のように言われているというのです。

「朴正熙が炊いたご飯を、全斗煥が食い散らし、盧泰愚がその後片付けをした」（池東旭《チトンウク》『韓国大統領列伝』）

韓国、「先進国クラブ」入り

一九九六年、韓国はOECD（経済協力開発機構）に加盟を果たします。OECDは、俗に「先進国クラブ」と呼ばれ、OECDに入ったことで、国際的に「先進国」の仲間入りと認められます。

韓国も、遂にここまで来たのです。日本は一九六四年に加盟を果たしていますから、韓国は日本より三二年遅れての加盟です。

OECDに加盟すると、貿易の自由化や海外からの投資の受け入れなど金融取引での大幅な緩和が求められます。国内に外資が入り、企業が買収されやすくなる反面、国内から海外への投資も自由化が進みます。

その結果、対外債務（海外からの借金）は一九九二年末に四二八億ドルだったものが、一九九六年には一六四三億ドルにまで膨れ上がりました。韓国経済は、一見好調なように見えて、実際には脆弱《ぜいじゃく》だったのです。それが露呈したのが、一九九七年に発生したアジア通貨危機の余波でした。これについては、第一三章で取り上げます。

金泳三大統領は、当初は軍閥を解体し、清潔な政治をモットーに改革を進めましたが、後半はアジア通貨危機の影響を受けて破綻に瀕《ひん》した韓国経済の立て直しに追われます。金泳三大統領の責任というよりは、過去の歴代大統領の責任が大きいのですが、国民の多くは金泳三大統領の責任を追及します。

さらにクリーンな政治を標榜《ひょうぼう》したのに、次男が不正資金疑惑と脱税で逮捕されてしまいます。

また、在任中、韓国では大型事故が相次ぎました。一九九三年三月には特急列車が転覆して死者七八人を出したほか、七月にはアシアナ航空機が墜落して死者六八人。一〇月には黄海でフェリーが転覆して二九二人が死亡しました。

翌九四年一〇月にはソウル市内の漢江《ハンガン》にかかる聖水《ソンス》大橋が崩落して三二人が死亡し、九五年四月には大邱の地下鉄でガス爆発事故が起きて一〇一人が死亡。六月にはソウルの三《サム》豊《プン》デパートの床が抜けて六〇〇人あまりが死亡しました。信じられないほどの手抜き工事、欠陥工事が原因でした。

金泳三政権は、こうした大型事故への対策も後手に回り、国民の支持率を下げました。

韓国では、大型事故が起きると、伝統的に「指導者が天に見放された」と受け止められます。政治指導者の責任が追及されるのです。

手抜き工事が原因で倒壊した三豊デパート

これは、二〇一四年の「セウォル号」の事故でも繰り返されました。「セウォル号」の転覆事故が起きると、一九九三年以来の大型事故と言われました。

過去の手抜き工事や杜撰《ずさん》な管理で事故が起きたのにもかかわらず、金泳三大統領の責任が追及されるという展開になったのです。

結果、金泳三大統領は、「失敗した大統領」との烙印《らくいん》を押されて、任期を終えました。

遂に金大中が大統領に

一九九七年一二月、大統領選挙の結果、金大中大統領が誕生しました。大統領選挙に挑戦四度目にして、ようやくトップの座を射止めたのです。

当時の与党から立候補したのは李会昌《イフェチャン》候補。金泳三政権では首相を務めていたこともあります。選挙の結果は、得票率が金大中は四〇・三％なのに対して、李会昌は三八・七％。僅差の勝利でした。

金大中は、大統領の座を獲得するために、金泳三と同じような行動を取りました。選挙の直前、保守政治家の金鐘泌と手を組んだのです。権力を取るためなら悪魔とでも手を結ぶ。そう言われても仕方のない選択でした。

金鐘泌は、前回の大統領選挙では金泳三を支持して金大中の当選を阻止しています。金泳三と金大中と金鐘泌で「スリー金《キム》」と呼ばれました。その金鐘泌が、今度は金大中支持に回ったのです。勝ち馬に乗る。金鐘泌の変わり身の早さには呆《あき》れますが、そもそも金鐘泌は、初代韓国中央情報部（ＫＣＩＡ）部長でした。朴正煕大統領の下で金大中を敵視していました。政治家に転身した後は、保守政治家ながら、金泳三と手を組み、今度は金大中に乗り換えたのです。

自分を敵視し、自分を苦しめた人物とでも組んで権力を掌握する。金大中もまた、したたかな政治家でした。

金大中は、日本にいる間に拉致されて韓国に連れ去られました。その途中で殺害されそうになったとされています。韓国に戻っても、自宅軟禁にされたり、死刑判決を受けたり、アメリカに追い出されたり、という苦難の道を歩んできました。一度は死刑判決を受けながら、大統領に上り詰める。まさにドラマのような人生でした。

同時に、金大中の人生は、民主化に向かって進んできた韓国の現代史を体現するものでもありました。

第二章

核開発に進む孤立国家

金日成から金正日へ

★韓国に対して「統一」攻勢

一九七九年一〇月、韓国の朴正熙《パクチョンヒ》大統領が暗殺されると、北朝鮮は、それまでの武力攻勢を中断し、韓国の混乱に乗じて統一攻勢をかけます。それが「高麗《こうらい》民主連邦共和国」構想でした。

翌八〇年の一月から、北朝鮮の提案によって、南北の実務者会談が九回にわたって開かれ、南北の対話窓口が開かれたかに見えましたが、韓国で強硬派の全斗煥《チョンドファン》大統領が政権を握ると、北朝鮮は態度を硬化させ、会談はストップします。

それでも八〇年一〇月に開かれた朝鮮労働党第六次大会で、初めて韓国との連邦国家構想を提起したのです。

かつて韓国の存在すら否定していた北朝鮮が、遂に韓国の存在を認めることを前提とした構想を明らかにしたのです。

実は一九六〇年に、将来統一朝鮮を実現させるための途中経過としての連邦構想はありましたが、「高麗民主連邦共和国」は、最終形態のものでした。

「高麗民主連邦共和国」創設案は、「自主・平和・民族大団結による統一」というスローガンのもと、一民族・一国家・二制度・二政府の下で連邦制による統一を主張しています。

金日成《キムイルソン》は、韓国政府に向けて、次のように語りかけました。

「われわれは、われわれの思想と体制を決して南朝鮮に強要するものではなく、もっぱら民族の団結と祖国統一のためにすべてを服従させるでありましょう。

わが党は、北と南がともに相手側に現存す

る思想と体制をそのまま容認する基礎のうえで、双方が同等に参加する民族統一政府を組織し、そのもとで北と南が同等の権限と義務を持ち、それぞれ地域自治制を実施する連邦共和国を創立して祖国を統一することを主張します。

連邦形式の統一国家では、双方の同数の代表と適当数の海外同胞代表で最高民族連邦会議を構成し、そこに連邦常設委員会を組織して北と南の地域政府の指導にあたらせ、連邦

金正日と晩年の金日成（1994年）

国家の全般的な活動を管轄させるのが合理的でしょう」
「高麗民主連邦共和国は、いかなる政治的・軍事的同盟やブロックにも加担しない中立国となるべきです。相異なる思想と体制を持つ北と南の両地域を一つの連邦国家に統一する条件のもとで、高麗民主連邦共和国が中立国となるのは必然的であり、また実際上もっとも合理的なことであります」（北朝鮮政府の日本語ウェブサイト「ネナラ」より）
　人口の多い韓国と同等の立場で「民族統一政府」を樹立すること自体、北朝鮮に有利なものですし、軍事的同盟に加担しないというのは、要するに米軍の撤退を求めるという意味です。一見、対等に見える構想ですが、実質的には韓国にとって不利になることから、韓国はこの構想を拒否しました。結局は、北朝鮮による宣伝戦の色彩が強いものでしたが、北朝鮮は、形ばかりにせよ、韓国を対等に扱わざるをえなくなったのです。

金正日、後継者としてデビュー

この党大会は、金正日《キムジョンイル》が金日成の後継者であることを内外に示す公式デビューの場でもありました。

　金正日は、政治局常務委員、書記局書記、軍事委員会委員の三つの役職を兼ねることになりました。政治局、書記局、軍事委員会のすべてにポストを得ているのは、これまで金日成だけでした。その後継者であることを印象づけたのです。このとき金正日は三八歳。若き後継者の誕生です。

　これが公式なお披露目でしたが、実際には

一九七〇年代前半から党内での地位を高めていました。

金日成の長男である金正日が、後継者候補として認められるようになったのは、一九七四年二月に開かれた朝鮮労働党中央委員会総会でした。この総会で、金正日を政治委員会委員に選出するかどうかが話題になった際、金日成はこう言ったというのです。

「息子はまだ若いから政治局員に選出するのはやめたい」

すると、副主席であった金一《キムイル》が立ち上がり、こう言ったといいます。

「金正日同志を中央委政治局員に迎えることは、革命の要請であり全人民の熱望です。若すぎるとおっしゃるが、主席も金正日同志と同じ年頃に朝鮮革命を勝利の道に導いたではありませんか。革命の運命にかかわる問題であるので、主席の考えを改めていただきたい」(重村智計《としみつ》『最新・北朝鮮データブック』)

誰も逆らうことのできない金日成主席の発言に、敢《あ》えて逆らっているように見せながら、実は親バカの父親の気持ちをくすぐる。見事なゴマスリでした。

三三歳直前の金正日は、こうして国家の中枢に姿を現したのです。

晩年の金日成にとっての心配事は、自分の後継者でした。

ソ連の独裁者だったスターリンは、死後、厳しい批判を受けました。中国でも、毛沢東《もうたくとう》の後継者に一度は指名された林彪《りんぴょう》でさえ、毛沢東へのクーデターを企てたとされて、逃走中に乗っていた飛行機がモンゴルで墜落して死亡しています。

金日成としては、高齢になって体力が失わ

れたとき、あるいは自分の死後、自分の名誉が失われたり、厳しい批判にさらされたりすることは、耐え難いことだったはずです。

独裁者は往々にして、猜疑心《さいぎしん》のかたまりとなり、他人を信用できなくなります。君主制国家でない北朝鮮が、指導者を世襲するという、現代社会では稀《まれ》な現象が、こうして起こりました。

若き後継者は、まず自分の父親をもちあげることから始めます。「北朝鮮の建国の父」として国民に敬愛されている人物を褒め称え、ひたすら親を大切にする姿を見せました。

金日成が掲げる「主体思想《チュチェ》」を名称にとった主体思想塔を建設します。七〇歳の誕生日を祝う際は、パリの凱旋門そっくりの門を建設します。ただし、パリの凱旋門より高いというのが北朝鮮の人たちの自慢です。外部の者にとっては、見るだけで気恥ずかしくなるものですが。

さらには父の名を冠した競技場など、記念碑的建造物を次々に建設していきます。

それらの費用は、もちろん国費で賄われました。金正日は、国費を使って父親にゴマをすったのでした。

金日成、突然の死去

一九九四年七月八日、突如として金日成が死去します。八二歳でした。北朝鮮政府は死去の翌日、公式発表し、死因は過労による心筋梗塞で執務中に死去したと報じました。

金日成は、その直前、後述するように核開発をめぐってアメリカのジミー・カーター元大統領と会談し、「米朝枠組み合意」を結ぶことを決めていました。さらに、当時の金泳《キムヨン》三《サム》韓国大統領との初の南北首脳会談を実現させる計画が進行中でした。金日成の死去により、首脳会談の計画は消えてしまいます。

葬儀は国葬として金正日主導のもと七月一一日に首都平壌《ピョンヤン》で行われました。当日は北朝鮮全土から大勢の国民が集まり、人々が一斉に泣き崩れる様子がテレビで報じられました。

遺体は、主席の執務室があった錦《クム》繡山《スサン》議事堂（主席宮殿）を改築した錦繡山太陽宮殿に安置、保存されています。

彼の死後、一九九八年に改定された朝鮮民主主義人民共和国社会主義憲法では「永遠の

平壌に建造された
高さ170メートルの主体思想塔

主席」とされ、主席制度は事実上廃止されました。

代わって、国防委員会が国家の最高機関に格上げされ、国防委員会委員長の肩書の金正日が国家のトップに立ちました。

★「苦難の行軍」

金日成主席の死去に伴い、金正日体制がスタートします。

この新しい指導者がまず直面したのが、食料危機でした。一九九五年から九八年にかけて、天候不良と洪水が続き、北朝鮮の農業は大打撃を受けます。

「地上の楽園」と謳い、「世界で最も幸福に暮らしている」はずの国の人々が、食料不足に悩まされ、餓死者も出ている、という情報が、中国に逃れてきた難民から伝わってくるようになりました。

この食料危機は、言われているような天候だけによるものでなく、金日成時代からの農業政策の失敗から始まっていたことが、後に明らかになります。

この食料危機で死亡した住民は、三〇〇万人に達するという衝撃的な数字があります。

これは、北朝鮮と国境を接する中国側で、難民の支援をしていた韓国の「韓民族助け合い仏教本部」によって、一九九八年に発表されたものです。

この団体の聞き取り調査に応えた難民の一人は、次のように語っています。

「咸興《ハムフン》市では人口の三〇パーセントが死んだ。イルヒョンの共同住宅では二階フロア以上の住人全員が死亡し、人が住んでいるのは一階

金日成主席の死を悼み、
万寿台の銅像にひざまずく市民たち(1994年7月)

フロアだけとなった。非常に多い空家の数はそれだけの人たちが死んだことを示している。……一世代がみんな死んでしまった。朝鮮戦争時より多くの人たちが死んだ。飢餓は戦争時より悲惨だ」(A・S・ナチオス著、古森義久監訳『北朝鮮　飢餓の真実』)

また、一九九七年、北朝鮮から韓国に亡命した朝鮮労働党書記の黄長燁《ファンジョンヨプ》もこう言います。

「一九九五年に五〇万人、九六年に一〇〇万人が餓死したという報告を受けていた。九七年にも食糧難が続いていたので、合計の死亡者は三〇〇万人を超えるだろう」

さまざまな調査や検証をまとめると、やはり三〇〇万人以上の餓死者を出したことは、間違いないようです。

金正日は、この事態を「苦難の行軍」と呼

びます。これは、日本が朝鮮半島を支配していた時代、旧満州で抗日闘争をしていた金日成とその仲間が、雪の中、日本軍に追われながら行軍した故事にもとづいています。「金日成も苦しんだ。これくらい我慢しろ」というわけです。

「深化組」による粛清

この事態に直面した金正日が行ったのが、指導部の大粛清でした。

国家が危機に直面しているので、国民の思想や意識を深く調査する、という名目で「深化組」という警察部隊を組織したのです。

この秘密部隊による調査で、食料危機を招いた責任を問い、金日成の側近だった書記を処刑します。

さらに叔父で党の組織指導部第一副部長だった張成沢《チャンソンテク》を起用して、金日成時代からの古参の幹部とその側近、さらには家族までをも拘束し、処刑しています。その数は一万人にも及び、収容所や教化所に送られた人数は二万五〇〇〇人にもなると言われています。

その張成沢も、金正日の死後、金正恩《キムジョンウン》によって粛清されるのですから皮肉なものです。

食料危機での国民の不満に乗じて、新体制に不都合な人間を親戚まで含めて排し、金正日の絶対的な権力を確立したのです。

ソ連と中国の「裏切り」

北朝鮮の経済が深刻な状態になった背景としては、東西冷戦の崩壊があります。北朝鮮の後ろ盾だったソ連が一九九一年に崩壊してしまったからです。

その前年には、ソ連が韓国と国交を結んでいます。北朝鮮を作り、朝鮮戦争でも支援をしたソ連が、北朝鮮の敵国である韓国と手を結んだのですから、北朝鮮にとっては驚天動地。重大な裏切りに映りました。

ソ連は大量の石油を「友好価格」という低額で北朝鮮に売ってくれていました。支払う現金がないと、農産物での支払い（物々交換）も認めてくれていました。それが、崩壊してしまうと、後継国家であるロシアは、国際価格での現金の支払いを要求しました。経済が混乱しているロシアとしては当然の要求でしたが、北朝鮮にとっては、二重の裏切りでした。

さらにソ連時代の一九六一年、ソ連と北朝鮮は「ソ朝友好協力相互援助条約」を結び、北朝鮮が外国から攻撃を受けたらソ連が軍事的に支援することになっていましたが、一九九六年、ロシアはこの条約を破棄してしまいます。三重の裏切りです。

そうなると、北朝鮮の頼みの綱は中国です。ところが、その中国も、一九九二年、韓国と国交を結んでしまいます。中国にも裏切られたのです。

こうなると北朝鮮は、もはや単独での自衛を考えるしかありません。そのためには核兵器が必要だ。これが金日成の考え方でした。金正日も、この方針を踏襲したのです。

北朝鮮の核開発進む

北朝鮮の核開発への強い執心は、建国以来、つまり金日成の時代からと言われます。経済的に苦しい中で、核開発だけには惜しむことなく巨額を投じてきました。

北朝鮮の核開発は、ソ連の手助けによって、道が開かれました。

その始まりは、一九五六年。ソ連と核技術協定を結び、ソ連に科学者を派遣し、核技術を学ばせたことにさかのぼります。

一九六四年には、ソ連の支援のもとに、平壌から八〇キロほど北の寧辺《ニョンビョン》に、原子力施設を稼働させていました。

これは、朝鮮戦争を共に戦って以来の両国の友好関係に根ざしたもので、ソ連としても、もともと平和目的の援助が目的だったと考えられます。

一九八〇年代になると、新たな技術供与として、ソ連から研究用原子炉二基の導入が進められ、ソ連型の「黒鉛炉」という種類の原子炉が建設されました。チェルノブイリ原子力発電所事故を引き起こしたのと同型の原子炉です。

寧辺にあった黒鉛炉施設

原子炉を運転すれば、使用済み核燃料が出

てきます。これにはプルトニウムが含まれていますから、再処理をして抽出すれば、核兵器用のプルトニウムを取り出すことができます。

ソ連は、北朝鮮に原子炉を引き渡す際、核拡散防止条約（ＮＰＴ）に加盟することを求めました。

この条約は、成立したときの核兵器保有国（アメリカ、イギリス、フランス、ソ連、中国）が、それ以外の国が核兵器を持たないようにしようという取り決めです。保有国は核兵器の技術を他国に渡すことを禁じられています。

一九八五年一二月、北朝鮮は、この条約に加盟することと引き換えに、ソ連から原子炉を導入しました。

この条約によれば、加盟国が核技術を軍事目的に転用していないか、ＩＡＥＡ（国際原子力機関）の査察を定期的に受ける義務があります。

しかし、北朝鮮は、この査察を拒否し続けます。そもそもの約束違反です。

結局、査察を受け入れたのは、

コラム

IAEA（国際原子力機関）

国連の傘下にあり、原子力の平和利用を促進し、軍事転用されないように監視する国際機関。2005年にはノーベル平和賞を受賞している。本部はオーストリアのウィーン。

1953年、アメリカのドワイト・アイゼンハワー大統領が、国連で演説し、核の平和利用を進めるべきだという「平和のための核」を提唱したことを契機に1957年に設立された。事務局長には2009年から日本人の天野之《ゆき》弥《や》が就任（2019年7月死去）。2019年現在、加盟国は159か国。

原子力発電所など核に関する技術を保有・開発する国は加盟が求められ、加盟国は、定期的に専門家の査察を受ける。日本も全国のすべての原子炉など核関連施設が定期的な査察を受けている。

一九九二年になってからでした。その結果、北朝鮮が原子炉から使用済み核燃料を抜き出し、核兵器の材料になるプルトニウムを取り出していた可能性があることが判明しました。北朝鮮としては、証拠隠滅を図り、IAEAにはばれないだろうと判断して、査察を受け入れたのですが、あっさり見破られてしまったのです。

IAEAが、その施設の査察を申し入れると、一九九三年三月、北朝鮮は、「NPTから脱退する」と言い出します。核開発の企《たくら》みがばれてしまったら、今度はそれを逆手に取り、危機感を抱いたアメリカが乗り出す状況を作り出し、アメリカと二国間の交渉を実現させて、自国の安全を保障する仕組みを作ろうと考えたのです。

アメリカは北朝鮮爆撃を計画した

危機感を覚えた当時のクリントン大統領は、NPTから脱退させないように北朝鮮に圧力をかける一方、戦争が避けられない場合を想定して、戦争計画を練り直しました。これが、「作戦計画5027」と呼ばれるものです。

朝鮮戦争の休戦直後に北朝鮮からの攻撃に備えた防衛作戦は立案されていましたが、その計画が練り直されたのです。新しい計画では、韓国の防衛にとどまらず、軍事境界線を越えて攻撃して、平壌を制圧し、北朝鮮の政権を転覆させることまでが検討されていました。

この頃、北朝鮮と韓国は板門店《パンムンジョム》で交渉を行っていましたが、一九九四年三月、北朝鮮は「ソウルはここからそれほど遠くはない。

もし戦争が勃発すればソウルは火の海になるだろう」と発言しました。

北朝鮮代表のこの挑発的な発言は韓国内で放映され、国民に衝撃を与えました。

緊張の続く中、アメリカ軍は朝鮮半島での兵力を増強させます。一九九四年四月には、アメリカ軍の最新鋭の兵器と兵士一〇〇〇人が到着し、米軍兵士の数は、三万七〇〇〇人にまでなりました。

一方の北朝鮮は、全兵力の六五%を、軍事境界線から一〇〇キロ以内に配備しました。いつでも韓国に攻め込める準備を整えたのです。

一九九四年五月、ワシントンの国防総省で、再び朝鮮半島で戦争が始まった場合の作戦会議が開かれます。その翌日、開戦で想定される被害がクリントン大統領に報告されました。

それは、戦争開始からの九〇日間で、米軍兵士の死傷者は五万二〇〇〇人、韓国軍の死傷者は四九万人、アメリカの財政支出は六一〇億ドルを超えるだろう、というものでした。

この数字に、クリントン大統領はたじろぎます。なんとしても全面戦争を避けなければならないと考えます。

そのためには、北朝鮮の核施設を対象にした限定的な空爆が必要であるとの結論に達します。そして、北朝鮮に対し、「核計画を凍結しないなら核施設を軍事攻撃する」と通告しました。

「米朝合意」の枠組みできる

一九九四年六月、この危機的状況を打開す

るために、アメリカのジミー・カーター元大統領が北朝鮮を訪れます。大統領を退任後も世界平和への貢献に強い意欲を持っていたカーターは、朝鮮半島情勢の悪化を見て、自ら調停に乗り出したのです。

元大統領とはいえ、これだけ高位のアメリカ人が北朝鮮を訪問するのは初めてのこと。しかもカーター元大統領は、クリントン大統領と同じ民主党です。現役の大統領に強い影響力を持つ人物でした。

カーター元大統領は、北朝鮮の金日成主席と会談し、米朝の「枠組み合意」を取りまとめます。

これによって、北朝鮮はNPTからの即時脱退を撤回し、核施設の凍結と解体を約束します。その見返りに、プルトニウムの抽出が困難な（つまり核兵器製造が困難な）原子炉である軽水炉二基を供与され、さらにその一基目が完成するまでの代替エネルギーとして、年間五〇万トンの重油を得ることになりました。

北朝鮮は、核開発を表向き、「原子力発電によるエネルギー確保のため」と称していました。この開発を凍結するなら、核兵器製造に結び付きにくい原子力発電ができるように援助する。発電が始まるまでの間は、火力発電でエネルギーを確保できるように原油を援助する、というものだったのです。

北朝鮮の言う「核開発」の真意は核兵器の開発であるのに、それを敢えて「核エネルギーの開発」ということにして、北朝鮮には独自に開発をさせないようにする。これが「枠組み合意」でした。

この合意によって、一九九五年三月、アメ

リカ、日本、韓国の三か国で、朝鮮半島エネルギー開発機構（ＫＥＤＯ）を設立し、共同で軽水炉と重油を提供することになりました。費用を日本も負担させられたのです。
一九九七年には北朝鮮の軽水炉建設予定地で工事が始まり、ＫＥＤＯのプロジェクトが動き出します。

コラム
プルトニウム型とウラン型

核兵器には大別してプルトニウム型とウラン型がある。長崎に投下されたのがプルトニウム型、広島に落とされたのがウラン型である。プルトニウム型は、少量のプルトニウムを球状の爆弾の内壁に並べ、極めて正確に同時に爆発させて中心部に集め、臨界を起こさせて巨大なエネルギーを出す仕組みだ。構造が複雑なので、核実験で爆発するかどうか確認することが必須となる。

一方、ウラン型は、濃度の高いウランを臨界より少ない量に分割し、一方を他方にぶつけることで臨界を引き起こす仕組みだ。構造が単純なので、核実験をしないでも製造が可能だ。

北朝鮮、ひそかに核開発を続けていた

ところが、二〇〇二年一〇月、北朝鮮を訪問したアメリカのケリー特使に対し、北朝鮮は、ウラン濃縮による核開発を進めていることを認めたのです。アメリカは、やはり核開発を進めているパキスタンから、「北朝鮮がウラン濃縮の方法で核兵器を製造している」という情報を得ていました。それを直接確認しようとしたら、北朝鮮はあっさり認めてしまったのです。

実は北朝鮮は一九九二年一月、韓国との間で「朝鮮半島の非核化に関する共同宣言」に調印していました。この宣言では、核兵器の実験、製造、生産、受け入れ、保有、貯蔵、配備を禁止し、核兵器を使用しないこと、核は平和目的にのみ

利用、核再処理施設とウラン濃縮施設を保有しないことを約束していました。北朝鮮は、自ら調印した宣言を、公然と破っていたのです。

核兵器を製造しないことを韓国と約束しながらも、核兵器製造をちらつかせてアメリカを引き込み、軽水炉と重油を獲得する。しかし、その裏で、ウラン濃縮による核兵器製造を進めていたのです。二枚舌、三枚舌を使いながらの核開発でした。

二〇〇二年一二月、北朝鮮は、凍結してきた核施設の運転を再開する、と発表しました。

そして同月、北朝鮮国内の原子力施設に常駐していたIAEAの調査官を国外に退去させ、二〇〇三年一月には、NPTからの脱退を宣言しました。

先述したように北朝鮮は一九九四年に、「核兵器の開発はしない。だから、核兵器の開発につながる核施設の運転は止める」という約束をアメリカとの間で結んでいました。その約束を破って核施設の運転を再開するということは、つまり核兵器の開発を進めると宣言したことになります。

ロシアも中国も信用できない。そう考えた北朝鮮は、アメリカとの直接交渉に持ち込み、自国の安全保障を確保したい。そのためには、敢えて核危機状況を引き起こすことで、アメリカを協議の場に引き込みたいという戦略を立てていたのです。

六か国協議開かれる

北朝鮮の暴走に苦慮したアメリカのブッシュ大統領は、北朝鮮の核開発を食い止めるに

KEDOによる軽水炉建設の工事現場（2002年）

は、北朝鮮の後ろ盾となってきた中国の関与が必要だと考えます。当時のアメリカは、アフガニスタンのタリバン政権を攻撃し、次いでイラクを攻撃していました。さらに北朝鮮に対して軍事的圧力をかけるだけの余力がなかったのです。

アメリカは、中国も一緒になって北朝鮮の核開発を止める仕組みを作るべきだと中国を説得したのです。

しかし、中国は当初、関与に消極的でした。そこでブッシュ政権は、日本を引き合いに出しました。北朝鮮が核開発を進めれば、これを脅威に感じる日本が核開発を進めるのを止められなくなると脅したのです（ジョージ・W・ブッシュ著、伏見威蕃《いわん》訳『決断のとき』）。

これは中国にとって避けるべき悪夢です。アメリカの脅しを受け、中国は多国間の交渉に加わることを決断します。二〇〇三年七月、六か国協議（六者協議とも）の実施で北朝鮮と合意したのです。北朝鮮とロシア、中国にアメリカと韓国、日本を加えた六か国です。

一回目の会合は、同年八月、中国・北京で開かれました。会合は二〇〇七年三月まで計六回開かれ、二〇〇四年六月の第三回会合では、北朝鮮が「北朝鮮に対する敵視政策の放棄」を条件として、「核兵器関連の計画放棄」の意向を表明したりしますが、二〇〇五年二月に至って、参加の無期限中止を宣言し、既に核兵器を保有していると宣言したのです。

ところが、同年五月、アメリカのブッシュ大統領が、金正日のことを「ミスター」と敬称をつけて呼ぶと、北朝鮮は態度を軟化させ、再び協議に応じる姿勢を示すなど、北朝鮮は硬軟取り混ぜた対応を繰り返し、関係国は振り回されっぱなしになります。

二〇〇六年七月にはミサイルの発射実験を実施し、これが国際的な非難を呼び、国連安全保障理事会が北朝鮮を非難する決議を採択すると、北朝鮮は同年一〇月、地下核実験の強行で応えたのです。

結局、二〇〇九年一月のブッシュ大統領退任によって、六か国協議は中断したままになります。中国を巻き込んだ多国間協議は不発に終わりました。北朝鮮は、とりあえず中国の顔を立てて六か国協議に応じたものの、実際には、アメリカとの二国間協議に持っていきたかったのです。

核兵器保有宣言

前述したように、六か国協議の最中の二〇

6か国協議に出席した各国の代表。
左から、ロシア、韓国、北朝鮮、中国、アメリカ、日本

〇五年二月、北朝鮮は遂に核兵器の保有宣言を行います。

そして翌年一〇月九日、地下核実験に踏み切りました。その後、二〇一三年までに計三回の核実験を実施したのです。

また二〇〇九年四月には「人工衛星の打ち上げ」と称して長距離ミサイルを発射し、これが国連安全保障理事会の議長声明で非難されると、核兵器開発の再開と六か国協議からの離脱を発表しています。

二〇一〇年になると、北朝鮮は、かつてのアメリカの原爆製造プロジェクト、「マンハッタン計画」の中心を担ったロスアラモスのジークフリード・ヘッカー元所長にウラン濃縮施設を見せています。ここには、二〇〇〇台の遠心分離器（核分裂しやすいウラン235と核分裂しにくいウラン238を分離するためのもの）があったということです。「実際に核兵器を製造しているぞ」というアピールです。

イラクとリビアの「教訓」

北朝鮮は、言を左右にしながらも、結局は核開発をやめようとはしません。そこにはイラクとリビアの「教訓」があります。

イラクのフセイン大統領が「大量破壊兵器」を開発・保有しているとして、アメリカのブッシュ政権は、二〇〇三年、イラクを攻撃し、フセイン政権は倒されました。結局、フセイン政権は核兵器などの大量破壊兵器は保有していませんでした。アメリカは、イラクが核兵器を保有していないから攻撃できた。金正日は、そう考えたはずです。

また、核開発を進めていたリビアのカダフィ政権は、アメリカの説得を受け、二〇〇三年、核開発を放棄すると宣言。二〇〇六年にはアメリカはリビアに対する「テロ支援国家」の指定を解除し、国交を正常化しました。アメリカは、これを「リビア・モデル」と呼び、北朝鮮に対して、リビアのように核開発を放棄すれば、それと引き換えに国交正常化をする用意があると働きかけました。

ところが、「アラブの春」によって、リビアでカダフィ政権に対する反政府運動が始まると、アメリカを含むＮＡＴＯ（北大西洋条約機構）軍は反政府勢力を支援。カダフィは反政府勢力によって殺害されてしまいます。

もしリビアが核兵器を保有していれば、ＮＡＴＯは安易に攻撃できなかったはずだ。金正日そして後継者の金正恩は、こう考えたは

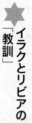

ずです。

自国の体制を守り、金一族を守るためには、核兵器を手放すわけにはいかない。これが北朝鮮の大方針なのです。

金正日、「先軍政治」打ち出す

金正日が一九九七年に朝鮮労働党総書記に就任すると、「先軍政治」あるいは「先軍思想」というスローガンが登場します。

「先軍思想」とは何か。平壌で発行されている日本語の文書には、次のように説明されています。

「先軍思想とは一口に言って、軍事先行の原則に立ち、軍隊を主力にして、革命闘争と建設事業を進めていくという思想である」

「軍隊はすなわち党であり、国家であり、人民であるというのは、軍隊の運命はほかならぬ党と国家と人民の運命だということである。つまり、軍隊が強力なら党も国家も人民も強くなれるが、軍隊が弱いと党も国家も人民も無力になるということである」(『先軍思想問答』外国文出版社)

つまり、すべてにおいて軍事を優先し、朝鮮人民軍を社会主義建設の主力とする思想です。二〇〇九年の憲法改正によって、主体思想と共に国家の指導思想として明記されました。

この思想は、天安門《てんあんもん》事件やルーマニアの政権崩壊を「教訓」としています。

一九八九年六月に起きた中国の天安門事件は、民主化を求める学生や若者たちの行動を、人民解放軍が蹴散らしました。強い軍隊があれば、政権を脅かすような勢力は簡単に弾圧できる。これが金正日にとっての「教訓」でした。

さらに同年一二月、東欧の社会主義国ルーマニアで、独裁者だったチャウシェスク大統領とその夫人が、民主化を求める市民と、それに同調した軍隊によって処刑されました。軍隊を掌握することが、権力を維持する道だ。これも金正日の得た「教訓」だったはずです。

これ以降、北朝鮮では先軍政治あるいは先軍思想が強調されるようになるのです。

★目標は「強盛大国」

先軍政治と共に唱えられるようになったスローガンが、「強盛大国」という言葉です。一九九八年頃から次第に使われるようになり、二〇〇五年頃からは、頻繁に登場するようになります。

二〇一二年四月に金日成主席生誕一〇〇周年を迎えるのに合わせて、北朝鮮を軍事力でも経済力でも大国にしようという目標を掲げたのです。

当初は、「強盛大国を実現する」という表現だったのが、二〇一二年が近づくと、「強盛大国の大門を開く」という言い方になりました。「大国を実現する」ではなく、「大国の大門を開く」。つまり、それだけ後退した言い方になったのです。

二〇一一年、私が北朝鮮に取材に入ったとき、平壌中心部では強盛大国実現に向けて、建設ラッシュでした。平壌市内を流れる大同《テドン》江《ガン》沿いには金日成主席の巨大な像があり、通常なら市民や観光客で賑《にぎ》わっていますが、この時期は立ち入り禁止でした。周辺で工事が行われているからです。二〇一二年四月一五日が金主席の生誕一〇〇年。その日に向けての工事です。

開発の目玉になるのは、柳京《リユギヨン》ホテルです。平壌の旧称である柳京の名をとったこの建物は、一九八七年に着工されました。一九八八年に韓国でソウル・オリンピックが開かれるのに対抗して、北朝鮮は八九年に平壌で世界青年学生祭典を開催。これに間に合わせるべく建設を開始しました。高さ三三〇メートルで、当時世界一の高さを目指しました。最上階には回転式のレストランもある一〇五階建てという巨大なものです。

しかし、あまりに巨大で工事は難航。祭典に間に合わず、その後も工事は進められていましたが、一九九二年に中断されてしまいました。資金や資材が不足し、電力不足も深刻になったからです。

ところが、そのホテルの建設が再開されていました。以前はコンクリートむき出しの廃墟のようでしたが、外壁がつき、窓ガラスが張られていました。

高層アパートの建設も進められています。やはり二〇一二年四月までに、一〇万世帯分の住宅を供給する計画でした。北朝鮮の人口二三〇〇万人のうち三〇〇万人が住む平壌は住宅不足が深刻になっていました。「強盛大国」の目標のひとつは、民生の向上。老朽化した住宅は取り壊し、新しい住宅に市民を移住させる予定でした。

私が二〇〇六年に北朝鮮を訪れたときは、「先軍政治」で軍優先の政策がとられ、住民生活は二の次でしたから、住民の生活を改善しようという動きは新鮮に映りました。

ちなみに、平壌の一般市民の住居は、すべて高層アパート。一戸建てなど望むべくもなく、全員が画一化された部屋暮らしです。

しかし結局、こうした野心的なプロジェクトは完成しないまま、二〇一一年一二月、金正日は死去します。

第一三章 金融危機と国際化

金大中大統領で日韓関係改善

アジア通貨危機に立ち向かう

数奇な運命を辿って大統領にまで上り詰めた金大中《キムデジュン》を待っていたのは、アジア通貨危機と、それに続くIMF（国際通貨基金）による韓国経済管理でした。このとき韓国は、未曾有の経済危機に直面していたのです。

アジア通貨危機は、一九九七年七月、東南アジアのタイで発生し、韓国に飛び火しました。金泳三《キムヨンサム》大統領時代の韓国は、国民一人当たりのGDP（国内総生産）が一万ドルの大台に乗り、先進国入りを目指して「世界化」を進めました。要するにグローバル化をめざしての経済の門戸開放だったのですが、韓国経済の実態は、それほど強固なものではなかったのです。

当時のアジア諸国の多くは、自国通貨とアメリカドルとの為替レートを固定していました。「ドル・ペッグ制」です。「ペッグ」とは「釘《くぎ》で止める」という意味で、為替相場は常にドルと連動していました。

ドル相場と連動すれば、対米貿易が安定するというメリットがありますが、アメリカ経済の動向に左右されるというデメリットもあります。

当初は、ドル安が続いていたことで、タイのバーツや韓国のウォンも安くなり、輸出には好都合でした。

また、金利を高めにしていたことで、金利差を利用して儲《もう》けようと考えた外国の投資家の資金が流入していました。ドルとの固定相場でしたから、ドルでの投資が容易だったのです。資金が流入すれば、株式市場は好調になり、不動産投資などさまざまな分野で景気

経済危機で、IMFの介入に反対する韓国のデモ隊

がよくなります。

しかし、一九九五年以降、アメリカは「強いドル」政策に転換。ドルの為替相場が高くなります。そうなると、ドルと固定されているタイのバーツや韓国のウォンも上昇します。通貨高は輸出に不利。アジア各国の輸出が伸び悩みます。

そこを狙ったのが、ヘッジファンドでした。ヘッジファンドとは、投資家から集めた多額の資金を運用して利益を上げる組織。欧米にはさまざまなタイプのファンドが存在し、世界各地で資金運用を手がけています。ときには経済の歪《ひず》みを衝《つ》く形での投機を展開することで巨額の利益を求めます。

このときは、アジア諸国の経済が不調になりつつあるのに、通貨はアメリカドルにペッグされて高いままであることに目をつけました。実力より過大評価されている通貨。ここに歪みが存在しました。過大評価されている通貨を空売りし、通貨が安くなったところで買い戻せば、利益が出るのです。

狙った国の金融機関から多額の資金をその国の通貨で借り、これをドルに両替します。つまり、その国の通貨を売ってドルを買ったことになります。バーツ売り・ドル買い、あるいはウォン売り・ドル買いです。

売った通貨は、借りた金であって、自分のものではありません。自分のものではないものを売るから「空売り」です。

自国通貨が大量に売りに出て、ドルを買い求める動きが出ると、その国の政府は、それだけのドルを用意して注文に応じなくてはなりません。巨額のドル買いの動きが出て、タイも韓国も、ドルが足りなくなってしまいました。

これがアジア通貨危機でした。

各国ともドル買いに対応できず、為替相場のドル・ペッグ制を廃止し、変動相場制に切り替えました。

変動相場制になって通貨は暴落。ヘッジファンドは、その時点で通貨を買い戻し、金融機関に返済。多額の利益を上げました。

一方、変動相場なら、その国の通貨の為替レートが安くなりますから、ドル買いの動きが出ても、用意するドルは少なくて済みます。しかし、自国通貨が安くなりますから、輸入商品の価格は上昇。物価高に見舞われます。

また、韓国がドル不足に見舞われたのを見た格付け会社は、韓国の国としての格付けを引き下げます。これにより、韓国の株式市場は暴落。一九九七年末には深刻な不況に突入します。

韓国は遂にＩＭＦに救済を求めます。ＩＭＦは、外貨不足に陥った国に外貨を貸し付ける組織です。当時の韓国の金融機関は、ドル建てで借りた資金を返済するためのドルが不足するまでになっていたのです。ＩＭＦからの融資額は総額で約五五〇億ドルに達しました。

★「朝鮮戦争以来の国難」

ＩＭＦが救済に乗り出す場合、見返りとして、その国の経済改革を求めます。これは往々にしてアメリカ型の自由市場経済への改革を求めるものになります。

当時の韓国は、金融機関が多額の対外債務（借金）を抱え、返済不能に陥った上、金融機関と取引先企業との関係が不透明でした。ＩＭＦは、これを改善するように求めます。

ＩＭＦは、緊縮財政を求めると共に、経営が悪化した金融機関の整理（要するに潰すこと）や金融監督制度の整備などを求めます。

大統領に当選したばかりの金大中は、大統領に就任する前から、ＩＭＦの要求する改革に取り組みます。ＩＭＦの要求を呑《の》むしか方法はなかったからです。

経営破綻した大手の銀行は、政府や預金保険公社（日本の預金保険機構に該当）が資金を出して経営を健全化した上で外資に売却しました。

銀行よりは小規模な総合金融会社は、多数を破綻処理しました。

さらに大手の銀行の退出（要するに取り潰し）を求める政策が実行に移されると、労働組合が激しく抵抗します。このため、金融機関の再建第二弾は、退出ではなく統合ということになりましたが、多数の金融機関が消えていくことになります。これは、やがて日本でも見られる光景でした。

金融機関の経営が不振に陥れば、資金の流れが止まり、経済に悪影響を及ぼします。当時の韓国では、財閥が強い力を持っていました。いまも強力ではありますが、当時はさらに強大でした。その財閥のリストラが進められ、大宇《テウ》財閥は解体されました。人員整理の嵐が吹き荒れ、大企業は、非正規雇用の労働者を採用するようになり、正社員との所得格差が拡大しました。

その一方、金融改革により外資に門戸を開放したことで、外資系の金融機関が進出。ア

コラム

韓国を日本が支援した

当時、韓国の企業は日本や欧米の金融機関から多額の資金を借りていた。ドルがなければ返済できない。そこで日本政府は、日本の金融機関に対して、返済期限を延長するように求め、1998年1月、日米欧の金融機関は、返済延長を認めることで合意。韓国の危機回避に貢献した。

また、2001年からは、日韓の通貨スワップが始まった。スワップとは交換のこと。韓国の中央銀行である韓国銀行と日本銀行がウォンと円を自由に交換できる仕組みである。

韓国が再び外貨不足に陥った場合は、日本が円を貸し出して韓国を救済する。このときは上限が130億ドル(当時のレートで約1兆円)だった。

2011年、野田佳彦首相と李明《イミョン》博《バク》大統領との会談で上限が700億ドル(約5兆4000億円)に引き上げられたが、日韓関係の冷え込みと共に、引き上げ分の延長は行われず、2014年現在は当初の上限金額に戻っている。

メリカのような自由市場経済が跋扈《ばっこ》する国に激変しました。

このような状態を、当時の韓国の人々は「朝鮮戦争以来の国難」と呼びました。「国にお金がないなら（財政難ではなく外貨不足のことだが）、みんなで援助しよう」と、家庭にある貴金属を国に供出する運動もありました。

この改革の結果、ＩＭＦによる救済から三年半後の二〇〇一年八月にはＩＭＦからの融資を完済しました。スピード再建でした。

こうした改革は、金大中大統領だからこそ可能だったという評価があります。改革に一番抵抗するのは労働組合であり、事実、労働組合は反発しましたが、金大中大統領に関しては、労働組合の側に「自分たちが当選させた大統領」という思いがあり、徹底した抵抗にはならずに、労働者に不利な条件を受け入れたからです。

しかし、これ以降、韓国社会の所得格差は大きく拡大しました。街にはホームレスの姿が目立つようになります。伝統的に親族間の助け合いが健在だった韓国社会の変容を示すものでした。

★情報機関を改組

金大中大統領は、就任後、韓国の情報機関を改組します。そもそも韓国の情報機関は、朴正熙《パクチョンヒ》大統領の時代に創設された韓国中央情報部（ＫＣＩＡ）でしたが、金大中本人が、日本滞在中にＫＣＩＡに拉致され、命を狙われたことがあります。

国民の目の届かない特殊な組織をオープン

コラム
38度線・45定・56盗

当時の韓国では、表記のような自虐的なギャクが流行した。「38度線」とは南北朝鮮の境界を意味するが、ここでは「38歳で肩叩きに遭う」という意味。「45定」は「45歳で定年」、「56盗」は、「56歳でまだ会社にいるのは盗人のようなもの」という意味だ。

韓国語の語呂合わせの意味もあるダジャレのようなものだが、IMF危機以降、企業の経営陣の若がえりが進んだことは事実だ（金慶珠《キムキョンジュ》『歪みの国・韓国』）。

なものにしようとしたのです。

もともとは北朝鮮のスパイを摘発するのが主要な任務でしたが、独裁政権に反対する人たちを監視し、誘拐したり拷問にかけたりすることで知られていました。

全斗煥《チョンドファン》大統領時代に国家安全企画部に改組されましたが、引き続き反政府運動の取り締まりに力を入れ、国民に恐れられていました。

一九九九年、金大中大統領は、国家安全企画部を廃止。権限を大幅に縮小した国家情報院を大統領の直属組織として新設しました。

北に対して「太陽政策」

金大中大統領の対北朝鮮政策は、「太陽政策」として知られています。イソップ童話『北風と太陽』からのネーミングです。

北に対して強硬策で臨んでも関係は改善されない。むしろ援助の手を差し伸べることで良好な関係を築くことができ、朝鮮半島の緊張緩和につながると考えたのです。

これにもとづき、食料不足に悩む北朝鮮に対して、コメや肥料を援助しました。

また、韓国最大手の現代《ヒョンデ》グループの現代《ヒョンデ》峨《ア》

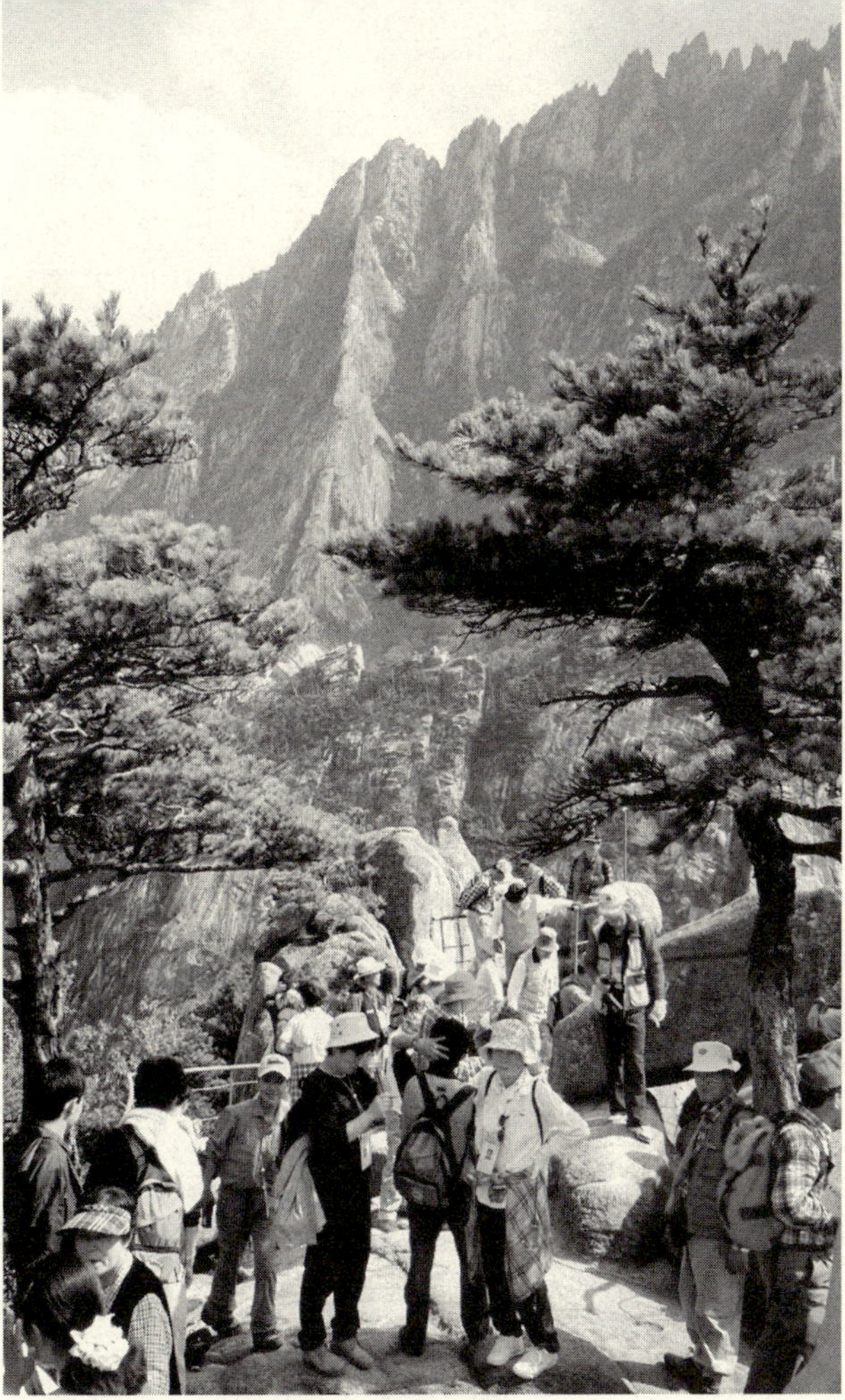

「太陽政策」の一環だった、韓国人の金剛山観光

山《サン》による金剛山《クムガンサン》への観光事業を認可しました。現代グループは、見返りに北朝鮮に対して六年間で九億ドルを支払う契約を結んだのです。北朝鮮にとっては、貴重な外貨獲得のチャンスとなりました。

朝鮮半島北部出身の現代グループ創業者の鄭周永《チョンジュヨン》氏が金日成《キムイルソン》時代から北側に働きかけ、金正日《キムジョンイル》体制になった一九九八年に契約にこぎつけました。

鄭氏が二〇〇一年に死去した後は、五男の鄭夢憲《チョンモンホン》現代峨山会長が引き継ぎました。

金剛山は、韓国人にとって、日本人にとっての富士山のような存在です。南北に分断されたことで、韓国側からは登山できなくなっていただけに、観光客は二〇〇七年一〇月末までに累計で一六七万人に達しました。

参加者は、一人当たり三〇ドルから八〇ドルを支払うため、観光目的ながら北朝鮮への援助金の色彩が強いものでした。

しかし、二〇〇八年七月、北朝鮮が立ち入り禁止区域に指定していた場所に立ち入った韓国人の女性が北朝鮮の兵士によって射殺される事件が発生し、以後、観光事業は中断しています。

こうした「太陽政策」により、金大中大統領は二〇〇〇年六月、北朝鮮を訪問し、首都平壌《ピョンヤン》で金正日国防委員長と南北首脳会談を実現しました。南北分断後、双方の首脳が直接会談するのは初めてのことでした。

金正日は「総書記」の肩書で知られますが、総書記は朝鮮労働党のトップの職名です。金正日は、国家の職名としては「国防委員長」なので、南北両国の首脳会談では、国防委員長の肩書で出ているのです。

六月一三日から一五日までの会談の結果、最終日の一五日、「六・一五南北共同宣言」が発表されました。

この共同宣言で、両国は、自主的な平和統一を目指すことを宣言しました。

平壌で実現した、金正日と金大中の歴史的な“抱擁”（2000年6月15日）

また朝鮮戦争の結果、離れ離れになった家族（離散家族）の対面など人道問題を解決することや、経済協力を進めていくことで合意しました。

南北首脳会談で、二人が抱き合った映像は感動的でした。これで南北朝鮮は大きく和解に向けて前進するかのように見えたからです。

この成果により、金大中大統領は、この年、ノーベル平和賞を受賞しました。

しかし、期待は裏切られました。金大中に続き、後任の盧武鉉《ノムヒョン》大統領も「太陽政策」を継続しましたが、金正日の北朝鮮は、核開発やミサイル開発を進めていたのです。

また、金大中大統領は、南北首脳会談実現の直前、現代グループが北朝鮮へ四億五〇〇〇万ドルもの大金を送金するのを容認していました。建前としては、現代グループが北朝鮮での事業の権利を得るための資金ということになっていましたが、実情は、南北首脳会談を実現する見返りだったのです。

二〇〇四年になって、最高裁判所は、不正送金に関与した人物たちに有罪判決を言い渡しています。

この結果、金大中大統領は、「ノーベル平和賞を金で買った」と批判されることになります。

日本の文化が解禁

金大中大統領は、日本による統治時代に育ち、「豊田大中」という日本名を持っていました。日本語教育を受けていたことから日本語が流暢《りゅうちょう》で、日本人との非公式な場での懇談では日本語を使いました。

金大中大統領は反日政策をとらず、戦後の韓国では、この頃が最も親日的な時代で、日本との関係が改善しました。とりわけ象徴的だったのは、日本の映画や漫画、音楽が韓国国内で解禁されたことです。

日本の統治から脱した韓国は、建国以来、日本の文化の影響を排除しようとしてきました。日本の音楽や漫画、映画、テレビ番組は原則として韓国国内で視聴することができなかったのです。

しかし、これは、「日本の映画やテレビ番組を国内で見せてはいけない」という明文規定があったわけではありません。根拠は一九六一年に制定された公演法でした。第一九条で「国民感情を害する憂慮があるか、公序良俗に反する外国の公演物を公演してはならない」と定められていました。

つまり、日本の映画やテレビ番組を見せることは「国民感情を害する」恐れがあったり、「公序良俗に反する」ことであったりするからだ、という論理だったのです。

たとえば一九八三年に放送が始まったNHKの朝の連続テレビ小説『おしん』は、世界各地で放送され、深い感動を呼びましたが、韓国国内では放送されませんでした。

ただし、一九八五年になって、『おしん』というタイトルそのままに舞台を韓国に移し、韓国人の俳優によって映画化されました。日本のテレビ番組が低俗だから放送しないのではなく、日本のものだから放送しなかったということがわかります。

しかし、日韓の交流が深まるにつれ、韓国内でこっそりと日本の映画やテレビ番組を見る人も増え、日本文化解禁の動きが出てきます。

コラム

釜山出張

日本のテレビ番組が開放される前から、韓国内では日本のテレビのバラエティ番組を模倣する動きがしばしば見られた。いわゆる「パクリ」である。

1970年代から80年代にかけては、「釜山《ブサン》に出張する」というのが、放送業界の隠語として存在したという（大場吾郎『韓国で日本のテレビ番組はどう見られているのか』）。釜山なら日本のテレビ番組が映るので、それを見て番組づくりの参考にしていた、というわけである。

その後は、テレビ局員が日本に出張し、日本のテレビ番組を見たり、ビデオに収録したりしていたという。

日本で大人気だった番組『8時だョ! 全員集合』のそっくり番組が『土曜日だ 全員出発』というタイトルで放送された。

その結果、一九九八年一〇月の金大中大統領の日本訪問に合わせて、日本の大衆文化を段階的に解禁していく方針を発表しました。

第一次開放は、日本語版の漫画単行本と漫画雑誌の輸入、四大国際映画祭受賞作、日韓合作映画、日本人俳優が出演する韓国映画に限ってのものでした。

この方針にもとづき、この年の一二月には北野武監督の『HANA-BI』と黒澤明監督の『影武者』が上映されました。

さらに翌年上映された岩井俊二監督の『Love Letter』は、観客数が日本では約二〇万人だったのに対して、約一四五万人に上る大ヒットを記録しました。

日本文化の開放は四段階に分かれ、最終的には二〇〇四年一月、映画、ビデオ、大衆音楽などが全面開放されました。テレビ番組に関しては、全面開放には至っていませんが、報道番組、教養番組、日韓共同制作ドラマなどが解禁されました。

「未来志向」を謳った日韓共同宣言

金大中大統領のもとで日韓関係が大きく改善された象徴は、一九九八年一〇月の日本訪問でした。小渕恵三首相と会談し、過去を清算して、未来志向の両国関係の構築を謳った共同宣言を発表したからです。

この中で、小渕首相は、「我が国が過去の一時期韓国国民に対し植民地支配により多大の損害と苦痛を与えたという歴史的事実を謙虚に受けとめ、これに対し、痛切な反省と心からのお詫《わ》び」を述べました。

これに対して、金大中大統領は、「小渕総

「日韓共同宣言」をかわす金大中大統領と小渕恵三首相(1998年10月8日)

理大臣の歴史認識の表明を真摯に受けとめ、これを評価すると同時に、両国が過去の不幸な歴史を乗り越えて和解と善隣友好協力に基づいた未来志向的な関係を発展させるためにお互いに努力することが時代の要請である」と表明しました。

日本は過去の植民地支配を謝罪する。韓国はそれを評価し、未来志向の関係を発展させる。つまり、もう日本に謝罪を求めない、というものでした。

これで日韓関係は友好関係に大きく舵を切るかに見えたのですが……、その後も、「歴史問題」で関係は悪化します。きっかけは、日本の教科書検定問題でした。

二〇〇一年四月、「新しい歴史教科書をつくる会」による中学校の歴史教科書が文部科学省の検定を通ると、韓国国内で「歴史の歪《わい》曲《きょく》だ」という声が上がり、七月には、韓国議会が「日韓共同宣言」の破棄を求める決議を全会一致で採択しました。

日韓関係の改善は、その後も紆余《うよ》曲折を経ます。直線的に進むものではなかったのです。

★日韓ワールドカップ共同開催

それでも、日韓関係が改善に向かって大きく動いたこともありました。二〇〇二年五月から六月にかけて日本と韓国で共同開催されたサッカーのFIFAワールドカップです。

それまでワールドカップは、ヨーロッパと南北アメリカの間で交互に開催されてきましたが、一九八六年、FIFA（国際サッカー連盟）がアジア・アフリカでの初の開催案を打ち出します。これに飛びついたのが日本でした。

いまでは想像しにくいかも知れませんが、当時の日本でのサッカー人気は低く、関係者は、サッカー界の活性化の道を探っていたのです。

一九九一年、二〇〇二年のワールドカップ招致委員会が発足し、日本開催を働きかけます。これに敏感に反応したのが韓国でした。当初は「南北朝鮮共同開催案」まで持ち出して誘致活動を展開します。

結局、日本と韓国以外に立候補した国がなく、FIFAは、日韓共同開催を両国に働きかけ、日本も韓国もしぶしぶ受け入れました。

大会は、開幕戦が韓国、決勝戦は日本で実施されました。

開催国は予選を免除され、日本も韓国も決勝トーナメントに進出。日本は一回戦で敗れ

「2002FIFAワールドカップ日韓大会」。
新大久保で韓国チームを応援する日韓の若者たち

ましたが、韓国はアジア勢として初の準決勝まで進出しました。

日本の試合に対しては、韓国で日本の対戦相手を応援するなど反日ムードが存在しましたが、日本が敗退した後、日本のサポーターたちが韓国代表を応援する光景が韓国内で放送されると、韓国内に衝撃が走りました。「日本の若者たちに比べて、我々は心が狭いのではないか」との反省の弁も聞かれるようになったのです。

とりわけ在日韓国人が多く住む東京の新大久保で、日本人サポーターたちが在日韓国人の若者たちと一緒になって韓国代表チームを応援するニュースは、強く印象に残ったようです。この後、韓国内で反日ムードが一時的にせよ影を潜めます。また、日本国内でも韓国に対する親近感が芽生え、その後の韓流ブームへとつながることになります。

★新聞社と全面対決

金大中政権もまた、地縁政治と無縁ではありませんでした。それまでの歴代政権で冷遇されてきた湖南《ホナム》地域出身の金大中に対する湖南地域の人々の期待は高く、権力中枢を湖南出身者が占めました。

野党時代、金大中は地縁政治の蔓延《まんえん》を厳しく批判してきましたが、自身もその弊害から逃れられませんでした。「国民の政府」を目指しながら、「湖南地域政府」に転落したという批判を受けたのです。

同郷出身者ばかりの政府は、癒着や腐敗の温床になりがちです。政権末期には家族や親族たちの金銭スキャンダルが噴出しました。三人の息子たちは、いずれも斡旋《あっせん》収賄罪などで有罪判決を受けるのです。

マスコミも金大中批判を強めます。これに対して金大中大統領は、「言論改革」を打ち出します。マスコミが脱税をしているとして、二〇〇一年、マスコミ二三社に対して税務調査を一斉に実施しました。

その結果、総計一兆三五九四億ウォンの脱税を摘発。保守系の有力新聞社のオーナー二人が逮捕されました。

これに対して、マスコミ各社は「言論弾圧」だと反発し、批判をさらに強めます。マスコミを敵に回したのです。

政権獲得当初から少数与党だった金大中政権は、アジア通貨危機対策に手腕を振るったとして支持を獲得し、南北対話によって一段と支持率を高めましたが、経済危機が去ると、その後遺症としての格差拡大に批判が高まります。さらに南北対話も進展せず、次第に求心力を失っていきます。最後は、歴代政権の例にもれず、汚職にまみれての退任でした。本人はクリーンでしたが、絶大な権力を持つ大統領の周辺にいた人々は、金儲けの誘惑に勝てなかったのです。

それでも本人は捜査を受けることもなく、

コラム

新大久保駅乗客転落事故

日本国内で対韓意識が大きく改善される事故が起きた。2001年1月に東京のJR山手線の新大久保駅で起きた乗客転落事故である。

泥酔した男性がプラットホームから線路に転落し、男性を救助しようとして線路に飛び降りた日本人カメラマンと韓国人留学生の李《イ》秀賢《スヒョン》さんが、電車にはねられ、3人とも死亡した。自らの命を顧みない行為は日韓両国で大きく報道された。韓国の留学生の行為は日本人に感動を与え、翌年、李さんの両親は日本に招待され、天皇が2人を慰労した。

この事故を受けて、新大久保駅をはじめ各駅のホーム下に転落者が避難できるスペースが作られた。その後、ホームからの転落防止のガードが整備されるきっかけにもなった。

人命救助に飛び込んだ2人を顕彰するプレートが新大久保駅の階段に設置されている。

「乗客転落事故」の
犠牲者顕彰プレート前に花を供える
故・李秀賢さんの母

二〇〇三年に無事に任期満了で退任。退任後は政界を引退しました。延世《ヨンセ》大学付属の金大中図書館設立に携わるなど政治とは距離を置き、研究生活を送りました。

二〇〇九年八月一八日、多臓器不全により死去しました。八五歳でした。二三日にはソウル市の国会議事堂前広場で国葬が行われました。韓国史上、国葬が営まれたのは、朴正熙と金大中の二人だけです。悲惨な晩年が多い韓国の大統領としては、めずらしく幸せな晩年を送ったと言えるでしょう。

第一四章

金王朝は続く

金正日から金正恩へ

★金正恩が三代目王朝の主に

二〇一一年一二月一九日、朝鮮中央テレビは、金正日《キムジョンイル》総書記が、一七日に急性心筋梗塞で死去したと伝えました。

金正日の父親、金日成《キムイルソン》が死去した際は、すでに金正日が後継者としての地位を確立していましたが、今回は、後継者になる予定の金《キム》正恩《ジョンウン》が二七歳とあまりに若く、権力の継承がスムーズに進むか注目されました。

しかし金正恩は、金正日亡き後の空席を次々に埋めていくことになります。

まずは金正日死去直後の二〇一一年一二月三〇日、朝鮮人民軍の最高司令官のポストに就任しました。

翌二〇一二年四月一一日、朝鮮労働党の党代表者会が開かれ、金正日を「永遠の総書記」として祭り上げて「総書記」の肩書を永久欠番にしました。その上で、新たに朝鮮労働党のナンバーワンポストとして「第一書記」を創設し、金正恩が就任しました。

また同日、朝鮮労働党中央軍事委員会の委員長にも就任しました。すでに朝鮮人民軍の最高司令官には就任していましたが、北朝鮮では、人民軍を指揮するのは朝鮮労働党の中央軍事委員会。この組織の委員長にならなければ、軍の最高指揮官とは言えないのです。憲法で、「党が国家を領導する」という構造になっているからです。この仕組みは、中国共産党にそっくりです。

さらに二日後の四月一三日、最高人民会議を開催して、国家の最高組織である国防委員会の委員長のポストは金正日だけのものという永久欠番にして、国防委員会第一委員長と

新設された「第一書記」に就任した金正恩

いうポストを新設。金正恩は、この役職に就任しました。

その二日後には「金日成生誕一〇〇年」の記念行事が控えていました。この日までに権力の継承を終えたかったのです。

こうして、党、軍隊、国家のすべてのトップに就任し、金正日の権力を継承しました。権力の空白を埋めるため、急ピッチで権力を握ったのです。

その後、同年七月一七日には「元帥」の称号を授与されます。それまで金正恩は軍の称号が「大将」でしたが、その上の「次帥」を飛び越えて元帥になったのです。

これ以降、金日成は「偉大なる首領」、金正日は「偉大なる将軍」と呼ばれ、金正恩は「敬愛する元帥」と呼ばれるようになります。

まだ何の実績も残していない人物に「偉大

なる」という修飾語をつけるわけにもいかず、「敬愛する」という呼び名になったのです。実は金正日も、当初は「敬愛する」という修飾語がついていました。

金正恩の髪型は、祖父である金日成を彷彿《ほうふつ》とさせる刈り上げになっています。風貌や立ち居振る舞いなど、明らかに若き日の祖父に似せています。若くて経験がない分を、国民にとってのカリスマ指導者である金日成の血筋を引いていることをアピールすることで補っているのです。

「金日成については、若いから経験・実績がないという常識を当てはめることができない。彼は一九三二年四月二十五日、わずか二十歳で人民軍の前身・抗日遊撃隊を満州で組織したとされている」「したがって金正恩の若さを批判することは金日成を批判することに等しく、北朝鮮ではこれは最大のタブーとなる」（伊豆見元《はじめ》『北朝鮮で何が起きているのか』）

金日成がソ連軍によってソ連から連れて来られて北朝鮮のトップに据えられたとき、金日成の年齢は三三歳。ほぼ同じようなものだとも言えるでしょう。

在日朝鮮人だった女性から生まれる

金正恩は、金正日の三男として生まれました。実は金正恩が何年に生まれたか、北朝鮮での公式な発表はありません。おそらく一九八三年一月八日生まれであろうと見られています。一九八二年生まれ説もあるのですが、これは、二〇一二年に金日成生誕一〇〇年、金正日生誕七〇年を祝うのに合わせて、金正恩が三〇歳になっていた方がキリがいいとして変えられた結果だとも言われます。

金正恩の母親は高英姫《コヨンヒ》です。彼女は大阪出身の在日朝鮮人でした。在日朝鮮人の「帰国運動」によって、家族で北朝鮮に渡りました。北朝鮮では日本からの帰国者は差別されているため、北朝鮮の公式メディアは、金正恩の母親に関しては、ほとんど報道していません。金正恩は金正日の三男であることも伝えられていません。

高英姫は、平壌《ピョンヤン》芸術大学卒業後、万寿台《マンスデ》芸術団に入り、そこで金正日に見初められて愛人（三番目の妻）となります。金正日からは日本風に「あゆみ」と呼ばれていたといいます。

癌《がん》を発病し、フランスの病院で治療を受けていましたが、二〇〇四年に死去しました。

金正恩は、一九九六年からスイスに留学し、「パク・ウン」の偽名で国際学校に入り、その後、スイスの公立の小学校、中学校に通っていました。

後継者はなぜ金正恩か

金正恩は、金正日の三男。儒教社会の伝統がある朝鮮半島では、本来は長男が後継者になるのではないかと言われてきました。しかし、金正日は三男を選んだのです。

金正恩には異母兄がいます。金正男《キムジョンナム》です。金正男は、金正日の最初の妻の成蕙琳《ソンヘリム》との間に生まれました。しかし、金正男は二〇〇一年五月、シンガポールから成田にドミニカ共和国の偽造旅券で入国しようとしたところを拘束され、国外退去処分になっています。このとき、取り調べに金正男は、「東京ディズニーランドに行きたかった」と答え、失笑を買いました。国外退去の際、飛行機に乗り込む姿をメディアに撮られ、金正男の風貌が世界に知られました。

これを知った金正日は激怒。これで金正男の後継の線は消えたと言われます。金正男自身、北朝鮮の体制に疑問を持ち、後継者にはなりたくないと父親に伝えていたようです。

そうなると、後継者は、二男の金正哲《キムジョンチョル》が有力になります。ところが正哲も、二〇〇六年六月、ドイツで開催されたエリック・クラプトンのコンサートにやって来た姿をフジテレビに撮影されてしまいます。正哲は線が細く病弱とも言われ、政治に興味がなく、父親は正哲の後継も諦めます。

その点、正恩は、気の荒い性質など父親似で、金正日も後継者として気に入ったとされています。かくして、儒教社会では珍しく、三男が〝家督を継ぐ〟ことになりました。

金正男はその後、二〇一七年、マレーシアで北朝鮮の工作員によって暗殺されます。存在を嫌った金正恩の指示によるものとみられています。

軍事パレードで演説

全権を掌握した金正恩は、その直後の二〇一二年四月一五日、平壌で開かれた金日成生誕一〇〇周年を記念する軍事パレードを観閲。金正日が推進した先軍政治と核抑止力の保持を強調する演説をしました。

金正恩の肉声が北朝鮮内外に伝えられたのは、この演説が初めてでした。父親の金正日は、国民を前にした演説をほとんどしませんでしたが、金正恩は、演説に関しては独自のスタイルを取りました。むしろ演説をよくしていた祖父の金日成の手法を踏襲するものでした。

遊園地やスキー場建設で驚かす

金正恩が指導者として登場すると、妻を同伴して各地を視察。新しいスタイルを見せつけました。

妻は李雪主《リソルジュ》。一九八九年、北朝鮮の東海岸

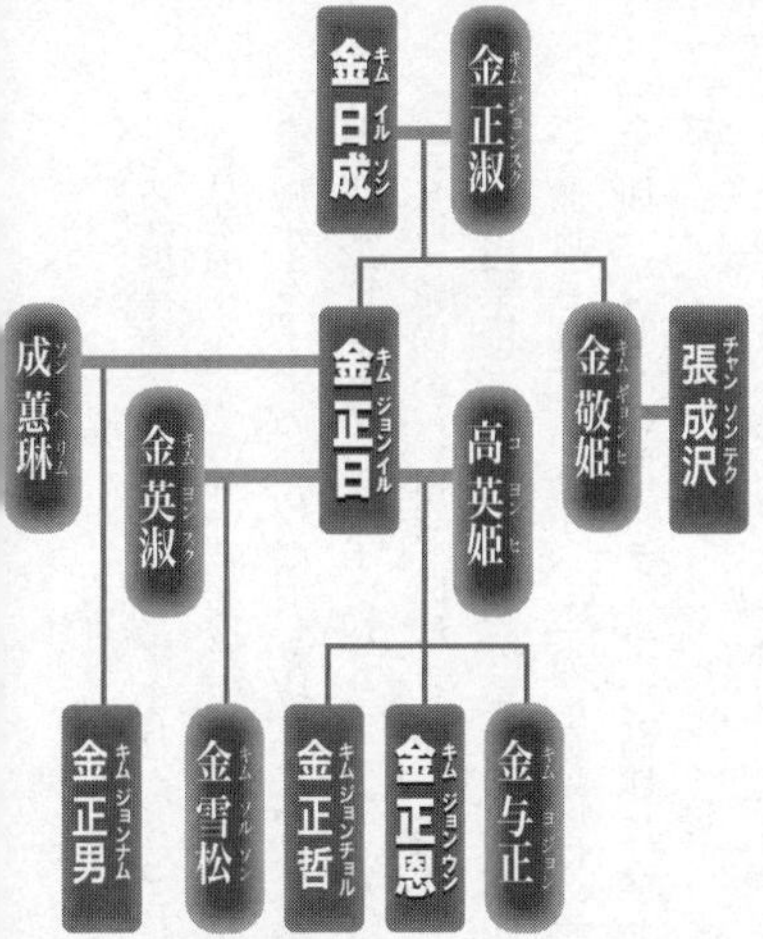

金一族の家系図

偽造パスポートで密入国をはかり、拘束された、金正日の長男、金正男

にある清津《チョンジン》市の一般家庭で生まれたとされます。音楽の才能があり、音楽に関する英才教育を実施する平壌の学校に引き抜かれ、卒業後は銀河水《ウナス》管弦楽団で歌手になります。二〇〇五年九月に韓国の仁川《インチョン》で開催されたアジア陸上競技選手権大会に、北朝鮮選手の応援団として派遣されています。この応援団は、「美女軍団」として韓国メディアで話題になりました。

二〇〇九年に金正恩と結婚し、娘がひとりいると言われています。

この李雪主も、化粧や服装などを金日成の最初の妻の金正淑《キムジョンスク》に似せていることが話題になりました。金正淑に関しては、美しく描いた肖像画が各地にあり、この肖像画に大変よく似ているのです。そもそも似ている人を妻に選んだのか、金日成の権威を借りるために顔を似せたのか、あるいは、その両方かは不明ですが。

夫婦で訪問する先として注目されたのは、各地の遊園地でした。遊園地の遊具を新増設し、自ら絶叫マシンに乗り込みました。「人民の娯楽のための施設を建設」という触れ込みでしたが、自分が楽しみたかったことは一目瞭然。園内の整備が不十分で雑草が生えていると施設担当者を叱責したことも報じられました。「遊園地政治」です。

さらにはスキー場も整備。人工雪を降らせる装置も披露され、どこから輸入したのかが海外で取り沙汰される始末です。

二〇一二年七月には、朝鮮中央テレビが、金正恩が設立した牡丹峰《モランボン》楽団の公演を放送しました。このとき驚くべきことに、肌を露《あら》わにした女性たちがハリウッド映画『ロッキ

平壌の遊園地を視察する姿が公開された金正恩、李雪主夫妻

ー』のテーマソングを演奏。背景に映画の一シーンが流れたのです。

　さらにディズニーのキャラクターのぬいぐるみが次々に登場。視聴者を驚かせました。北朝鮮では、アメリカ映画は〝敵性映画〟として視聴が禁じられてきたのに、それが堂々と放送されてしまうのですから、金正恩が、一般国民といかにかけ離れた生活をしているかが垣間見《かいまみ》えました。

　金正恩はバスケットボールの大ファンでもあります。二〇一三年には二回にわたってアメリカのプロバスケットボールNBAの元スター選手デニス・ロッドマンを招待。英語で会話する光景が見られました。一国の指導者の前でも帽子を脱ごうとしないサングラスの黒人男性。北朝鮮の視聴者が、どんなに驚いたかは想像に難くありません。

突然の挑発行動を連発

こうして華々しいデビューを遂げる一方、国際社会には、突然の挑発行動を連発してそのデビューを飾りました。

二〇一二年一二月には人工衛星打ち上げと称してミサイルを発射し、翌一三年二月には地下核実験を強行しました。

その後、挑発行為はエスカレートします。

毎年三月には、在韓米軍と韓国軍が、第二次朝鮮戦争の勃発を想定して大規模な軍事訓練を実施します。これに合わせて北朝鮮は、毎回軍に警戒態勢を取らせ、「戦争の脅威」を煽《あお》り立てることで国民をまとめてきました。

ところが二〇一三年は、この行動がエスカレート。朝鮮戦争の「休戦協定」を「全面白紙化」すると通告したのです。

さらに、軍事境界線の板門店《パンムンジョム》にある米軍と人民軍の直通電話（ホットライン）を遮断すると宣言しました。

この通告と宣言は、一見すると、大変な判断のように見えます。ところが、休戦協定を破棄するとは言っていないのです。「全面白紙化」ということは、「白紙に戻す」ということであって、いつでも復旧できる状態です。

ホットラインの「遮断」も、電話線を切断するわけではありません。「電話に出ないよ」ということでしかありませんでした。北朝鮮が、いつものごとく言葉だけをエスカレートさせたのです。

しかし、アメリカの受け止め方は違いました。北朝鮮との交渉に不慣れなオバマ政権は、これを深刻に受け止め、Ｂ52戦略爆撃機を軍事演習に参加させると発表しました。北朝鮮を脅しにかかったのです。

するとと北朝鮮の人民軍最高司令部は、アメリカを標的とした「戦略ロケット軍部隊と長距離砲兵部隊を含むすべての野戦砲兵軍集団を一号戦闘勤務態勢に突入させる」という声明を出しました。「一号戦闘勤務態勢」が何を意味するかは不明ですが、「アメリカが軍事演習で挑発するなら、こちらはいつでもアメリカに向かって核ミサイルを発射できるぞ」というアピールだったのです。

さらには東海岸に中距離ミサイル「ムスダン」を配備。いつでも撃てる態勢を取って見せました。

これにはアメリカ、韓国のみならず日本も警戒態勢に入りましたが、まもなく北朝鮮は、戦闘態勢を解除します。それどころか、話し合いの姿勢を取り、同年七月二七日に行われた朝鮮戦争の「休戦六〇周年記念」の軍事パレードには世界各国のメディアを招待しました。「休戦協定の全面白紙化」を続けていれば、ありえないことでした。北朝鮮のブラフ（はったり）だったのです。

この時期、金正恩は、軍部を掌握するために緊張状態を作り出し、アメリカに対して「北朝鮮と直接交渉をして休戦協定より上の平和協定を結ぼう」とアピールを試みたものだったようです。

アメリカという〝気になる女の子〟にチョッカイを出す不良男子。まさにこういう構図でした。北朝鮮は、北朝鮮風にアメリカに〝求愛〟したのです。

後見人 張成沢の粛清

二〇一三年一二月、衝撃的なニュースが飛び込んできました。金正恩の後見人だと見られていた張成沢《チャンソンテク》が処刑されたというのです。

張成沢は金正日の実妹にあたる金敬姫《キムギョンヒ》と結婚し、金正日の側近を務めてきました。金正日の死後は、甥《おい》である金正恩の後見人的存在として、国防委員会副委員長、朝鮮労働党中央委員会政治局員、中央軍事委員会委員などの要職を務め、金正恩体制における実質的なナンバー2と見られています。

ところが、党から除名され、すべての役職を失い、一二月一二日、「国家転覆陰謀行為」により死刑判決を受け、即日処刑されたというのです。

このニュースを聞いたとき、私は、かつて中国の毛沢東《もうたくとう》の後継者として指名されたナンバー2の林彪《りんぴょう》が失脚し、逃走途中にモンゴルで搭乗機が墜落、死亡した出来事を思い出しました。独裁国家のナンバー2の立場がいかに不安定かを思い知らされました。

張成沢が、金日成が死去し金正日体制が発足した後、一九九七年から二〇〇〇年まで秘密警察組織「深化組」を指揮し、二万五〇〇〇人にも及ぶ大規模な粛清を行ったこと（深化組事件）は、前述した通りです。

独裁者の命令で他人を粛清した者は、やがて自身も粛清される。上司の命令で部下をリストラした中間管理職は、やがて自身もリストラされる。そんな企業社会を思わせる事件でした。

朝鮮中央通信は「張成沢を取り除き、その一党を粛清することによって、党内に新しく

国家転覆陰謀行為により
死刑判決を受け、
即日処刑された張成沢

芽生える危険極まりない分派的行動に決定的な打撃を加えた」と報じました。張成沢ばかりでなく、多数の人間が同時に粛清されたことを示しています。

処刑直前の様子として公表された写真では、張の顔や手の甲が腫れ上がって見えます。苛烈な拷問が行われたことを物語っているようです。

思わず白状した北朝鮮の窮状

では、張成沢の罪状とは何だったのか。

朝鮮中央通信は、死刑判決を受けて処刑された張成沢についての罪状を発表しています。これは実は、問わず語りに北朝鮮の惨状を白状しています。朝鮮中央通信は、張成沢が罪状を認めたと発表していますが、実際は、北朝鮮が実情を白状するものになっているのです。その内容を要約して紹介します。

張成沢の犯罪とは何か。

「職権を乱用して、首都建設の事業を混乱させ、建材の基地を廃墟のようにして、平壌市の建設を故意に妨害した」

北朝鮮の首都平壌では、金正日時代に「強盛大国」を建設するといって、大規模なマン

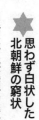

ション群などが建設されていたことは前述しました。これがうまくいかなかったことを張成沢のせいにしています。つまり、建設が失敗したのですね。「建材の基地を廃墟のように」した。つまり資材不足に陥ったことを認めています。

「石炭をはじめとする貴重な地下資源を売りとばした」

北朝鮮は石炭をどこに売っているのか。中国に売っているのです。国名は出さないものの、中国に石炭を売ったことが罪状になっているということは、中国との貿易がうまくいっておらず、これを見直そうとしていることを窺《うかが》わせます。

「羅先《ラソン》経済貿易地帯の土地を五〇年の期限で外国に売り渡す売国行為をした」

羅先とは、北朝鮮最初の経済特区です。中国ならびにロシアとの国境近くにあり、自由貿易港として開発が進められてきました。ここでは中国とロシアが北朝鮮から土地を借り上げていました。「外国に売り渡す」というのは、このことを指すのでしょう。

中国とロシアに土地を貸したことが「売国行為」とされました。中国とロシアにケンカを売っているようなものです。張成沢が改革・開放を快く思わない勢力によって失脚させられたことがわかります。

張成沢は、二〇一二年八月に中国を訪問した後、ここの開発に力を入れてきました。張成沢が中国流の改革・開放を進めようとしてきたことが否定されたのです。今後、北朝鮮の改革・開放が大きく後退するであろうと推測できます。事実、張失脚後、羅先の開発は停止しています。

「二〇〇九年、朴南基《パクナムギ》の奴《やつ》をけしかけて数千億ウォンに上る紙幣を乱発し、経済的混乱を引き起こして民心を惑わした」

ここで登場した朴南基とは、デノミの責任者でした。北朝鮮は、このとき通貨である北朝鮮ウォンを一〇〇分の一にするデノミを実施しましたが、これが大失敗。経済が混乱し、責任者の朴は処刑されたらしいとされてきましたが、それが事実であることを北朝鮮自らが認めたのです。しかも「民心を惑わした」。つまり国民が怒って反政府の行動を起こしたことまで認めています。

国内の混乱を認めた

「淫乱な写真図画を流布させて資本主義の退《たい》嬰《えい》的な文化が国内に侵入するようにした」

北朝鮮国内に「淫乱な」写真が出回っていることがわかります。資本主義の「退嬰的な文化」の魅力に取りつかれた人々が多数いることも判明します。

「海外のカジノに通っていた」

今頃になって、張成沢のカジノ通いを告発しています。北朝鮮幹部は海外のカジノで遊んでも黙認されていたことがわかります。

「国の経済や人民の生活が破局に陥っているのに現政権が何の対策も立てられないと人民が不満を抱くように仕向けようと試みた」

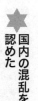

これこそ語るに落ちたというべきです。経済が破局に陥っているのに有効な対策がとれず、国民が不満を抱いていることを認めてしまっているのです。

「人民と軍人の生活がさらに悪化すれば軍隊も政変（クーデター）に同調する可能性があると考えた」

わざわざ「さらに悪化すれば」と書いています。すでに悪化していることを認めています。

「経済が完全に破綻して国家が崩壊直前に至ればクーデターを起こし、総理の座につこうと考えていた。権力を奪取した後、外部世界に『改革者』と見なされ、新政権が外国から新政権として認定を受けることができると妄想した」

張成沢が「改革者」と見なされるのは、どこからか。もちろん中国からです。つまり、中国からの承認を受けられると考えていたと指摘しています。中国に対する不信感が滲《にじ》み出ています。

★金正恩側近の粛清続く

金正恩の側近で粛清されたのは、張成沢に留まりませんでした。二〇一二年から一三年にかけて、人民武力部長（国防大臣のこと）や朝鮮人民軍総参謀長（軍の制服組のトップ）など、軍の幹部を相次いで解任しました。

張成沢が処刑された時点で、金正日の国葬時に霊柩車《れいきゅうしゃ》を囲んだ金正恩を除く七人の幹部のうち、実に五人（張成沢を含む）が粛清

金正日の霊柩車に付きそう高官たち。
7人のうち5人が金正恩によって粛清、更迭された

ないし更迭されているのです。驚くべき早さです。

解任された幹部は、いずれも金正日が任命した人物。父親が任命し、父親に忠誠を誓っていた人物を解任・更迭する。自分に忠誠を誓う人物を自分の周りに置こうとしていることがわかります。

北朝鮮経済はどうなっているのか

北朝鮮の貧しさは、しばしばニュースになります。これから一体どうなるのか。

建国当初の北朝鮮は、日本が残した工業力によって、韓国経済を上回っていました。日本は朝鮮半島統治時代、南部は温暖な気候を利用して農業地帯にしていました。

一方、北部は、険しい山岳地帯の地形を利

用して水力発電所を各地に建設。豊富な電力を使って工業地帯として経営していたのです。

しかし、金日成による「主体思想《チュチェ》」が浸透するにつれ、経済は落ち込み、農業も惨憺《さんたん》たる有様になりました。国民は、国から与えられる配給で、細々と食いつなぐしかありませんでした。

そして、金正日時代になって、経済は一層困窮。天候不順もあって、多数の餓死者を出すまでになりました。「苦難の行軍」です。

この結果、配給に頼っていた地方の住民の多くが餓死してしまいます。生き残ったのは、物資を横流ししたり、密かに自給用に農地を耕したりしていた人たちでした。

彼らは、勝手に農民市場と呼ばれる市場（闇市場）を作り、物品の売買を始めます。社会主義国家としては認められないはずの私設マーケットでしたが、国民を食べさせることができなくなっていた国家としては、容認するしかありませんでした。

そこで打ち出されたのが、二〇〇二年七月の「経済管理改善措置」でした。これは二つの政策から成り立っていました。

そのひとつは、企業所や協同農場に独立採算性と成果主義を導入することです。

もうひとつは、農民市場を合法化し、規模を拡大して工業製品なども売れる総合市場とさせる、というものです。

物資の価格は政府が決めていましたが、闇市場での実勢価格に合わせて、これまでの数十倍ないし数百倍に引き上げました。コメ一キロは、公定価格が〇・〇八ウォンだったものが、四四ウォンになりました。実に五五〇倍もの大幅引き上げでした。

闇市の拡大で、建前は安くても入手できない公定価格と、非合法で価格は高いが手に入る闇価格との二重構造が生まれていました。これを解消しようとするものでした。

当時の闇市でのコメの価格は一キロあたり四九ウォンでしたから、公定価格を闇市価格に近づけたというのが、「経済改革」の実態でした。

この「改革」に伴い、労働者の賃金も引き上げられました。一般労働者の月給は一一〇ウォンから二〇〇〇ウォンに上がりましたが、約一八倍ですから、食料価格の上昇には追いつきません。生活が一段と苦しくなります。

その一方で、通貨の北朝鮮ウォンの公定レートを一ドル＝二・一五ウォンから一ドル＝一五〇ウォンへと七〇分の一に引き下げたのです。

これは、当時、金正日が、闇市場の拡大に危機感を抱き、「表向きは市場を公認して公定価格と実勢価格の差をなくし、政府が製品の価格や流通量を統制できる仕組みに変えようとした」（山口真典『北朝鮮経済のカラクリ』）のです。

ところが、総合市場の公認により取引が活発になり、需要は高まりましたが、工場の生産性は高まりません。インフレになってしまいます。

その一方で、総合市場では食料品や生活必需品、家電製品などが豊富に取引されるようになります。商才に長《た》けた人たちは、中国から物資を入手して販売しました。その結果、一部の商人は急激に金持ちになっていきます。所得格差が深刻になったのです。

コラム
デノミ

デノミとは、本来は通貨呼称単位の変更のことを意味する。通貨単位を引き上げても引き下げてもデノミと呼ぶのだが、過去に世界各地で実施されてきたデノミは、いずれもインフレ対策だった。インフレで物価が上昇するのを食い止めるため、通貨の呼び名を変える。つまりは通貨単位の引き下げである。

★デノミに踏み切ったが

そこで北朝鮮政府がとった措置が、デノミでした。二〇〇九年一二月一日、一〇〇分の一のデノミを実施します。それまでの一〇〇ウォン紙幣を、新しい一ウォン紙幣と交換させられることになったのです。

ところが、一世帯あたり一〇万ウォン（日本円にして約三〇〇〇円）の上限額が設けられました。それを超える金額は、銀行預金しなければ、紙屑《かみくず》になってしまうというのです。とはいえ、北朝鮮では銀行に預金しても引き出すことが事実上不可能です。突然の災難に、国民は激怒。各地で小競り合いや暴動が発生しました。

その一方、労働者の給料は据え置かれました。つまり実質的には給料が一〇〇倍になったのです。国民の不満をなだめようととられた措置ですが、こんなことをすれば何が起きるかは明らかです。激しいインフレが発生しました。

給料が一〇〇倍になれば、需要も一〇〇倍になります。しかし、供給量は変わらないのですから、物価が高騰したのです。

インフレになれば、通貨価値は下がります。結局、一〇〇分の一のデノミを実施したのに、通貨価値は上がりませんでした。元《もと》の木阿弥《もくあみ》になったのです。

では、政府は、どうしてデノミに踏み切ったのか。総合市場で稼いで金持ちになった「新富裕層」つぶしが目的でした。

総合市場で金を儲けた商人たちは、銀行を信用していませんから、タンス預金してきました。デノミを実施し、交換できる現金の量を制限すれば、タンス預金は紙屑になってしまいます。格差の拡大を阻止しようという乱暴な手法でした。

突然のデノミは経済を混乱させるだけで終わりました。

この責任を取らされ、二〇一〇年三月、朝鮮労働党計画財政部長の朴南基が処刑されました。

その後、張成沢が失脚した罪状のひとつにも、このデノミ失敗が入っています。

新しい「経済管理改善措置」の試み

二〇〇二年の経済政策の失敗から一〇年あまりが経った二〇一三年三月、金正恩は、「勤労者の責任と役割を高め、生産を最大限に伸ばす」ように労働党幹部に指示したというのです（『北朝鮮経済のカラクリ』）。父親・金正日がやりかけた「経済管理改善措置」の改訂版を実施しようというのです。

これまで北朝鮮では、政府が企業所や協同農場に生産計画を示し、燃料や原材料を供給していました。新しい方針では、企業所や農場が独自に自主的に原材料を調達し、生産目標や価格も独自に決めます。

協同農場の場合、収穫量の七割を政府に供出し、残り三割が農民の取り分になります。これまで農作業の基本単位は数世帯一緒でしたが、これを一世帯規模に分割し、成果と責任を明確化。生産意欲を高めようという試みです。

これは、毛沢東の独裁の下で農業生産が停滞していた中国で、毛沢東の死後、鄧小平《とうしょうへい》が実施した「生産請負制」に似ています。一九八〇年代、中国は、この方式の導入で農業生産性が飛躍的に高まり、食料不足は一気に解消されました。これの「朝鮮式」というわけでしょう。

ただし、一部の農村地帯で試験的に実施して様子を見ているようです。果たして、成果はいかに。

国連調査委、北朝鮮の人権状況暴露

金正恩の国家になっても、北朝鮮の人権状況は改善の兆しがありません。多くの住民が飢えに苦しみ、不満を言うと強制収容所に入れられたり、処刑されたりする。そんな状態が続いています。

その実態が世界に暴露されたのが、二〇一四年二月に国連の「北朝鮮の人権に関する調査委員会」が発表した報告書です。

調査委員会は、二〇一三年三月、国連人権理事会により設置され、オーストラリア人の法律家マイケル・カービーを委員長とするもので、北朝鮮の脱北者など多数の人からの聞き取りによって完成しました。

委員会は、北朝鮮での人権侵害が「人道に

対する罪」に当たるとして、国連の安全保障理事会に対して、国際刑事裁判所に付託して国際法廷を開き、責任者を処罰するように求めました。

報告書は、恣意的な拘束や拷問、公開処刑などを詳述し、「これほどの人権侵害がまかり通る国は、現代では類を見ない」と指摘しています。特に、日本人を含む外国人拉致は「金日成—金正日—金正恩」の三代世襲の体制下、「最高指導者の承認」で実行されたと明記しました。調査委員長は金正恩第一書記の責任を問う可能性にも言及しました。

北朝鮮は調査委員会に一切協力せず、今回の報告書にも「全面的に拒否する」と反発しています。しかし、強制収容所に入れられ、からくも逃げ出すことのできた人たちの証言は、胸を打ちます。北朝鮮が、どんな国になってしまったのか。報告書の一部を引用して、この章を終わります。

国連調査委員会報告書に収録された証言（抜粋）

政治犯収容所の元看守は委員会に対して「［収容所の］囚人は人間扱いされていなかった。釈放されることは想定されていなかった（中略）。個人記録は完全に抹消されていた。収容所での強制労働で死ぬことになっていたのだ。われわれは囚人を敵と思うよう訓練されてきた。だから我々も囚人たちを人間と思っていなかった」

ある囚人は委員会に対し、耀徳《ヨドク》収容所にいた一〇年間で三〇〇〇体以上の遺体の処理を命じられたと述べた。また収容所側が、死亡した囚人の埋葬に用いていた丘にブルドーザーをかけたときのことを詳しく説明した。「重機が土を掘り返すので、遺体の一部が埋葬地から地面に出てくる。腕、脚、足など、なかにはストッキングが残っているものもありました。ブルドーザーによって次々に出てくるのです。身の毛がよだちました。ある友人は嘔吐《おうと》しました（中略）。看守は穴を掘り、囚人数人に命じて地上に出ている遺体や遺体の一部を全部投げ込ませたんです」

子どもや生まれたばかりの赤ちゃんも囚人とされた。調査委員会によれば、囚人は「昆虫、はつかねずみを獲《と》り、野草を摘み、看守の食糧や家畜のえさをかすめとることで」ようやく生きながらえたのだ。ある囚人は食糧がない状態がもたらした結果をこう述べた。

「赤ん坊の胃腸はガスでふくれていました。蛇やねずみを調理して赤ん坊に食べさせるんです。ねずみを食べられる日があれば、それはごちそうでした。動物はなんでも食べなければならなかったのです。あらゆる肉を手当たり次第。飛んでいるもの、地を這《は》うものすべて。ありとあらゆる野草もとにかく口にした。これが政治囚収容所の現実なんです」

（国際人権団体「ヒューマン・ライツ・ウォッチ」による訳）

第一五章
困ったら「反日」カード
韓国の宿痾

盧武鉉大統領

ネットの力で誕生した盧武鉉大統領

金《キム》大中《デジュン》大統領の後任には、やはり民主化運動を続け、金大中大統領の「太陽政策」を継続する方針を示していた盧《ノ》武鉉《ムヒョン》が選ばれました。

二〇〇二年に実施された大統領選挙では、それまで選挙に弱かった盧武鉉を応援する若者たちが、インターネットを駆使して運動し、当選を果たしました。

盧武鉉の応援団は、二〇〇〇年にインターネット上にサポーター組織「ノサモ」（ノムヒョヌル・サランハヌン・モイム＝盧武鉉を愛する集まり）を結成した若者たちです。ネットが選挙運動を変える。新しい動きとして注目されました。金大中大統領のもとで韓国のIT化が進み、これをうまく利用したのです。

インターネットを活用した選挙運動で勝利した盧武鉉

大統領選挙直前の一一月二〇日、在韓米軍

米軍装甲車による二人の女子中学生轢死事件がきっかけで起きた反米デモ

の軍事法廷は、六月に女子中学生を交通事故で死亡させた在韓米軍兵士に無罪判決を下しました。これは、在韓米兵の地位を守る米韓地位協定にもとづくものですが、判決に多くの国民が反発。反米機運が高まり、反米色が濃かった盧武鉉の当選につながりました。

盧武鉉は一九四六年生まれ。日本統治時代を経験していない初の大統領です。貧しい農家に生まれ、苦学して裁判官になり、弁護士になってからは人権派弁護士として活躍。インターネットの選挙運動で大統領に当選しました。新しい時代を感じさせる大統領でしたが、北朝鮮に対する「太陽政策」を推進するものの、北朝鮮の核開発を阻止することはできませんでした。

大統領就任時は、日本と「未来志向」でいこうと語りますが、支持率が下がると、結局は反日政策に舵を切って支持を得ようとしました。

盧武鉉は、慶尚南《キョンサンナム》道《ド》金海《キメ》郡（現・金海市）の貧しい農家に生まれました。家計が苦しい中で成績はトップレベルを維持しました。釜《プ》山《サン》商業高校を出て一度は就職しますが、まもなく退職。司法試験を目指します。

韓国は徴兵制がありますから、兵役を挟んで受験勉強を重ね、一九七五年、司法試験に合格します。まさに苦学の人です。

地方裁判所の判事を短期間務めた後、弁護士に転身します。反政府運動をしていた大学生が拘束され、拷問を受けた事件（釜林《プリム》事件）の大学生の弁護を担当したことをきっかけに、人権派弁護士として活動を開始します。

一九八八年には当時の統一民主党の党首だった金泳三《キムヨンサム》に誘われて政界入り。この年の国会議員選挙で当選しました。

国会では、全斗煥《チョンドファン》時代の不正追及がテレビ中継され、知名度が上がりました。

一九九〇年に金泳三が盧泰愚《ノテウ》と一緒になって新たな与党になると、盧武鉉は、これを批判して金泳三と袂《たもと》を分かち、金大中の陣営に参加します。

その後、国会議員選挙や釜山市長選挙など選挙で落選を繰り返しますが、その姿がかえって若者たちのファンを作り、大統領への道を開いたのです。

★予備選挙で人気高まる

二〇〇二年の大統領選挙では、盧武鉉の所属する新千年民主党が、アメリカ大統領選挙の予備選挙を真似《まね》た方法を採用。候補として届け出た七人が全国で予備選挙を戦います。

各地の自治体をアメリカの州のように見立て、民主党員ばかりでなく一般市民も投票できる仕組みにして、大統領選挙人を獲得する手法は斬新で、国民の熱狂を引き起こしました。

その結果、本来なら党内基盤が弱く、到底候補者になれるはずのなかった盧武鉉が各地で勝利。最終的にはテレビ討論を経て、新千年民主党の候補者に選ばれました。

本番の大統領選挙では、保守のハンナラ党の李会昌《イフェチャン》候補との事実上の一騎打ちとなりましたが、金大中大統領の太陽政策を引き継ぐという訴えが支持を集め、ノサモによる熱烈な応援もあって、約五七万票の僅差で第一六代大統領に当選しました。

歴代の大統領が、大学あるいは大学院を卒業している中で、盧武鉉の経歴は異色でした。インターネットでの応援と予備選挙がなければ、到底誕生しなかったタイプの大統領でした。

「三八六世代」の台頭

盧武鉉大統領を支持したのは、「三八六世代」と呼ばれる若者たちでした。これは、一九六〇年代に生まれ、一九八〇年代に学生生活を送った三〇歳代（二〇〇〇年当時）の世代のことです。日本でいえば「バブル世代」でしょうか。

彼らは、学生時代に軍事独裁政権に反対し、民主化運動を推進しました。反米思想が強い若者も多く、民主化によって解禁されたマルクス主義の文献や北朝鮮の主体思想の書籍に触れています。北朝鮮の思想の影響を強く受けた世代だったのです。

また、当時の若者たちには、韓国独立の正統性に疑念を持つ者が多かったという事情もありました。「北朝鮮を率いたのは、中国東北部を拠点に日本植民地時代に反植民地武装闘争を敢行した金日成《キムイルソン》であったのに対し、韓国の独立にはアメリカが強く関与しており、独立後も事実上アメリカに支配され半植民地状態に陥っている。北朝鮮こそが自主独立の国で、民族としての正統性を有しており、韓国はそうではないのではないか」という疑念だったというのです（大西裕《ゆたか》『先進国・韓国の憂鬱』）。

北朝鮮もまた、ソ連によって建国され、金日成による建国というのは建国神話に過ぎないのですが、北朝鮮による宣伝が効果的だったのでしょう。

こうした三八六世代に支持された盧武鉉政権には、左派の活動家が多数参加し、親北朝鮮の主思派《チュサパ》（主体思想派）のメンバーが要所を固めるという特異な政権になっていきます。

議会対策に悩まされる

そもそも強固な支持層がなかった分、盧武鉉は、大統領に就任してからは、議会で支えてくれる与党が少数に留まり、任期中ずっと議会対策に苦しむことになります。

二〇〇三年にアメリカのブッシュ大統領がイラクを攻撃すると、アメリカは韓国軍の派遣を求めてきます。盧武鉉大統領は、これに応じ、最終的には三六〇〇人規模の部隊をイラクに派遣しました。これは、アメリカ、イギリスに次ぐ大規模なものでした（二〇〇八年に完全撤退）。

この方針に、それまで盧武鉉を応援してきた支持者が反発。支持率の低下にも苦しめられました。

さらに二〇〇四年三月には、野党が大統領弾劾案を提案。議会で可決され、一時的に大統領の職務を停止させられるという屈辱を味わいます。

しかし、この動きは国民から党利党略とみなされて、直後の国会議員選挙では、盧武鉉の与党の「ヨルリンウリ党」（開かれた我が党）が圧勝します。その後、憲法裁判所が大統領弾劾を棄却し、盧武鉉は大統領職に復帰しました。

その後も盧武鉉は議会運営に苦労し、任期切れ間近になると、すっかり力を失ってしまいます。

米韓FTA交渉を推進

進歩派で反米のイメージの強い盧武鉉大統領でしたが、貿易政策では、アメリカとのFTA（自由貿易協定）交渉に積極的に取り組みました。人口が少なく、国内市場が限られている韓国としては、貿易立国を目指すしかないと割り切り、アメリカとの交渉を加速したのです。

きっかけは二〇〇四年にメキシコがとった関税引き上げでした。メキシコ政府は、FTAを結んでいない国からの輸入タイヤの関税を引き上げたのです。当時の韓国は、メキシコとFTAを結んでいなかったため、関税引き上げで韓国製品は打撃を受けます。一方、日本はメキシコとの間でFTAより進んだEPA（経済連携協定）を結んでいたため、関税が引き上げられることはなく、日本製品の輸出が拡大しました。

この手痛い経験から、韓国はFTA交渉を加速させるのです。

アメリカは、FTA交渉で、アメリカ製自動車の輸入促進や、BSE（牛海綿状脳症。いわゆる狂牛病）対策で輸入を禁止していたアメリカ産牛肉の輸入再開など、次々に要求。韓国国内では農業団体を中心にFTA交渉反対の声が渦巻きますが、盧武鉉大統領は、農家を自ら説得するなど、交渉妥結に尽力します。

結局、最終的な批准は次の李明博《イミョンバク》政権に持ち越しましたが、韓国製品の輸出に弾みをつける政策を実現したのです。

北朝鮮支援を続けるも成果なし

盧武鉉政権は、北朝鮮への「太陽政策」を堅持し、北朝鮮がミサイル発射実験や核実験をして国際社会の非難を浴びても、終始、北への援助を続けます。肥料やコメなどを送り、開城《ケソン》工業団地や金剛山《クムガンサン》への観光事業を継続して、北朝鮮に外貨収入をもたらします。この政策を支えたのが、北朝鮮に親近感を抱く「三八六世代」でした。

二〇〇四年にはアメリカを訪問中の盧武鉉大統領が、北朝鮮が核とミサイルで自国を防衛しようとしているのは「一理ある」とまで発言しています。

当時のアメリカは、北朝鮮を「悪の枢軸」と呼んでいたブッシュ大統領の時代でしたから、アメリカは盧武鉉政権に怒りを募らせていくことになります。

盧武鉉政権の擁護にもかかわらず、北朝鮮は二〇〇六年七月、日本海に向けて七発の弾道ミサイルを発射しました。

これに対して、国連の安全保障理事会はミサイル発射を非難し、北朝鮮の弾道ミサイル計画の活動停止を要求する決議が採択されました。

ところが盧武鉉大統領は、その翌月の八月一五日の「八・一五光復節記念演説」（日本が降伏した日。韓国では光復節として祝う）で、北朝鮮に対し、「広い心と長い目で過去を許し、和解と協力の道に進まなければならない」と演説しました。北朝鮮が朝鮮戦争を仕掛けてきたことや、数々のテロ行為、核開発・ミサイル開発にもかかわらず、許すと言ったのです。北朝鮮に対する片思いとしか言いようのない言動でした。

しかし、盧武鉉大統領の思いは通じませんでした。二〇〇六年一〇月、北朝鮮は核実験実施に踏み切ったのです。

ミサイル発射実験を強行して国際社会の非難を浴びると、当てつけのように核実験に踏み切る。いかにも北朝鮮らしい対応でした。北朝鮮が相手にしているのは、あくまでアメリカ。韓国の片思いは一顧だにしなかったのです。

韓国を「北東アジアのバランサー」に

盧武鉉大統領がとりわけアメリカを怒らせたのは、二〇〇五年三月、陸軍士官学校の卒業式で述べた言葉です。今後、韓国は北東アジアの平和と繁栄のために「バランサー」の役割を果たしていくと述べたのです。

これは、米中関係が次第に緊張状態になる中で、韓国が米中の仲介役になるという意味です。アメリカにしてみれば、韓国は米韓同盟でアメリカの同盟国のはず。それが、まるで第三者のような立場を表明したことに驚き、呆れ、怒ったのです。

アメリカは、朝鮮戦争で、韓国を助けて中国と戦い、多大な犠牲を払いました。その韓国が、中国との仲介役を任じる。米韓関係は、盧武鉉大統領の時代に、最悪となるのです。

ただ、盧武鉉大統領のこの見解は、その後の韓国の方向性を示したものになります。盧武鉉大統領の次の次の朴槿恵《パククネ》大統領の韓国は、急激に中国に接近し、アメリカと中国を両《りょう》天秤《てんびん》にかけるかのような言動をすることがあったからです。

中国と陸続きで、過去にしばしば侵略を受けてきた朝鮮半島。中国への恐怖は、時として韓国に、中国の属国のような態度をとらせることがあります。いまにして思えば、盧武鉉大統領の言動は、それを先取りしていたのでしょう。

戦時作戦統制権、米から韓国へ

韓国とアメリカの関係が悪化する中で、軍事においても大きな変化が起きました。戦時作戦統制権が、米軍から韓国軍に引き渡されることになったのです。戦時作戦統制権とは、戦争などの有事の際に、軍の作戦を指揮する権限のことです。

朝鮮戦争に際し、崩壊寸前だった韓国軍は、米軍主体の国連軍によって救われました。このとき、韓国軍の作戦統制権は国連軍に委譲されていました。

その後、一九七八年、韓国軍と在韓米軍を統合指揮する米韓連合司令部が韓国内に設置されました。つまり、韓国軍の指揮は、米韓連合司令部が執る。端的に言えば、韓国軍は事実上、在韓米軍の指揮下に入っていたのです。

コラム

マッカーサー将軍銅像撤去運動

反米の色彩を強めた盧武鉉時代を象徴するような出来事が、2005年9月に起きている。朝鮮戦争で仁川《インチヨン》上陸作戦を成功させた米軍のダグラス・マッカーサー将軍の銅像が仁川の自由公園に立っているが、これを撤去すべきだという運動が盛り上がったのである。

運動を開始したのは、韓国内の親北朝鮮勢力。ある大学教授は、2005年7月、朝鮮戦争を「身内の戦い」と称し、「身内の戦いの統一内戦に外勢の米国が3日介入しなかったならば、戦争は1か月以内で終わったはずであり、もちろんわれわれが実際に体験したそのような殺傷や破壊という悲劇はなかっただろう」と発言した(『中央日報』2005年7月28日付)。

彼らに言わせると、マッカーサーが朝鮮戦争に介入したために、統一戦争が妨害され、多数の犠牲者が出た。マッカーサーは虐殺者だという論理である。

この動きを、盧武鉉政権の与党の有力者が評価するような発言をしたことから、大騒動になり、アメリカ議会の議員たちから「撤去するくらいならアメリカに譲渡してほしい」との要請が韓国政府に来る始末。盧武鉉大統領は、「撤去するつもりはない」と弁解に追われた。

撤去運動が起きたマッカーサー像

一九九四年になって、平時における作戦統制権は韓国軍に移管されました。しかし、戦時の作戦統制権は、引き続き米韓連合司令部が保持していました。つまり第二次朝鮮戦争が始まったら、韓国軍は在韓米軍の指揮下で戦うという意味です。

ところが、盧武鉉大統領は、「自主国防」をスローガンに、戦時の作戦統制権も韓国に引き渡すべきだと主張。二〇〇七年の米韓国防相会談で、二〇一二年四月に韓国軍に引き渡すことで合意しました。

これについては、韓国内で、米軍との緊密な連携を欠いて北朝鮮軍と戦えるのかとの反発もありましたが、盧武鉉大統領は押し切ったのです。

しかし、次の李明博大統領になって、この方針は見直され、韓国への移管は二〇一五年末に延期されました。

反日政策に舵を切る

当初は高い支持率を得た盧武鉉政権も、次第に支持率が低下します。就任当初は日本との関係について、「未来志向」を謳い、日韓の首脳が頻繁に会談して意見交換をする必要があるとして、小泉純一郎首相との間で、「シャトル会談」を実現させることで合意しました。シャトル便のように、相互を往復して会談を重ねるという趣旨でした。

しかし、二〇〇五年三月、突如として反日の姿勢になります。支持率が下がると反日姿勢を取る。韓国の大統領のいつものパターンが、ここでも出現したのです。

三月一日、「三・一独立運動」を記念して

開かれた「三・一節記念式典」で、盧武鉉大統領は、過去の日本の植民地支配への明確な謝罪と反省を要求しました。

これに対して小泉首相が取り合わないでいると、「外交戦争も辞さない」と言い出し、その後のシャトル会談を中止しました。

どうして、このようなことが繰り返されるのか。韓国の大統領の任期は五年で再任なしの一期限りです。絶大な権力を握っているので、当初は求心力を保ちますが、任期の後半になると、「大統領の任期もそろそろ終わり」というムードになり、多くの人が「大統領後」を意識するようになり、大統領は「レームダック」化します。

「レームダック」とは、「ヨタヨタ歩きのアヒル」という意味で、実質的な権力を喪失した政治家のことを指すアメリカの表現です。アメリカの大統領の任期は四年で二期まで。一期目は、「次も大統領になるだろう」と多くの人が思うので、求心力を保ちますが、二期目の後半になると、急速に力を失います。この現象を指す言葉で、韓国の大統領についても、同じようなことが起きるのです。任期が決まっているという、民主主義社会における大統領制の宿命でしょうか。

竹島めぐり日韓関係悪化

盧武鉉大統領のもとで、日韓関係は悪化に向かいました。きっかけは竹島問題でした。二〇〇五年三月、島根県議会が、二月二二日を「竹島の日」と定めたのです。

島根県隠岐《おき》郡隠岐の島町の竹島は、日本政府が一九〇五年一月に島根県への編入を閣議決定し、同年二月二二日に当時の島根県知事が告示したという経緯から、この日を竹島の日に定めたのです。

竹島周辺では、韓国の漁船が多数操業し、島根県の漁民の不満が募っていました。竹島が日本領であることをもっとアピールしようと、条例で竹島の日と定めたのです。

この動きに韓国は猛烈に反発しました。竹島は韓国名が「独島《トクト》」。「独島」は韓国領であるという教育が徹底され、日本が「竹島は日本領」と主張すると、これを「妄言」として強く反発する、という行動を示してきました。その行動が、一段とエスカレートしたのです。

竹島の日の条例制定に反発した韓国政府は、これまで認めていなかった観光客の独島（竹島）上陸を解禁すると発表し、三月二八日には、一般観光客が初めて独島に上陸しました。

これ以降、韓国では独島ツアーが定着します。

では、この竹島とは、どのようなものなのか。第五章でも取り上げましたが、ここで改めてまとめておきましょう。

竹島は、東島と西島の二つの小島と周辺の岩礁から成り立ち、面積は東京の日比谷公園より少し大きいほどの広さです。

一七世紀の半ば、米子（鳥取県）の漁民が、竹島の北西にある鬱陵島《ウルルン》（現在は韓国領）で漁業を営む際、竹島を航行の目標として使い、この時点から日本は実質的に竹島の領有権を確立していました。一九〇五年には、明治政府が島根県の一部とすることを閣議決定していることは、前述の通りです。

しかし、韓国政府は、一九〇五年当時、日本はその後の韓国併合に向けて韓国の国家としての権限を簒奪《さんだつ》しつつあったとして、竹島が日本に占領されてしまった、という立場です。

サンフランシスコ講和条約で、日本は朝鮮半島とその周辺の島々を放棄しますが、竹島は含まれませんでした。このとき韓国は、アメリカに対して放棄対象に「独島」を含めるように要望しましたが、アメリカは拒否。竹島が日本領であると認めています。

ところが、日本がサンフランシスコ講和条約で独立する直前の一九五二年一月、韓国の李承晩《イスンマン》大統領は、竹島を含む日本海の広大な海域に「平和線」（李承晩ライン）を引き、「この内側には韓国の漁業権がある」と宣言しました。ここから竹島に対する支配を始めたのです。

韓国は、ここに守備隊を置き、厳重な警備をしています。

竹島を、あくまで「独島」という自国領だと主張する韓国。その背景には、竹島が、自力で獲得した唯一の領土だという事情があります。

日韓基本条約をめぐる交渉でも問題になった竹島は、日韓の棘となって刺さったままなのです。

「歴史の見直し」も

反日の行動は、過去にさかのぼって断罪する法律として結実します。盧武鉉時代、日本統治時代の「親日派」の子孫の財産を没収する法律が成立し、二〇〇五年八月、政府は「親日反民族行為者財産調査委員会」を発足させます。

過去の行為を新しく制定した法律で裁く。

「法の不遡及」という近代法治国家の常識に反する行動でした。反日となると、法の原則すらウヤムヤになる。こんな悪弊が出てしまったのです。

韓国の成立直後、反日の李承晩大統領は、徹底した反日教育を実施します。

それでも、その後の大統領は、大半が日本統治時代に育ち、日本語教育を受けた世代で、必ずしも強い反日意識はありませんでした。

しかし、李承晩による反日教育を受けた世代が社会の中枢を占めるようになると、反日意識が噴出するようになるというわけです。

★「仮想敵国」は日本!?

二〇〇六年四月、日本の海上保安庁の巡視船が竹島の周辺海域で海洋調査を実施すると、盧武鉉大統領は、日本に対する武力行使の可能性まで口にします。

同年六月には、海洋警察庁（日本の海上保安庁に該当）の幹部を大統領官邸に招き、次のように訓示したというのです。

「日本はわれわれより優越した戦力を持っているが、われわれは少なくとも日本が（われわれを）挑発できない程度の国防力は持っている。相手が挑発してきた時、〝得より損が多い〟と思わせる程度の防御的対応能力を備えることが必要だ。日本と戦って勝つ戦闘力ではなく、東海（日本海のこと）で突発事態が発生した際、対応できる程度の戦闘力を備えて欲しい」（黒田勝弘『ソウル発　これが韓国主義』）

いつの間にか、韓国にとって日本は「仮想敵国」になってしまったような扱いでした。

北朝鮮は許しても、日本は許せない。これが盧武鉉政権の基本姿勢でした。

この調子ですから、二〇〇六年一〇月、小泉首相の後継者の安倍晋三首相との日韓首脳会談での席上、会談時間の半分近くを「歴史認識問題」に割き、両国は対立。共同文書の発表にも至りませんでした。

コラム
日本海の呼称問題

韓国は、日本海のことを「東海」と称し、世界各国や国際機関などに対して、「東海」と表記するように働きかけている。

ところが、盧武鉉大統領は、2006年の安倍首相との会談で、日本海でも東海でもなく、「平和の海」と呼ぶように提案した。安倍首相は、この申し出を拒否。その後も韓国は、日本海ではなく東海だという主張を各地で続けている。

★日本で「韓流ブーム」

その一方で、盧武鉉大統領の時代、日本では「韓流ブーム」が巻き起こります。きっかけは、二〇〇三年にNHKがBSで放送したテレビドラマ『冬のソナタ』でした。NHKBS放送ながら人気が出たことから、NHKは翌年四月から総合テレビで再放送。これが火をつけました。

このドラマに、女性たちが熱狂。主演俳優のペ・ヨンジュンは「ヨン様」と呼ばれました。ここから「韓流」という言葉が定着します。ドラマの舞台となった場所を巡る観光ツアーもブームになるほどでした。

二〇〇五年にはNHK総合で放送された時代劇ドラマ『宮廷女官チャングムの誓い』も爆発的なヒットとなりました。

その後は韓国の歌手が日本でもデビューし、やはり人気を博します。男性グループは「東方神起」、女性グループは「少女時代」などです。

しかし、その後、李明博大統領の竹島上陸や、天皇に対する謝罪要求が伝えられると、韓流ブームは下火になりました。

★不正資金疑惑で投身自殺

韓国の大統領は、退任後、本人や一族の汚職が追及されるというパターンを繰り返してきました。貧しい農家出身で庶民派の盧武鉉も例外ではありませんでした。

二〇〇八年、大統領の任期を終え、故郷の金海市に移り住みますが、元側近や親族の汚職が相次いで発覚します。

同年一一月、元側近が汚職で逮捕されると、次に盧武鉉の兄が収賄で逮捕されます。大統領の兄という立場を使って多額の資金を受け取っていました。

翌年には盧武鉉の秘書官が大統領の活動費を着服していたことなどで逮捕され、有罪判決を受けます。

さらに、盧武鉉自身も捜査対象となります。二〇〇九年四月、収賄の容疑で検察庁から事情聴取を受けるのです。本人の逮捕も近いのではと見られていた同年五月、盧武鉉は、自宅の裏山の崖から投身自殺してしまいます。

韓国の大統領は、大統領を退任してから悲惨な運命を辿る。これは、盧武鉉についても当てはまったのです。

疑惑にまみれての自殺ではありましたが、韓国国内に与えた衝撃は大きく、遺体の安置場所には多数の市民が弔問に訪れました。

韓国政府は、盧武鉉の葬儀を国葬に次ぐ「国民葬」として執り行いました。

任期中は、多くの批判にさらされた盧武鉉大統領でしたが、自殺後は、多数の国民から哀惜の念が寄せられたのです。庶民派大統領として、国民から親近感をもたれていたことは確かだったようです。

ソウルで行われた盧武鉉の国民葬

李明博大統領

大統領、左派から保守へ

盧武鉉大統領は、議会が少数与党だったこともあり、その政治は混乱が続き、「アマチュア大統領」の色彩が濃いものでした。北朝鮮に対する「太陽政策」も実を結ばず、アメリカとの関係も悪化。後半は日本との関係もうまくいかず、死に体のような状態で任期を終えました。この間に、経済状況も悪化。多くの国民は、経済の立て直しをしてくれる保守政治家の出現を望むようになりました。

そこで登場したのが、李明博でした。李明博は、保守で野党の「ハンナラ党」から立候補します。「ハンナラ」は、「ひとつの国」あるいは「偉大な国」という意味です。盧泰愚政権と金泳三政権では与党でしたが、金大中、盧武鉉政権では野党に転落。盧武鉉大統領に対して大統領弾劾を仕掛けて、世論の反発を受け、党勢が停滞していました。

このため、朴正熙《パクチョンヒ》元大統領の長女の朴槿恵を代表に据えて、支持の拡大を図ってきました。

朴槿恵は、二〇〇七年一二月の大統領選挙に際し、事前のハンナラ党予備選挙に出馬するため代表を辞し、元ソウル市長の李明博と争いました。結果は、李明博の勝利でした。李明博は、ハンナラ党候補として大統領選挙に出馬し、当選を果たしました。

ハンナラ党は、二〇一二年に党名を「セヌリ党」に変えています。「セヌリ」とは「新しい世の中」という意味です。

大阪生まれの大統領

李明博大統領は、大阪生まれ。在日韓国人として初の大統領です。

就任当初は、日韓関係について、「未来志向」を語りますが、やがて支持率が下がると、反日に転じるという、いつものパターンを繰り返しました。

彼の場合は、竹島上陸という強硬手段を取り、さらに天皇の謝罪を要求したと伝えられたことで、日韓関係は、かつてないほどの冷え込みとなりました。

李明博は、一九四一年、大阪府加美《かみ》村（現

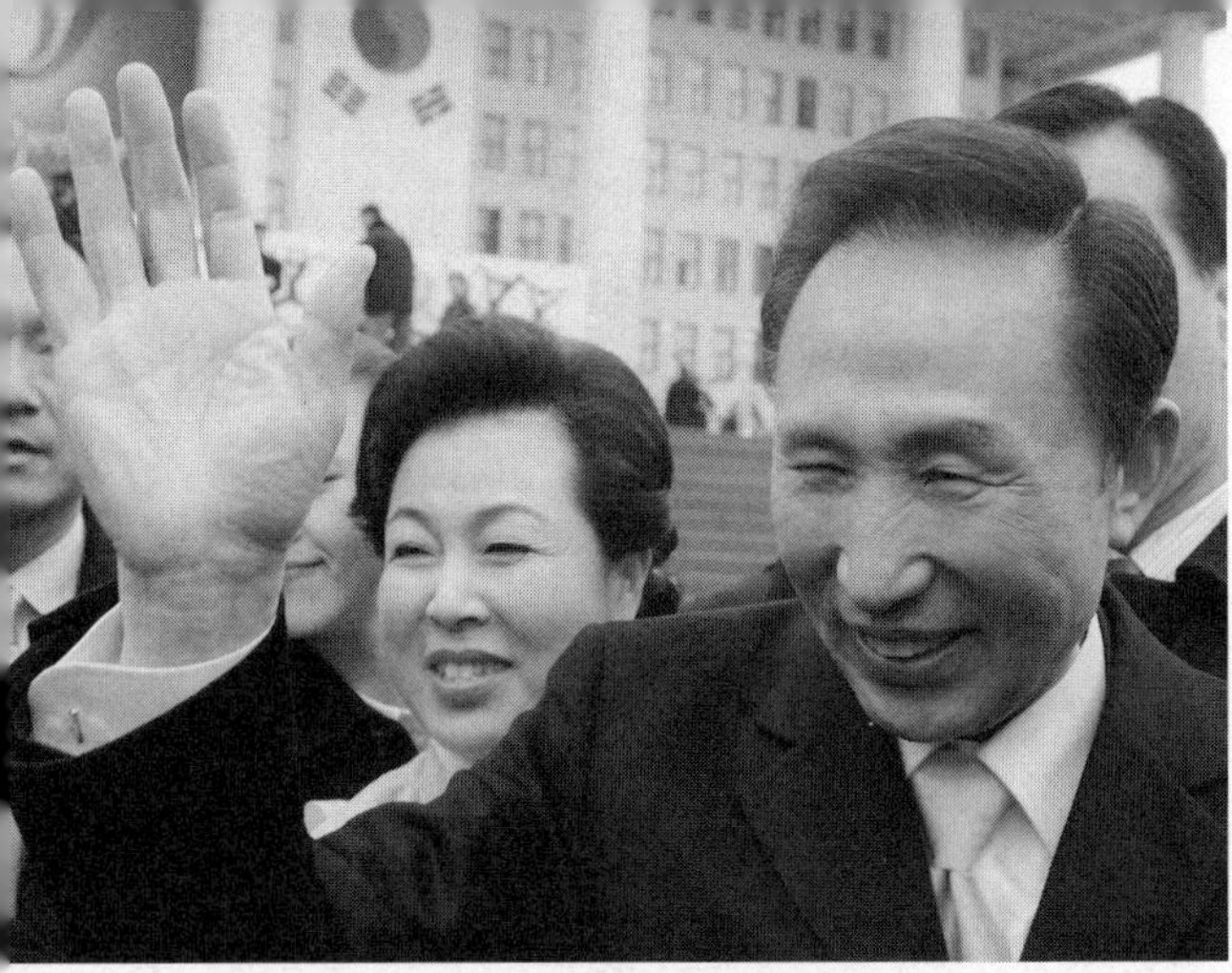

実業家出身で経済手腕が期待された李明博

在の大阪市平野区）で、四男三女の三男として生まれました。終戦直後、一家は父親の故郷の浦項《ポハン》に引き揚げます。日本での通名は月《つき》山明博《やまあきひろ》でした。

　大家族で貧しく、高校進学を諦めていましたが、成績優秀であることを惜しんだ中学校の教師が親を説得し、定時制の商業高校に進学します。さらにアルバイトで学費を貯《た》めて高麗《コリョ》大学商学部に進学。成績のよい苦学生だったことがわかります。

日韓基本条約反対闘争で逮捕

　大学在学中の一九六四年六月には、日韓基本条約締結に向けての日韓会談が予定されていました。当時、李明博は高麗大学の学生自治会の会長代行という地位にあり、条約反対運動を指揮。多数の学生を動員して、日韓会談を中止に追い込み、逮捕されてしまいます。裁判で懲役三年、執行猶予五年の判決を受けました。

民主化運動に取り組んだ第一世代でした。保守政党の候補者ではありましたが、ゴリゴリの保守ではなく、その一方で、日韓条約に反対するという点で、そもそも反日の政治家だったことがわかります。

★現代建設に入社

大学を卒業するものの、学生運動で逮捕・有罪判決を受けたという経歴から、就職活動は苦労します。結局、社員数十人という弱小企業だった現代建設《ヒョンデ》に何とか潜り込みます。

この現代建設を、やがて社員一六万人という巨大企業にまで発展させ、李明博はその会長にまで上り詰めるのですから、人生はわからないものです。現代建設は、現代自動車などを擁する現代グループの中核企業のひとつになっています。

一九九二年、現代建設を退社して国会議員に当選しますが、選挙資金の処理をめぐって選挙違反に問われ、議員を辞職してアメリカの大学で一年間、客員研究員として過ごします。

帰国後は、恩赦により政界復帰が可能になり、二〇〇二年、ソウル市長に当選します。

★ソウル市長として実績作る

ソウル市長としての功績は、市内を流れる清流を甦《よみがえ》らせたことです。ソウル中心部を流れる清渓川（チョンゲチョン）は、高速道路の建設で塞がれていました。李明博市長は、大胆にも高速道路を撤去し、清渓川を改修して復元。清流が甦り、四〇万本もの木々が植えられ、「ソウルの森」と呼ばれる市民憩いの地となりました。

中小企業のサラリーマンが勤務先を巨大企業に成長させ、ソウル市長に転じると、コンクリートジャングルを都会のオアシスに作り変えた。李明博の人気が高まる結果となりました。

韓国の国民は、経済不振が続いた盧武鉉政権の後には、実績のあるビジネスマンを大統領に据えたのです。

李明博大統領は、前任者と異なり、アメリカ、日本との関係を強めることで北朝鮮と対峙する方針を打ち出します。大統領当選の翌二〇〇八年四月、アメリカと日本を訪問し、関係修復に乗り出しました。

大統領本人は、根っからの反日でしたが、大統領に就任すると、自分の気持ちは封印。現実主義者として日韓関係の改善に努めました。

「七四七政権」と呼ばれたが

李明博大統領は、公約として「七四七」という数字を掲げたことから、「七四七政権」と呼ばれました。まるでボーイング社のジェット機のような名称ですが、これは、「年に七%の経済成長」「一〇年以内に一人当たり国民所得を年間四万ドル」「世界七位の経済大国を目指す」というものでした。

当時の韓国の経済成長率は三～五%、一人当たり国民所得は二万ドル弱、GDPは世界一四位でした。三つの指標において倍増させるという野心的な目標でした。

結果としては、いずれの目標も達成できないまま終わりました。経済成長率七％というのは、中国のような開発途上国でこそ可能で、経済規模が大きくなるにつれ、経済成長率は低落傾向になるもの。国民所得が二万ドルまで上がってきている中進国の韓国には、あまりに高いハードルでした。

米国産牛肉輸入再開で猛反発

「経済大統領」としてスタートを切った李明博大統領は、二〇〇八年四月、いきなり逆風に翻弄されます。アメリカからの牛肉輸入再開に反対する国民運動が吹き荒れたのです。

二〇〇三年にアメリカでＢＳＥの発生が伝えられると、日本ばかりでなく韓国も、アメリカ産牛肉の輸入を制限しました。

しかし、米韓ＦＴＡ交渉の過程で、アメリカは、韓国に対して牛肉輸入の拡大を求めます。

これを受けて韓国政府は、それまで「生後三〇か月未満で骨を除いた肉」に制限されていたものを緩和し、事実上無制限に輸入することに合意しました。

これを不安に思った市民は、二〇〇八年五月から六月にかけて、頻繁に反対集会を開きます。集会には子ども連れの家族や小中高生も参加し、反対層の広がりを見せました。徹夜のロウソク集会も、すっかりお馴染みになりました。

これには野党も勢いづき、国会を欠席。国会が開かれない状態が続きました。李明博大統領の支持率は急降下しました。

このように反対運動が盛り上がったきっかけは、民放テレビMBCの人気ドキュメンタリー番組『PD手帳』でした。ちなみに「PD」とはプロデューサーの略称です。

四月二九日の放送は、「米国産牛肉は果たして安全か」というタイトル。この中で、「韓国人の九四%がBSEの発病を誘発する遺伝子を持っている」という指摘が、国民の不安を掻《か》き立てたのです。

この放送後、インターネット上でBSEをめぐって、さまざまな情報や噂が拡散し、パニックを引き起こしました。

その後、この番組には捏造や誇張が多数あったことが判明し、結局MBCは謝罪に追い込まれました。

しかし、この騒ぎで韓国政府はアメリカと追加交渉をして、生後三〇か月以上の牛肉が韓国に輸出されないようにアメリカが保証することで、八月から輸入が再開されました。

その後、米国産牛肉の消費量は大幅に伸びています。

出だしから躓《つまず》いた李明博政権は、その年の秋になると、今度はリーマン・ショックに見舞われるという不運が重なりました。これ自体は李明博政権の過失ではありませんが、「経済大統領」を期待していた国民を失望させる結果となりました。

「太陽政策」打ち切り

李明博政権になって、韓国の北朝鮮に対する姿勢は変わります。金大中、盧武鉉と二代にわたって続けてきた「太陽政策」は打ち切られました。

とはいえ、イソップ童話の『北風と太陽』から名付けられた「太陽政策」が打ち切られたからといって、直ちに「北風政策」に切り替えられたわけではありません。その点は慎重で、「非核・開放・三〇〇〇」を掲げました。

これは、北朝鮮が核開発を放棄し、改革開放に舵を切れば、一人当たりの年間国民所得を一〇年以内に三〇〇〇ドルにまで引き上げる経済支援を行う、というものでした。当時の北朝鮮の国民所得は三〇〇ドルと推定されていましたから、それを一〇倍にするという大胆な計画です。「七四七」にしろ「三〇〇〇」にしろ、いかにもやり手ビジネスマンらしく、常に数値目標を掲げたのです。

北朝鮮の国民所得を三〇〇〇ドルに引き上げるための経済支援としては四〇〇億ドルと想定し、このうちの一〇〇億ドル（約一兆円）は、日朝関係改善による賠償資金として日本に負担させる皮算用だったようです。

李明博大統領のこの方針に、北朝鮮は激しく反発し、大統領のことを「ネズミ」と呼ぶなど個人攻撃まで繰り出しました。

北朝鮮は、韓国に対して言葉ばかりでなく、実際に軍事攻撃まで仕掛けてきました。延《ヨン》坪《ピョン》島への砲撃と哨戒艦《しょうかいかん》「天安」撃沈です。

★北朝鮮からの攻撃相次ぐ

二〇一〇年三月二六日、朝鮮半島西方の黄海で、韓国海軍の哨戒艦「天安」が突然爆発し、船体が二つに折れて沈没しました。乗組員一〇四人のうち四六人が死亡・行方不明となります。

当初、原因は不明でしたが、四月一五日に船体が引き揚げられたところ、船体には外部からの爆発によって衝撃を受けた痕跡が見つかりました。

その後、五月になって、韓国軍と民間の国際調査団は、「天安」が北朝鮮による魚雷の攻撃を受けて沈没したと断定する調査結果を発表しました。

沈没現場の周辺で北朝鮮製の特徴を示す大型魚雷の残骸が発見されたことや、「天安」の沈没に前後して北朝鮮の潜水艦と母艦の活動が確認されたことが証拠として挙げられました。

これに対して北朝鮮は関与を否定し、韓国による謀略だと非難しました。

黄海では、その後も事件が発生します。二〇一〇年一一月二三日、韓国の延坪島に向けて、朝鮮人民軍が突然、砲弾約一七〇発を発射しました。このうち約九〇発は海上に落下しましたが、八〇発が島に着弾しました。

当時、島では韓国軍の海兵隊が海上に向け

軍人2人、島民2人の死者を出した延坪島砲撃事件

て砲撃訓練中でした。北朝鮮軍からの砲撃に対して、韓国軍は直ちに反撃。北朝鮮の砲台に向けて八〇発を発射しました。

北朝鮮軍による攻撃で、韓国の海兵隊員二人と民間人二人が死亡し、海兵隊員一六人が重軽傷を負いました。

さらに山火事や家屋火災が発生し、島の住民一三〇〇人には避難命令が出されました。

韓国軍の砲撃訓練について、それより前、朝鮮人民軍は韓国軍に対して、「我が国の領海に向けて砲撃が行われた場合、直ちに物理的な措置を取る」とファックスで通知していました。韓国軍は、これを北朝鮮によるいつもの脅しと受け止め、予定通り訓練を開始していました。

その後、二〇一二年二月になって、北朝鮮の「労働新聞」は、この砲撃を金正恩《キムジョンウン》が指揮していたと発表しています。

この砲撃戦は、朝鮮半島西部の黄海海域での軍事境界線が確定していないことが背景にありました。

朝鮮戦争の休戦に際して、陸上には軍事境界線が定められましたが、海上に関しては両国が認める境界線がなかったのです。

休戦から一か月後、米軍を主体とする国連軍は、黄海に北方限界線を設定しましたが、北朝鮮はこれを認めませんでした。

それどころか、一九九九年になって、北朝鮮は突然、北方限界線より南側に軍事境界線を設定したと発表します。北朝鮮が主張する海域には、延坪島や豊かな漁場が含まれていました。

これ以降、北方限界線より南側、北朝鮮の主張する軍事境界線の北側の海域で、両軍の

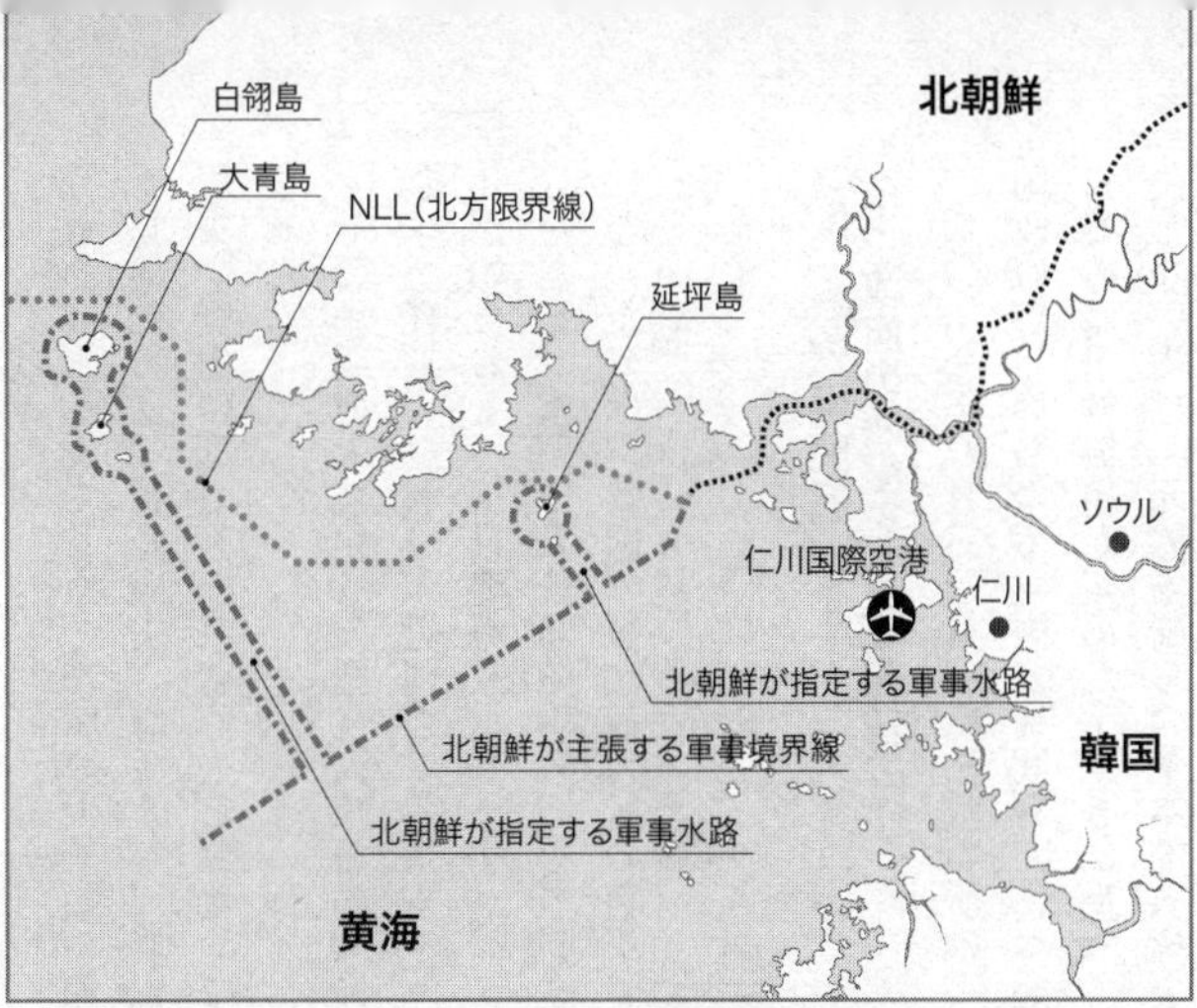

国連軍が定めた北方限界線と北朝鮮が主張する軍事境界線

艦艇による銃撃戦がしばしば起きます。

★当初はシャトル外交を再開したが

李明博大統領は、就任直後の外国メディアとの記者会見では、日本に対して「謝罪しろ」「反省しろ」とは言いたくない、新しい成熟した韓日関係を築きたいと発言しています。

それを裏付けるかのように、それまで滞っていた日韓のシャトル外交を再開させます。二〇〇八年四月には日本を訪問し、福田康夫首相と会談しました。

また、天皇皇后両陛下と会った際には、韓国訪問を招請しました。

ただ、シャトル外交を再開しても、日本側の首相が次々に代わり、親密な関係は築きようもありませんでした。李明博大統領の相手を務めたのは、福田康夫、麻生太郎、鳩山由紀夫、野田佳彦でした。菅直人とは会っていません。

その李明博大統領も、歴代大統領の例にもれず、任期の終わりが近づき、レームダック化が始まると、反日姿勢を示します。ただし、李明博大統領の場合、その引き金になったのは、韓国の憲法裁判所の判決でした。

「慰安婦問題」で政府の態度を「憲法違反」

二〇一一年八月三〇日、憲法裁判所は、韓国政府が、いわゆる「慰安婦問題」について、日韓の請求権協定が定めた手続きに従って解決しないのは「元慰安婦らの基本的人権を侵害して憲法違反である」という判決を下したのです。

ここで言う「請求権協定」とは、一九六五年に結ばれた日韓基本条約にもとづくものです。

日韓基本条約の交渉に当たっては、韓国側が賠償を請求し、日本側は、朝鮮半島に残した財産などの返還を要求し、紛糾しました。そこで、基本条約締結に伴い、お互いが請求権を放棄し、日本は韓国に無償三億ドル、有償二億ドルの経済協力をすることで決着しました。

その際、後に問題になることがないように、「両締約国及びその国民（法人を含む。）の財産、権利及び利益並びに両締約国及びその国民の間の請求権に関する問題が」「完全かつ最終的に解決されたこととなることを確認する」と明記したのです。

いわゆる「慰安婦問題」も、この請求権協定によって解決している、というのが日本政府の立場です。

ただし、この協定は同時に、第三条で、この協定をめぐって日韓で紛争が持ち上がった場合、まずは外交ルートで解決を図ること、それができなかった場合は、第三国を交えた「仲裁委員会」を設置して問題解決を付託し、その決定に従う、と定めています。

韓国国内の元慰安婦たちは、日本政府に対して補償を求める訴訟を日本国内で起こしてきましたが、いずれも「請求権協定で解決済み」として、訴えを却下されました。

そこで元慰安婦たちは、「慰安婦問題が請求権協定で解決済みなのかどうか、日韓の間で紛争があるのに、韓国政府が、第三条にもとづいて日本と交渉をしないのはおかしい」として、二〇〇六年七月、韓国政府を憲法裁判所に訴えたのです。

この訴えを、憲法裁判所が認め、韓国政府は、日本と交渉をしないことが憲法違反だとされてしまったのです。

こうなると韓国政府は、日本に対して、「慰安婦問題を解決しろ」と要求せざるをえません。「完全かつ最終的に解決されたこととなることを確認する」という協定がある以上、新たに交渉を始めるのは無理筋であることを、韓国政府も本音ではわかっているのですが、憲法裁判所から「不作為」を憲法違反だとされてしまっては、交渉せざるをえなくなったのです。

判決を受けて韓国政府は日本政府に対して、請求権協定に関して協議を行うように申し入れますが、日本は応じませんでした。

ところが、判決を受けて、慰安婦問題に取り組んでいる韓国の民間団体「韓国挺身隊問題対策協議会」が、一二月、ソウルの日本大使館前の歩道に、慰安婦を象徴する少女像を建てます。

これについて日本政府は、「外国公館に対する威厳侵害防止を規定したウィーン条約二二条二項に反する」と韓国政府に申し入れますが、韓国政府は応じませんでした。

その直後、日本を訪問した李明博大統領は、野田佳彦首相に対して、「慰安婦問題の解決」を求めました。

しかし、野田首相は、従来の日本政府の立場を述べて、相手にしませんでした。このことが李明博大統領を怒らせたのです。

「慰安婦問題」とは

ここで登場する「慰安婦問題」とは、どのようなものなのか、まとめておきましょう。

この問題では、よく「従軍慰安婦」という用語が使われますが、これは戦後に名づけられたものです。戦争当時は「慰安婦」と呼ばれていました。一九七三年、ドキュメンタリー作家の千田夏光《せんだかこう》氏が『従軍慰安婦』という題名の本を出版して以来、この名称が定着したのです。「従軍慰安婦」という名称から、まるで従軍していたかのような誤解も広がりました。実際は、軍の基地周辺に慰安婦の施設が設けられていたのです。

では、慰安婦とは、どんな女性だったのか。一九九五年、村山内閣の時代に慰安婦への償いのために設立された財団法人「アジア女性

ソウルの日本大使館前に建てられた
従軍慰安婦像

基金」の定義によると、「かつての戦争の時代に、一定期間日本軍の慰安所等に集められ、将兵に性的な奉仕を強いられた女性たちのこと」となっています。日本陸軍の記録によると、日本軍の行動範囲が広がるにつれ、アジア各地に慰安所が設置され、計四〇〇か所に上っています。

そもそもは一九三二年の第一次上海事変後、日本軍兵士による中国人女性へのレイプが起きたため、反日感情が高まるのを防ごうと、派遣軍参謀副長の発想で発足しました。日本軍が作らせたのです。

当初、慰安婦になったのは、日本人や、日本の領土だった朝鮮半島や台湾の女性たちでしたが、戦火が広がるにつれ、現地の女性たちも慰安婦になっていきます。日本軍がフィリピンやインドネシアを占領したときには、それぞれの国の女性が慰安婦になっていますし、インドネシアを植民地にしていたオランダの女性も慰安婦になりました。

最初の頃は、日本本土や朝鮮半島の娼婦《しょうふ》（当時の法律では禁止されていなかった）が動員されたようですが、やがて民間業者に騙《だま》

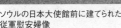

されたり、脅されたりして慰安婦になる人たちも出てきます。

慰安婦の総数はどれほどだったのか、詳しい資料はなく、日本人研究者の間でも推論が分かれ、二万人から二〇万人までの説があります。

この問題は、一九九一年、韓国の金学順《キムハクスン》さんが「元慰安婦だった」と名乗り出て、日本政府に謝罪と補償を求めて提訴し、クローズアップされるようになりました。この当時、日本政府は「民間の業者がやったことで、政府が関与した証拠はない」と否定しました。

ところが、この事情が一転する事態が起きました。一九九二年、『朝日新聞』が、「旧日本軍が慰安婦の募集を監督、統制していたことを示す資料が見つかった」と報じたのです。

この報道に関しては、「誤報だ」という批判がありますが、報道によって、韓国内で日本政府に対する批判が高まります。当時の宮沢内閣は、対応を迫られ、一九九三年、河野洋平官房長官が談話を発表します。これが「河野談話」です。

河野談話には、次のような表現があります。

「慰安婦の募集については、軍の要請を受けた業者が主としてこれに当たったが、その場合も、甘言、強圧による等、本人たちの意思に反して集められた事例が数多くあり、更に、官憲等が直接これに加担したこともあったことが明らかになった」「政府は（中略）心からお詫びと反省の気持ちを申し上げる」

これが、いまも日本政府の公式見解です。ただし、強制連行を示す資料が見つかっていないため、根拠が曖昧だという批判もあります。

これについて、談話作成に当たった石原信雄元官房副長官は、二〇一四年二月、衆院予算委員会に参考人として出席し、河野談話について、韓国での元慰安婦一六人の聞き取り調査にもとづいて作成したが、裏付け調査はしなかったことを明らかにしました。極めて政治的に取りまとめたものであることを担当者が認めたのです。

河野談話が出た結果、韓国では「日本が補償すべきだ」という声が高まります。しかし、一九六五年に日韓基本条約が結ばれた際、韓国は一切の請求権を放棄していますから、日本は取り合いません。これに韓国は納得しません。日韓基本条約を結んだ当時は、こうした問題は明らかになっていなかったからだ、というのです。

そこで日本政府は、民間からの基金でお詫びの意を示すことになります。こうして設立されたのが、財団法人「アジア女性基金」でした。

設立された一九九五年から二〇〇二年までに計五億六〇〇〇万円が集まり、元慰安婦一人当たり二〇〇万円を渡すことになりました。二〇〇七年に女性基金が解散するまでに約

コラム
慰安婦像、全米各地に

在米韓国人は、慰安婦問題をアメリカでも問題にしようと、全米各地に慰安婦像や慰安婦問題を訴える石碑を建設している。

2014年8月にはニューヨーク市郊外のニュージャージー州に、全米6か所目となる石碑が建設され除幕式が行われた。

四八億円を支援しています。お金を手渡す際、その時々の総理のお詫びの手紙も一緒に渡されました。直筆の署名入りです。慰安婦問題に関して、日本は謝罪しているのです。

償い金は、台湾、フィリピン、インドネシア、オランダの元慰安婦には受け入れられましたが、韓国には通用しませんでした。市民団体やマスコミが日本政府を強く批判。「政府は責任逃れをして、民間に任せている」というわけです。日本政府から「償い金」を受け取った人は「カネで魂を売った」と批判され、日本からのお金を受け取った韓国の元慰安婦はごくわずかでした。

日本政府としては、誠意を示そうと民間団体を設立して償い金を渡して謝罪したのですが、韓国に誠意は通じませんでした。

慰安婦問題を追及している韓国の民間団体の名称は「韓国挺身隊問題対策協議会」といいます。戦争中、日本は多数の女性を「挺身隊」の名称で工場などの労働者として動員しました。この「挺身隊」という名称が、慰安婦と混同されてしまい、韓国の団体は慰安婦のことを「挺身隊」と呼んでいるのです。

竹島上陸で日韓関係最悪に

日本政府が慰安婦問題の協議に応じないことに怒った李明博大統領は、竹島に上陸しました。慰安婦問題の怒りを竹島にぶつける。なんとも奇妙な発想と行動でしたが、これが韓国内で支持されるのです。

二〇一二年八月一〇日、韓国の歴代大統領として初めて竹島に上陸しました。日本海に浮かぶ島根県の竹島を、韓国は「独島」という韓国の領土だと主張していますが、これまで大統領が島に足を踏み入れることはしませんでした。しかし、自身の支持率が低くなったことで、ポピュリズムに走ったのです。

さらに八月一四日には、韓国教育大学での講演で、天皇の謝罪を要求します。天皇を「日王」と呼び、韓国訪問の条件として「痛惜の念などという単語ひとつを言いに来るのなら、訪韓の必要はない。日王は韓国に来たければ、韓国の独立運動家がすべてこの世を去る前に、ひざまずいて謝らなければならない」と言ったのです。

これには日本側が怒ります。八月一七日、野田首相は李明博大統領に対して、抗議の親書を送ります。

この親書について、日本の外務省は、親書の内容をウェブサイトに敢えて掲載するという異例の措置を取ります。次のような文章でした。

「本17日（金曜日）、野田佳彦内閣総理大臣は、李明博大統領に対し、最近の同大統領の竹島上陸及び日韓関係に関する種々の発言について遺憾の意を伝えるとともに、近日中に、韓国政府に対し、竹島問題について、国際法

大統領として初めて
竹島に上陸した李明博

コラム
天皇ではなく「日王」

韓国では、日本の天皇のことを「日王」と呼ぶ。「皇」は、中華圏にあった朝鮮半島にとって中国皇帝のことを指す。過去の李氏朝鮮は、中国の属国として皇帝に忠実であり、文明国でもない日本の国王が「皇」を名乗るなどおこがましいという意識が背景にあるとされている。

にのっとり、冷静、公正かつ平和的に紛争を解決するための提案を行う旨伝え、また、日韓関係の大局に立って、日韓関係の未来のため、韓国側が慎重な対応をするよう求める」

これに対して、韓国側はいったん受け取った親書を読まずに、在日韓国大使館員が外務省に返却に来ます。外務省は敷地内への立ち入りを拒否。韓国側は親書を突っ返すことができなくなったため、別途郵送するという手段に出ました。

こうして、日韓関係は急激に悪化したのです。

本人がまた汚職で逮捕

韓国の大統領は、任期の終盤あるいは退任後、本人ないしは親族の汚職事件が持ち上がります。李明博大統領も例外ではありませんでした。

二〇一二年七月、国会議員だった実兄が、大統領選挙のときに金融機関と企業グループから七億五七五〇億ウォン（当時のレートで約五二〇〇万円）の資金を不正に受け取った疑いで検察庁に逮捕されたのです。実兄は、懲役二年の実刑判決を受けました。

さらに、李明博本人も、二〇一八年三月、一一〇億ウォン（約一一億円）の収賄容疑で逮捕され、同年一〇月、ソウル中央地方裁判所で懲役一五年の判決を受けています。

大統領任期終盤の反日と汚職。まるで韓国大統領の宿痾《しゅくあ》のようです。

朴槿恵大統領

李明博から朴槿恵へ

二〇一二年一二月、李明博大統領の任期満了に伴う大統領選挙が行われ、李明博大統領の与党だったセヌリ党の朴槿恵候補が、盧武鉉大統領の側近だった文在寅《ムンジェイン》候補を破って当選しました。左派と保守の対決は、今回も保守に軍配が上がりました。

とはいえ、単に保守が勝ったとは言い切れない面があります。朴槿恵が、朴正熙大統領の娘だからです。朴正熙大統領は、独裁的な権力を振るったことで批判が多い一方、韓国を大きく成長させた人物でもあり、韓国内で

父母とも暗殺という波乱の過去から
大統領になった朴槿恵

毀誉褒貶の激しい大統領ですが、彼を慕う国民も多いのです。

朴槿恵は、初の女性大統領です。しかし、女性を選んだというよりは、韓国の国民は、朴正煕の娘を選んだと言えるでしょう。

彼女は、両親が殺され、本人も襲撃を受けたことがあるという数奇な運命を辿ってきました。

韓国の国花はムクゲ。漢字で書けば槿。朴槿恵の名前は、ここから来ています。ちなみに妹の名前は槿令《クルリヨン》です。

朴槿恵は、西江《ソガン》大学電子工学科を首席で卒業後、フランスのグルノーブル大学に留学しています。電子工学科に進んだのは、電子産業で祖国に貢献したいと考えたからだとか。独身である理由を「韓国と結婚したから」というのは彼女らしいエピソードです。

彼女の父親・朴正煕大統領については、既に取り上げました。日本が朝鮮半島を支配していた時代に満州の陸軍軍官学校に入学し、日本の陸軍士官学校に在籍していたことがあります。韓国独立後は韓国軍に入り、軍事クーデターで大統領に就任しました。

母をテロで失う

朴槿恵の母親・陸英修《ユクヨンス》が暗殺されたのは、一九七四年八月一五日のことでした。この事件のことも既に触れましたが、改めておさらいしておきます。ちなみに韓国では結婚しても妻の姓は変わりませんから、母の姓は陸なのです。娘は父の姓です。

八月一五日は日本の支配から脱したお祝いの日・光復節です。ソウルの国立劇場での祝賀行事の際、在日韓国人の文世光《ムンセグァン》が、朴正煕大統領の暗殺を図って拳銃を発射。朴大統領は演壇の陰に隠れて無事でしたが、流れ弾が、そばにいた夫人に当たり、陸英修は死亡しました。

文世光は、前月、大阪市内の警察の派出所から拳銃を盗み、偽造パスポートで韓国に入国しました。拳銃は、トランジスタラジオの中身と入れ替えて韓国内に持ち込みました。文世光は死刑判決を受けて処刑されます。

韓国政府は、文世光が朝鮮総連（在日本朝鮮人総聯合会）の指示を受けて朴大統領暗殺を計画したとして、日本政府に朝鮮総連の規制を要請しますが、日本は、国内法では不可能だと拒否。これにより日韓関係は断交寸前にまで緊張しました。

当時の日本の田中角栄首相が陸英修の葬儀に参列する一方、自民党の幹部が訪韓して、関係改善に動きました。

二〇〇二年、朴槿恵がハンナラ党副総裁として北朝鮮を訪問した際、金正日《キムジョンイル》総書記が、この事件への北朝鮮の関与を認めて謝罪した、との報道が韓国でありました。金正日は「自分は知らなかった」とも言ったとか。

ですが、朴槿恵はこのやりとりを否定しています。彼女の自伝にも、この部分は出てきません。当時の韓国政府が、南北関係が悪化することを恐れて朴槿恵に口止めを依頼したからだとも伝えられています。ただ、自伝には、このとき金正日総書記に好感を持ったらしいニュアンスがにじみ出ています。

そして父も失う

これ以降、朴槿恵は、母親に代わってファーストレディーの役割を果たすことになります。一九七九年には、訪韓したアメリカのジミー・カーター大統領夫妻を接待します。カーター大統領は在韓米軍の撤退計画を打ち出し、これに反対する韓国政府と緊張状態にありましたが、朴槿恵がカーター夫人を通じて、米軍が韓国に駐留する必要性を力説。カーター大統領が撤退計画を撤回する一幕もありました。彼女は、若くして外交関係を学んだのです。

そして運命の日が来ます。今度は父を失うのです。それも側近によってでした。一九七九年一〇月、韓国中央情報部（ＫＣＩＡ）部長の金載圭《キムジエギュ》によって射殺されたのです。

当時、韓国国内では朴正煕の軍事独裁政権に反対する学生運動が活発化。金載圭は、これへの対処が生温《なまぬる》いと朴大統領に叱責され、恨みを抱くようになっていました。

この日は、ソウル市内の中央情報部が所有する秘密の宴会場での晩餐会《ばんさんかい》が開かれましたが、ここでも朴大統領から批判されます。

さらに、ライバルだった大統領警護室長からも攻撃され、金載圭は切れてしまいました。宴会場を飛び出すと、拳銃を持って戻り、大統領と警護室長の二人を撃ったのです。

このとき宴会場の外には警護室長の警護員が待機していましたが、金載圭の二人の部下が射殺します。

まるで映画かドラマのような事件でした。

ところが、この一報を聞いた朴槿恵は、「前線に異常はありませんか？」と尋ねたというエピソードがあります。父の暗殺が北朝鮮によるものか、あるいは暗殺を契機に北が攻撃してくるか、それを心配したというわけです。事実だとすれば、実に冷静な対応です。「だから大統領の素質十分」という文脈で引用されるエピソードです。

朴正熙大統領は六一歳でした。

朴槿恵は両親を失っただけでなく、その後、本人もテロの標的になります。

父を失った後、朴槿恵は政治の世界から離れていましたが、やはり政治家の血筋でしょうか、やがて政治に乗り出します。そして二〇〇六年五月、ハンナラ党（当時）の代表となっていた朴槿恵は、ソウル市長選挙の候補者を応援するため、演壇に上がろうとしていたところを暴漢に襲われ、右の頬から首を切りつけられたのです。頸動脈《けいどうみやく》のすぐ近くを切られ、あと五ミリ傷が深かったら、ほとんど即死のはず。九死に一生を得ました。

二〇一二年の大統領選挙で、朴槿恵陣営は、当時の彼女の傷痕が見える横顔を敢えてポスターに使いました。

こうした試練を経てきたからでしょう。彼女は、政治家としてのリスクを敢えて避けずにきました。二〇〇二年には野党の立場で北朝鮮を訪問。二〇〇六年には小泉政権の下で日韓関係が最悪だったにもかかわらず、訪日。小泉首相と会談しています。

「親日」のレッテルを恐れる

李明博大統領によって作り出された反日ムードの中で当選した朴槿恵大統領にとって、少しでも反日のラインから外れると、国内の批判を受けかねません。韓国は、日本以上の「空気を読む」社会。反日を強調せざるをえない事情があるのです。

彼女の父親・朴正熙大統領は、韓国国内の反対を押し切って、一九六五年、日韓基本条約を日本と結びました。

交渉の過程で、韓国側は日本に対して、賠償金の支払いを求めました。賠償金は、戦争で負けた国が勝った国に支払うもの。日本は「日韓は戦争をしていたわけではない」と支払いを拒否しましたが、韓国にしてみれば、その「建国神話」からして、日本と戦争をして勝った、ということになるからです。

しかし結局、朴大統領は、賠償金請求を取り下げるなど、日本に対して妥協しました。

かつて日本の士官学校に在籍したこと、日韓基本条約で日本と妥協したことなどから、朴正熙大統領は、「親日大統領」とのレッテルを張られてしまいます。その娘なら、朴槿恵大統領も親日だろう。こう見られることが、朴槿恵大統領にとっては屈辱なのでしょう。かえって頑《かたく》なに反日を貫くことになりました。

また、朴槿恵大統領の母親は、一九七四年八月、在日韓国人によって暗殺されています。朴槿恵大統領にとって日本は、自分の母親を暗殺した人物を送り出した国。おいそれと甘い顔はできない、というわけです。

フェリー事故で国内が揺れた

朴槿恵大統領は、ときに「氷の女王」と称されます。プライドが高く、常に冷静で、他人に心を開くことがない孤独な女性というイメージがあるからです。

事実、夜は会食に出ることもなく、大統領公邸で一人で過ごしています。部下の人事でも他人に相談することなく決めるため、任命した後で、その人物のスキャンダルなど問題が判明するということが、しばしば起きています。

しかし、そんな「氷の女王」も、涙を流したことがありました。それは、フェリー「セウォル号」沈没事故について、国民に謝罪するメッセージをテレビで発表した際のこと。大粒の涙を流したのです。

この事故は、二〇一四年四月一六日、仁《イン》川《チョン》から済州《チェジュ》島《ド》に向かっていた大型フェリー「セウォル（世越）号」が転覆・沈没したものです。船には修学旅行中の安山《アンサン》市の檀園《タヌオン》高等学校の二年生の生徒三二五人と引率の教員一四人のほか、一般客一〇八人、乗務員二九人の計四七六人が乗船し、車両一五〇台あまりが積まれていました。

この事故では、乗務員の多くが、客を避難誘導することなく逃げ出し、多くの犠牲者を出すことになりました。

現場にかけつけた海洋警察（日本の海上保安庁に該当）も、フェリーに乗り込んで乗客を助けようとはせず、船から出て来る人を救出するだけでした。

また、韓国政府首脳も、行方不明者の家族が集まる体育館で、家族に背を向けてカップラーメンを食べたり、犠牲者の名簿の前で記念写真を撮ろうとしたりするなど、無神経な振る舞いの数々に国民の怒りが爆発。朴槿恵大統領の支持率は急降下しました。

事故から一一日後、首相の鄭烘原《チョンホンウォン》は、政府の初期対応が遅れたことに対して責任を取るとして辞意を表明します。

しかし、後任として指名された二人の人物が、それぞれ不透明な弁護士収入を批判されたり、過去の発言が親日的であったとして批判されたりして、指名を辞退。結局、六月になって、朴槿恵大統領は、鄭烘原を首相に留任させることを発表しました。

この事故を受け、朴槿恵大統領は四月二九日、閣議の席上、事故を予防できなかったことや初動の遅れなどを国民に謝罪しましたが、遺族からは「非公開での謝罪は謝罪ではない」と批判される始末です。

結局、五月一九日になって、大統領官邸から国民向けにテレビで談話を発表し、事故への対応を謝罪しました。このとき、頬を涙が伝ったのです。

この事故は、安全性に問題のある船体の検査がいい加減であったことや、過積載などの安全無視の運航、乗務員の無責任な行動、事故に関するメディアの数々の誤報、政府首脳の無神経な対応など、韓国社会が抱えるさまざまな問題が明らかになりました。

朴槿恵大統領が立ち向かうべき課題は、数多く存在しているのです。

朴槿恵大統領に疑惑

二〇一六年、朴槿恵大統領をめぐり、「崔《チェ》順実《スンシル》ゲート事件」が発生します。

崔順実は、朴槿恵大統領の友人の実業家です。朴槿恵大統領は、演説の草稿や各種資料、政府幹部の人事案などを秘密裏に崔に渡していたことが明らかになりました。これは機密漏洩《ろうえい》だというのです。

朴槿恵大統領の就任から1年数か月で起きたセウォル号沈没事故

大手財閥のサムスンからの収賄容疑も浮上しました。

さらに国民を憤激させたのは、崔順実の娘が、韓国の名門女子大学である梨花《イファ》女子大学に不正入学し、単位も不正に取得していた疑惑が表面化したことです。

娘は馬術の特待生として梨花女子大学への入学が認められていましたが、これが裏口入学だったという疑惑です。

韓国は大変な受験競争社会。裏口入学やコネ入学が発覚すると、「特権階級がずるいことをしている」と多くの人が怒るのです。

特に若者たちを怒らせたのは、この娘が大学に合格した後、フェイスブックに次のような内容を書き込んだことです。

「能力がないならお前の両親を恨め。金も実力だよ」

なんという傲慢な勘違い。特権階級にいることを自覚して、受験に苦労している人たちへの罵声を飛ばしていたのです。

この娘への怒りが、朴槿恵大統領への弾劾運動に発展したのです。

ここまで来ると、朴槿恵大統領にとってとんだとばっちりにも見えるのですが、史上初の大統領弾劾に進むのです。

初の大統領弾劾成立

大統領弾劾とは、国民の直接選挙で選ばれた大統領を辞めさせることができる手続きです。韓国では、国会議員の三分の二以上の賛成で弾劾裁判にかけられます。弾劾裁判は憲法裁判所が担当し、朴槿恵大統領は任期途中の二〇一七年三月で失職しました。

大統領でなくなった直後、朴槿恵は検察に逮捕されて裁判にかけられ、有罪判決を受けました。いったんは収賄も含め高裁で懲役二五年を受けるのですが、二〇一九年八月、最高裁判所は、高裁の判断に誤りがあったとして裁判の判決を高裁に差し戻しました。

高裁は、収賄罪や職権乱用罪など多数の容疑をまとめて二五年の判決を下しましたが、最高裁は、ひとつひとつの容疑を分離して判決を下すように求めました。

ということは、今後、量刑がさらに重くなる可能性が非常に高いことを意味します。何としても朴槿恵を刑務所に入れておきたい。朴槿恵を批判して大統領に当選した文在寅大統領の思いを裁判所が忖度《そんたく》したかのように見えるのです。

★慰安婦合意を結んだ

朴槿恵大統領は、失職する前、ある政治判断をしていました。慰安婦問題に関しての日韓合意に踏み切るのです。

慰安婦問題は、朴槿恵大統領が誕生して以降、日韓の間の棘のような存在でした。日韓がいがみ合うのを憂慮したアメリカのオバマ大統領が、日韓双方に自重と妥協を働きかけ、解決策が発表されたのです。

発表は二〇一五年一二月二八日、ソウルの外交部（外務省）で行われた岸田文雄外務大臣と韓国の尹 炳世《ユンビョンセ》外交部長官による外相会談後の共同記者発表です。両国の首脳同士が直接会ったのではなく、外相レベルでの共同会見でした。

その骨子は、韓国政府が元慰安婦支援のために設立する財団に日本が一〇億円を拠出するというものです。これにより、「日韓間の慰安婦問題が最終的かつ不可逆的に解決されることを確認する」と表明しました。

「最終的かつ不可逆的に解決」という強い表現が使われています。もうこれで解決したのだから、昔のことは蒸し返さないようにしようというメッセージでした。

どのような合意だったのか。発表文を抜粋して紹介します。

岸田文雄外務大臣

（1）慰安婦問題は、当時の軍の関与の下に、多数の女性の名誉と尊厳を深く傷つけた問題であり（中略）日本政府は責任を痛感している。安倍内閣総理大臣は（中略）慰安婦として数多の苦痛を経験され、心身にわたり癒しがたい傷を負われた全ての方々に対し、心からおわびと反省の気持ちを表明する。

（2）日本政府の予算により、全ての元慰安婦の方々の心の傷を癒やす措置を講じる。具体的には、韓国政府が、元慰安婦の方々の支援を目的とした財団を設立し、これに日本政府の予算で資金を一括で拠出し、日韓両政府が協力し、全ての元慰安婦の方々の名誉と尊厳の回復、心の傷の癒やしのための事業を行うこととする。

（3）今回の発表により、この問題が最終的かつ不可逆的に解決されることを確認する。あわせて、日本政府は、韓国政府と共に、今後、国連等国際社会において、本問題について互いに非難・批判することは控える。

なお（2）の予算措置については、規模はおおむね一〇億円程度となった。

尹炳世外交部長官

（1）韓国政府は、日本政府の表明と今回の発表に至るまでの取組を評価し、日本政府が（中略）表明した措置が着実に実施されるとの前提で、今回の発表により、日本政府と共に、この問題が最終的かつ不可逆的に解決されることを確認する。韓国政府は、日本政府の実施する措置に協力する。

（2）韓国政府は、日本政府が在韓国日本大使館前の少女像に対し、公館の安寧・威厳の維持の観点から懸念していることを認知し、韓国政府としても、可能な対応方向について関連団体との協議を行う等を通じて、適切に解決されるよう努力する。

（3）韓国政府は、今般日本政府の表明した措置が着実に実施されるとの前提で、日本政府と共に、今後、国連等国際社会において、本問題について互いに非難・批判することは控える。

画期的な合意だったと言えるでしょう。この合意の前までは、日本の保守勢力の中に「韓国に妥協して金銭を払っても、韓国はまたゴールポストを動かして、日本に謝罪と賠償を求めてくるに違いない。安倍首相は安易に妥協すべきではない」という声がありました。その声を押し切って、安倍首相は慰安婦問題について終止符を打とうと政治決断をしたのです。

これに対して尹外交部長官は、「両国の最もつらく厳しい懸案であった元慰安婦被害者問題の交渉が妥結したことを機に、来年からは新しい気持ちで、新しい日韓関係を切り開いていけることを期待する」と語っています。これで日韓の過去の問題にピリオドを打ち、これからは日韓新時代を迎える。そんな期待が込められた感想でした。

しかし、この合意にもかかわらず、いわゆる少女像が撤去されることはありませんでした。朴政権は、少女像を動かして世論の批判を浴びるのを恐れたからです。

また、次の文在寅大統領は、元慰安婦を支援する財団を解散させるなど、日韓合意を事実上反故《ほご》にする態度に出ます。やはり韓国はゴールポストを動かしました。「不可逆的に解決」とはならなかったのです。

朴槿恵大統領は、失職直前、日韓関係について決断したのですが、次の文在寅大統領になって、日韓関係は再び悪化します。

文在寅大統領

文在寅大統領就任

二〇一七年四月、韓国大統領選挙の最中、文在寅候補の選挙運動を取材しました。文候補がどこへ行っても、大勢の若者が集まり、熱気にあふれていました。

そこには朴槿恵大統領の疑惑への嫌悪感があったでしょうし、何よりも韓国の競争社会への不満が感じられました。

韓国の受験競争は熾烈です。早朝から深夜まで勉強を続け、やっと大学に入れても、今度は熾烈な就職戦線が待っています。サムスンなど大企業に就職できる学生はごくわずか。

韓国経済が大手の財閥によって牛耳られているため、大企業の数が少なく、中小企業が多く、経営は不安定。結果、就職できない若者が多く、警察官や消防士など公務員試験を目指して浪人する若者もいます。失業率が高く、希望が持てないのです。閉塞感が募ります。自殺者も多く、大変なストレス社会です。

こうした若者たちに対して、文候補は、自分が大統領になったら最低賃金を引き上げ、失業率を下げるために尽力すると約束しました。ただし、その「失業率を下げる」というのは、公務員の定員を増やすというものだったのですが。

大統領に就任後、日本との関係が急速に悪化することになった文在寅。どんな人物なのでしょうか。

文在寅は一九五三年生まれ。両親は朝鮮戦

争の混乱の中で北朝鮮から韓国に逃げてきます。その韓国で文は生まれました。文の祖父母は北朝鮮に残されたままでした。やがて祖父母の死を知らされることになります。

両親は着の身着のままで北から逃げてきたので、文の家は貧しく、小学校の月謝が期日までに払えないこともあり、そのときは一時的とはいえ学校から追い出されたそうです。

学生運動の道へ

本人は歴史学者になりたかったようですが、親や教師は将来の就職に有利な法学部か商学部に行くように主張。圧力に負けてソウル大学を受験しますが、失敗。浪人生活を経て、ソウル市内にある慶熙《キョンヒ》大学法学部に入学しました。

大学在学中の一九七二年一〇月、当時の朴正熙大統領は、独裁体制を強化する「大統領特別宣言」を発表し、国会の解散や政治集会を禁止、憲法を改正してしまいます。「十月維新」と呼ばれましたが、大統領自らが実施したクーデターでした。

これに対し、翌一九七三年から全国の大学で「維新反対」の学生運動が盛り上がります。文も慶熙大学で学生運動のリーダーに躍り出ます。大学生のデモを組織したために逮捕されてしまいます。同時に退学処分になります。復学が認められたのは一九八〇年になってからのことでした。

文が妻と出会ったのは、学生運動の最中です。大学の二年後輩だった女子学生は、文が警察に逮捕されたと聞いて拘置所に面会に来ます。こうして二人は付き合い始め、やがて結婚します。

軍隊へ

学生運動をして警察に逮捕されたことで、文は要注意人物になり、執行猶予の判決を受けて釈放されると、すぐに徴兵されます。陸軍特殊戦司令部の空挺部隊に配属されました。要はパラシュートで敵地に降下する部隊です。爆破任務などもこなし、優秀な兵士として表彰も受けています。

徴兵制がある国では、きちんと兵役を務めていることが重要です。兵役を終えても、何かあると同期が駆け付けてくれます。選挙運動では大きな力になります。

兵役を務めておくと、「祖国に尽くした」人物として、その後の人生に有利になるのです。

兵役を終えると、文は弁護士を目指して勉強を始めます。

人権派弁護士に

一九七八年、軍隊を除隊した後、一九八〇年には大学に復学が認められ、司法試験の勉強を始めて合格します。

本人は裁判官になりたかったようですが、学生運動で逮捕歴があるために認められず、弁護士になります。

こうして勤務したのが、釜山で活動していた弁護士・盧武鉉の法律事務所でした。知人の紹介でした。これが、やがて大統領になる盧武鉉との出会いです。

二人は、独裁政権に反対する民主化運動で

逮捕されたりした人たちの弁護に奔走します。人権派弁護士として頭角を現すのです。

盧武鉉大統領を支える

二〇〇二年、盧武鉉は大統領選挙に立候補し、当選します。文は釜山の選挙対策本部長として当選に貢献しました。

盧武鉉大統領が誕生すると、文はソウルに呼ばれ、首席補佐官など大統領の側近として活躍することになります。

二〇〇八年、盧武鉉が大統領の任期を終えて退任すると、文は釜山での弁護士活動に戻りました。

しかし、韓国では退任後の大統領には苛酷な運命が待っています。韓国では保守派と「革新派」と呼ばれる勢力が常に激しく対立しています。保守派から革新派、あるいは革新派から保守派へと大統領が代わると、前任者を徹底的に否定しようとします。そこで利用されるのが検察庁。大統領の意を受ける形で前任大統領やその家族への捜査が始まります。盧武鉉の側近や実兄が逮捕され、遂に盧武鉉本人も検察の捜査対象となり、追い詰められた盧武鉉は自宅の裏山から飛び降り自殺してしまいます。

文は、一連の捜査が、保守派の李明博大統領による革新派攻撃と受け止めました。自身が大統領になると、今度は検察庁が李明博を捜査。逮捕してしまいます。

大統領へ

盧武鉉の意思を継ぎ、文は大統領に挑戦し

ます。二〇一二年の大統領選挙では朴槿恵に敗れましたが、朴槿恵が弾劾・罷免されて実施された二〇一七年五月の大統領選挙で当選を果たします。

国会での就任演説で、文在寅大統領は、「すべての国民の大統領となる」と宣言しました。保守派と革新派の対立が続く国内の亀裂を修復しようとしたのです。

しかし、その言葉とは裏腹に、韓国国内の亀裂は一段と広がります。文が「積弊清算」をスローガンに掲げたからです。

これは、李明博と朴槿恵の保守政権時代に積み重なった弊害を清算するというもの。要は保守派を徹底的に追及し、保守派の地盤を崩そうというものでした。

また、積弊清算は、「親日残滓」の清算という表現になることもあります。「親日」とは、日本が朝鮮半島を統治していた時代に日本に協力した人物や組織のこと。韓国が誕生したとき、それまで日本の統治に協力していた人たちが政権の中枢を占めました。この人たちが、韓国内の保守派となった歴史的経緯があります。その連中を一掃すること。これが「親日残滓」の清算という表現になります。韓国内の保守と革新の対立が、すぐに「反日」になりやすいのです。

南北首脳会談を実現

二〇一八年四月、北朝鮮の金正恩朝鮮労働党委員長は、板門店《パンムンジョム》の軍事境界線を越え、韓国側に足を踏み入れます。次いで文在寅大統領と手を取り合って、今度は北側に入りました。

板門店の韓国側施設「平和の家」で南北首脳会談をするためでしたが、北朝鮮のトップが軍事境界線を越えて韓国側に入ったことは史上初の出来事でした。

この会談で、朝鮮半島の完全な非核化や軍事境界線一帯での敵対行為を中止することなどを内容として「板門店宣言」を共同で発表しました。

このときは北朝鮮の核開発をどのように止めるかが大きな課題でした。「朝鮮半島の非核化」という言葉は、あたかも北朝鮮が非核化するかのような印象を与えますが、実際は異なります。朝鮮半島の非核化とは、アメリカ軍も朝鮮半島に核兵器を持ち込まないようにすることを含みます。さらに将来的には、核兵器を搭載できるアメリカ軍の船舶や軍用機が朝鮮半島に近づかないようにすることまで北朝鮮が要求できる余地を作り出したのです。

その翌月、文大統領は今度は板門店の北朝鮮側の施設「統一閣」で金正恩と再び首脳会談を行います。

そして九月には二泊三日の日程で平壌を訪問し、金正恩と三回目の南北首脳会談を行いました。

政権支える「五八六世代」

このように文在寅大統領は北朝鮮に融和的です。北朝鮮に異常に肩入れしていると言ってもいいでしょう。ここには「五八六世代」と呼ばれる人たちが文在寅政権を支えているという事情があります。

「五八六世代」とは、年齢が五〇代で、一九八〇年代に学生運動を経験した一九六〇年代生まれの元活動家のことです。

彼らは、文在寅大統領の師匠にあたる盧武鉉大統領の政権時代には「三八六世代」と呼ばれました。年齢が三〇代だったからです。彼らの多くは、北朝鮮寄りの思想を保持しています。金日成の主体思想に傾倒してきた人物もいるのです。

北朝鮮の実情が明らかになっているのに、金日成思想に傾倒するというのは想像を絶しますが、若い頃に沁《し》みついた思想は、容易には消えないのでしょう。彼らにとっての主要課題は南北の統一です。日本やアメリカについては関心が薄く、「民族の統一」が悲願なのです。

★「国民情緒法」がある国家

韓国には「国民情緒法」という法律がある、とよく言われます。もちろんそんな名前の法律があるわけではありません。法解釈において、「情」が優先しがちな社会を揶揄《やゆ》した言葉です。法律や条約の解釈において、論理ではなく「情」が大きな力を持つということです。

過去の大統領の行為が「許せない」となると、新たな法律を制定して過去の行為を断罪したり、他国と条約を結んでいても、後から「情」を持ち出してひっくり返してしまったりするのです。

その典型が、朴槿恵大統領との間で結ばれた慰安婦問題に関しての日韓合意について、文在寅大統領が二〇一七年五月、「韓国国民の大多数が情緒的に受け入れられないのが現実だ」と述べたことです。国家間の約束よりも国民の情緒が優先されるのです。

いまの韓国では、大統領の支持率が毎日調査され、発表されています。政権は、常に支持率の上下に一喜一憂します。「世論」に左右されるのです。

とりわけ文在寅大統領になって、「国民請願システム」が導入されたことが大きいでしょう。

これは、政権や大統領に注文があれば、国民は誰でも大統領官邸のウェブサイトに請願できるシステムです。ひとつの請願への賛同者が二〇万人を超えると、大統領官邸は見解を表明することになっています。

かくして、常に世論の動向を意識し、場合によっては世論におもねる政策を遂行することになります。「反日」になりやすいのです。

「内在的論理」の把握から始めよう

こうした韓国の様子を見ると、正直ウンザリさせられることがあります。「合意したもの、約束したことは守れ」と言いたくなります。

こうした日韓の意識のすれ違いを、日本経済新聞ソウル支局長だった峯岸博氏は、「順法」と「正義」の確執だと分析します。「約束をしたのなら守れ」という日本の順法精神と、非人道的な行為は許されることではないという「正義」感が衝突しているというのです（『日韓の断層』）。

日韓関係が悪化の一途を辿っているときこそ、まずは相手の論理を知ること。相手の論

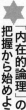

理、これを「内在的論理」と呼びます。まずは冷静に相手のことを知ることから始めるしかないのです。

第3回南北首脳会談の歓迎式に向かう文在寅と金正恩

おわりに

韓国と北朝鮮。同じ民族で、同じ朝鮮半島に暮らしながら、まったく違う国家になりました。どちらの体制が優位か、という競争の結果は明らかです。

しかし、両国は、まったく体制の異なる国でありながら、どこか鏡に映った姿のように見えることがあります。右腕を振り上げれば、鏡の中の自分は左腕を振り上げる。こぶしを鏡に突き出せば、鏡の中の自分もこぶしを突き出して威嚇する。

互いに独自の政治・経済を進めながらも、常に脳裏からは、相手のことが離れない。憎しみ合っている元恋人だが、いつまた焼けぼっくいに火がついて、一緒になるかも知れない。そんな不思議な関係にも見えます。

そんな両国も、いずれは統一に向かって進むことになるかも知れません。もし「統一朝鮮」あるいは「統一韓国」が誕生したとき、日本はどのような態度で臨めばいいのでしょうか。

日本と朝鮮半島は、引っ越すことのできないお隣同士なのです。近所付き合いは、どうあるべきか。この本を書きながら、そんなことを考えました。

「次は『そうだったのか！ 朝鮮半島』にしましょう」。これまで常に一緒に『そうだったのか！』シリーズを作ってきた長澤潔氏、木葉篤氏の二人と約束したのは、さて、いつのことだったか。遠い昔に思えます。それほどお二人を待たせてしまいましたが、ようやく形になりました。追い込みに入ってからは、今村優太氏の協力を得ました。感謝しています。

ジャーナリスト　池上　彰

参考資料

韓国併合に関する条約　一九一〇年

日本国皇帝陛下及韓国皇帝陛下は両国間の特殊にして親密なる関係を顧ひ相互の幸福を増進し東洋の平和を永久に確保せむことを欲し此の目的を達せむか為には韓国を日本帝国に併合するに如かさることを確信し茲に両国間に併合条約を締結することに決し之か為日本国皇帝陛下は統監子爵寺内正毅を韓国皇帝陛下は内閣総理大臣李完用を各其の全権委員に任命せり因て右全権委員は会同協議の上左の諸条を協定せり

第一条　韓国皇帝陛下は韓国全部に関する一切の統治権を完全且永久に日本国皇帝陛下に譲与す

第二条　日本国皇帝陛下は前条に掲けたる譲与を受諾し且全然韓国を日本帝国に併合することを承諾す

第三条　日本国皇帝陛下は韓国皇帝陛下、太皇帝陛下、皇太子殿下並其の后妃及後裔をして各其の地位に応し相当なる尊称威厳及名誉を享有せしめ且之を保持するに十分なる歳費を供給すへきことを約す

第四条　日本国皇帝陛下は前条以外の韓国皇族及其の後裔に対し各相当の名誉及待遇を享有せしめ且之を維持するに必要なる資金を供与することを約す

第五条　日本国皇帝陛下は勲功ある韓人にして特に表彰を為すを適当なりと認めたる者に対し栄爵を授け且恩金を与ふへし

第六条　日本国政府は前記併合の結果として全然韓国の施政を担任し同地に施行する法規を遵守する韓人の身体及財産に対し十分なる保護を与へ且其の福利の増進を図るへし

第七条　日本国政府は誠意忠実に新制度を尊重する韓人にして相当の資格ある者を事情の許す限り韓国に於ける帝国官吏に登用すへし

第八条　本条約は日本国皇帝陛下及韓国皇帝陛下の裁可を経たるものにして公布の日より之を施行す

右証拠として両全権委員は本条約に記名調印するも

のなり
明治四十三年八月二十二日　統監子爵　寺内正毅
隆熙四年八月二十二日　内閣総理大臣　李完用

日韓基本条約　一九六五年

日本国及び大韓民国は、
両国民間の関係の歴史的背景と、善隣関係及び主権の相互尊重の原則に基づく両国間の関係の正常化に対する相互の希望とを考慮し、
両国の相互の福祉及び共通の利益の増進のため並びに国際の平和及び安全の維持のために、両国が国際連合憲章の原則に適合して緊密に協力することが重要であることを認め、
千九百五十一年九月八日にサン・フランシスコ市で署名された日本国との平和条約の関係規定及び千九百四十八年十二月十二日に国際連合総会で採択された決議第百九十五号（Ⅲ）を想起し、
この基本関係に関する条約を締結することに決定し、よつて、その全権委員として次のとおり任命した。
日本国
日本国外務大臣　椎名悦三郎
高杉晋一
大韓民国
大韓民国外務部長官　李東元
大韓民国特命全権大使　金東祚
これらの全権委員は、互いにその全権委任状を示し、それが良好妥当であると認められた後、次の諸条を協定した。
第一条　両締約国間に外交及び領事関係が開設される。両締約国は、大使の資格を有する外交使節を遅滞なく交換するものとする。また、両締約国は、両国政府により合意される場所に領事館を設置する。

第二条　千九百十年八月二十二日以前に大日本帝国と大韓帝国との間で締結されたすべての条約及び協定は、もはや無効であることが確認される。

第三条　大韓民国政府は、国際連合総会決議第百九十五号（Ⅲ）に明らかに示されているとおりの朝鮮にある唯一の合法的な政府であることが確認される。

第四条

（a）両締約国は、相互の関係において、国際連合憲章の原則を指針とするものとする。

（b）両締約国は、その相互の福祉及び共通の利益を増進するに当たつて、国際連合憲章の原則に適合して協力するものとする。

第五条　両締約国は、その貿易、海運その他の通商の関係を安定した、かつ、友好的な基礎の上に置くために、条約又は協定を締結するための交渉を実行可能な限りすみやかに開始するものとする。

第六条　両締約国は、民間航空運送に関する協定を締結するための交渉を実行可能な限りすみやかに開始するものとする。

第七条　この条約は、批准されなければならない。批准書は、できる限りすみやかにソウルで交換されるものとする。この条約は、批准書の交換の日に効力を生ずる。

以上の証拠として、それぞれの全権委員は、この条約に署名調印した。

千九百六十五年六月二十二日に東京で、ひとしく正文である日本語、韓国語及び英語により本書二通を作成した。解釈に相違がある場合には、英語の本文による。

日本国のために
椎名悦三郎
高杉晋一
大韓民国のために
李東元
金東祚

日韓請求権並びに経済協力協定 一九六五年

日本国及び大韓民国は、
両国及びその国民の財産並びに両国及びその国民の間の請求権に関する問題を解決することを希望し、
両国間の経済協力を増進することを希望して、
次のとおり協定した。

第一条

1 日本国は、大韓民国に対し、

(a) 現在において千八十億円(一〇八、〇〇〇、〇〇〇、〇〇〇円)に換算される三億合衆国ドル(三〇〇、〇〇〇、〇〇〇ドル)に等しい円の価値を有する日本国の生産物及び日本人の役務を、この協定の効力発生の日から十年の期間にわたつて無償で供与するものとする。各年における生産物及び役務の供与は、現在において百八億円(一〇、八〇〇、〇〇〇、〇〇〇円)に換算される三千万合衆国ドル(三〇、〇〇〇、〇〇〇ドル)に等しい円の額を限度とし、各年における供与がこの額に達しなかつたときは、その残額は、次年以降の供与額に加算されるものとする。ただし、各年の供与の限度額は、両締約国政府の合意により増額されることができる。

(b) 現在において七百二十億円(七二、〇〇〇、〇〇〇、〇〇〇円)に換算される二億合衆国ドル(二〇〇、〇〇〇、〇〇〇ドル)に等しい円の額に達するまでの長期低利の貸付けで、大韓民国政府が要請し、かつ、3の規定に基づいて締結される取極に従つて決定される事業の実施に必要な日本国の生産物及び日本人の役務の大韓民国による調達に充てられるものをこの協定の効力発生の日から十年の期間にわたつて行なうものとする。この貸付けは、日本国の海外経済協力基金により行なわれるものとし、日本国政府は、同基金がこの貸付けを各年において均等に行ないうるために必要とする資金を確保することができるように、必要な措置を執るものとする。

前記の供与及び貸付けは、大韓民国の経済の発展に役立つものでなければならない。

2　両締約国政府は、この条の規定の実施に関する事項について勧告を行なう権限を有する両政府間の協議機関として、両政府の代表者で構成される合同委員会を設置する。

3　両締約国政府は、この条の規定の実施のため、必要な取極を締結するものとする。

第二条

1　両締約国は、両締約国及びその国民（法人を含む。）の財産、権利及び利益並びに両締約国及びその国民の間の請求権に関する問題が、千九百五十一年九月八日にサン・フランシスコ市で署名された日本国との平和条約第四条（a）に規定されたものを含めて、完全かつ最終的に解決されたこととなることを確認する。

2　この条の規定は、次のもの（この協定の署名の日までにそれぞれの締約国が執つた特別の措置の対象となつたものを除く。）に影響を及ぼすものではない。

（a）一方の締約国の国民で千九百四十七年八月十五日からこの協定の署名の日までの間に他方の締約国に居住したことがあるものの財産、権利及び利益

(b) 一方の締約国及びその国民の財産、権利及び利益であつて千九百四十五年八月十五日以後における通常の接触の過程において取得され又は他方の締約国の管轄の下にはいつたもの

3　2の規定に従うことを条件として、一方の締約国及びその国民の財産、権利及び利益であつてこの協定の署名の日に他方の締約国の管轄の下にあるものに対する措置並びに一方の締約国及びその国民の他方の締約国及びその国民に対するすべての請求権であつて同日以前に生じた事由に基づくものに関しては、いかなる主張もすることができないものとする。

第三条

1　この協定の解釈及び実施に関する両締約国間の紛争は、まず、外交上の経路を通じて解決するものとする。

2　1の規定により解決することができなかつた紛争は、いずれか一方の締約国の政府が他方の締約国の政府から紛争の仲裁を要請する公文を受領した日から三十日の期間内に各締約国政府が任命する各一人の仲裁委員と、こうして選定された二人の仲裁委員が当該期間の後の三十日の期間内に合意する第三の仲裁委員又は当該期間内にその二人の仲裁委員が合意する第三国の政府が指名する第三の仲裁委員との三人の仲裁委員からなる仲裁委員会に決定のため付託するものとする。ただし、第三の仲裁委員は、両締約国のうちいずれかの国民であつてはならない。

3　いずれか一方の締約国の政府が当該期間内に仲裁委員を任命しなかつたとき、又は第三の仲裁委員若しくは第三国について当該期間内に合意されなかつたときは、仲裁委員会は、両締約国政府のそれぞれが三十日の期間内に選定する国の政府が指名する各一人の仲裁委員とそれらの政府が協議により決定す

る第三国の政府が指名する第三の仲裁委員をもって構成されるものとする。

4　両締約国政府は、この条の規定に基づく仲裁委員会の決定に服するものとする。

第四条

この協定は、批准されなければならない。批准書は、できる限りすみやかにソウルで交換されるものとする。この協定は、批准書の交換の日に効力を生ずる。

以上の証拠として、下名は、各自の政府からこのために正当な委任を受け、この協定に署名した。

千九百六十五年六月二十二日に東京で、ひとしく正文である日本語及び韓国語により本書二通を作成した。

日本国のために

椎名悦三郎

高杉晋一

大韓民国のために

李東元

金東祚

六・一五南北共同宣言 二〇〇〇年

祖国の平和統一を念願する全同胞の崇高な意思により、大韓民国の金大中大統領と朝鮮民主主義人民共和国の金正日国防委員長は、2000年6月13日から15日までピョンヤンで歴史的に対面し、首脳会談を行なった。

南北首脳は分断の歴史上初めて開かれた今回の対面と会談が、互いの理解を増進させて南北関係を発展させて、平和統一を実現するのに重大な意思を持つと評価し、次のように宣言する。

1．南と北は国の統一問題を、その主人である我が民族同士で互いに力を合わせ、自主的に解決していくことにした。

2．南と北は国の統一のため、南の連合制案と北側のゆるやかな段階での連邦制案が、互いに共通性があると認め、今後、この方向で統一を志向していくことにした。

3．南と北は今年の8・15に際して、離散家族、親戚の訪問団を交換し、非転向長期囚問題を解決するなど、人道的問題を早急に解決していくことにした。

4．南と北は経済協力を通じて、民族経済を均衡的に発展させ、社会、文化、体育、保健、環境など諸般の分野での協力と交流を活性化させ、互いの信頼を高めていくことにした。

5．南と北は、以上のような合意事項を早急に実践に移すため、早い時期に当局間の対話を開催することにした。

金大中大統領は金正日国防委員長がソウルを早急に訪問するよう丁重に招請し、金正日国防委員長は今後、適切な時期にソウルを訪問することにした。

2000年6月15日

大韓民国大統領　金大中

朝鮮民主主義人民共和国国防委員長　金正日

日韓共同宣言　一九九八年
21世紀に向けた新たな日韓パートナーシップ

1．金大中大韓民国大統領夫妻は、日本国国賓として1998年10月7日から10日まで日本を公式訪問した。金大中大統領は、滞在中、小渕恵三日本国内閣総理大臣との間で会談を行った。両首脳は、過去の両国の関係を総括し、現在の友好協力関係を再確認するとともに、未来のあるべき両国関係について意見を交換した。

この会談の結果、両首脳は、1965年の国交正常化以来築かれてきた両国間の緊密な友好協力関係をより高い次元に発展させ、21世紀に向けた新たな日韓パートナーシップを構築するとの共通の決意を宣言した。

2．両首脳は、日韓両国が21世紀の確固たる善隣友好協力関係を構築していくためには、両国が過去を直視し相互理解と信頼に基づいた関係を発展させていくことが重要であることにつき意見の一致をみた。

小渕総理大臣は、今世紀の日韓両国関係を回顧し、我が国が過去の一時期韓国国民に対し植民地支配により多大の損害と苦痛を与えたという歴史的事実を謙虚に受けとめ、これに対し、痛切な反省と心からのお詫びを述べた。

金大中大統領は、かかる小渕総理大臣の歴史認識の表明を真摯に受けとめ、これを評価すると同時に、両国が過去の不幸な歴史を乗り越えて和解と善隣友好協力に基づいた未来志向的な関係を発展させるためにお互いに努力することが時代の要請である旨表明した。

また、両首脳は、両国国民、特に若い世代が歴史への認識を深めることが重要であることについて見解を共有し、そのために多くの関心と努力が払われる必要がある旨強調した。

3．両首脳は、過去の長い歴史を通じて交流と協力を維持してきた日韓両国が、1965年の国交正常化以来、各分野で緊密な友好協力関係を発展させてきており、このような協力関係が相互の発展に寄与したことにつき認識を共にした。小渕総理大臣は、韓国がその国民のたゆまざる努力により、飛躍的な発展と民主化を達成し、繁栄し成熟した民主主義国家に成長したことに敬意を表した。金大中大統領は、戦後の日本の平和憲法の下での専守防衛及び非核三原則を始めとする安全保障政策並びに世界経済及び開発途上国に対する経済支援等、国際社会の平和と繁栄に対し日本が果たしてきた役割を高く評価した。両首脳は、日韓両国が、自由・民主主義、市場経済という普遍的理念に立脚した協力関係を、両国国民間の広範な交流と相互理解に基づいて今後更に発展させていくとの決意を表明した。

4．両首脳は、両国間の関係を、政治、安全保障、経済及び人的・文化交流の幅広い分野において均衡のとれたより高次元の協力関係に発展させていく必要があることにつき意見の一致をみた。また、両首脳は、両国のパートナーシップを、単に二国間の次元にとどまらず、アジア太平洋地域更には国際社会全体の平和と繁栄のために、また、個人の人権が尊重される豊かな生活と住み良い地球環境を目指す様々な試みにおいて、前進させていくことが極めて重要であることにつき意見の一致をみた。

このため、両首脳は、20世紀の日韓関係を締めくくり、真の相互理解と協力に基づく21世紀に向けた新たな日韓パートナーシップを共通の目標として構築し、発展させていくことにつき、以下のとおり意見の一致をみるとともに、このようなパートナーシップを具体的に実施していくためにこの共同宣言に附属する行動計画を作成した。

両首脳は、両国政府が、今後、両国の外務大臣を総覧者として、定期的に、この日韓パートナーシップに基づく協力の進捗状況を確認し、必要に応じこれを更に強化していくこととした。

5．両首脳は、現在の日韓関係をより高い次元に発展させていくために、両国間の協議と対話をより一層促進していくことにつき意見の一致をみた。

両首脳は、かかる観点から、首脳間のこれまでの緊密な相互訪問・協議を維持・強化し、定期化していくとともに、外務大臣を始めとする各分野の閣僚級協議を更に強化していくこととした。また、両首脳は、両国の閣僚による懇談会をできる限り早期に開催し、政策実施の責任を持つ関係閣僚による自由な意見交換の場を設けることとした。更に、両首脳は、これまでの日韓双方の議員間の交流実績を評価し、日韓・韓日議連における今後の活動拡充の方針を歓迎するとともに、21世紀を担う次世代の若手議員間の交流を慫慂していくこととした。

6．両首脳は、冷戦後の世界において、より平和で安全な国際社会秩序を構築するための国際的努力に対し、日韓両国が互いに協力しつつ積極的に参画していくことの重要性につき意見の一致をみた。両首脳は、21世紀の挑戦と課題により効果的に対処していくためには、国連の役割が強化されるべきであり、これは、安保理の機能強化、国連の事務局組織の効率化、安定的な財政基盤の確保、国連平和維持活動の強化、途上国の経済・社会開発への協力等を通じて実現できることにつき意見を共にした。

かかる点を念頭に置いて、金大中大統領は、国連を始め国際社会における日本の貢献と役割を評価し、今後、日本のこのような貢献と役割が増大されていくことに対する期待を表明した。

また、両首脳は、軍縮及び不拡散の重要性、とりわけ、いかなる種類の大量破壊兵器であれ、その拡散が国際社会の平和と安全に対する脅威であることを強調するとともに、この分野における両国間の協力を一層強化することとした。

両首脳は、両国間の安保対話及び種々のレベルにおける防衛交流を歓迎し、これを一層強化していくこととした。また、両首脳は、両国それぞれが米国との安全保障体制を堅持するとともに、アジア太平洋地域の平和と安定のための多国間の対話努力を一層強化していくことの重要性につき意見の一致をみた。

7．両首脳は、朝鮮半島の平和と安定のためには、北朝鮮が改革と開放を指向するとともに、対話を通じたより建設的な姿勢をとることが極めて重要であるとの認識を共有した。小渕総理大臣は、確固とした安保体制を敷きつつ和解・協力を積極的に進めるとの金大中大統領の対北朝鮮政策に対し支持を表明した。これに関連し、両首脳は、1992年2月に発効した南北間の和解と不可侵及び交流・協力に関する合意書の履行及び四者会合の順調な進展が望ましいことにつき意見の一致をみた。また、両首脳は、1994年10月に米国と北朝鮮との間で署名された「合意された枠組み」及び朝鮮半島エネルギー開発機構（KEDO）を、北朝鮮の核計画の推進を阻むための最も現実的かつ効果的なメカニズムとして維持していくことの重要性を確認した。この関連で、両首脳は、北朝鮮による先般のミサイル発射に対して、国連安全保障理事会議長が安保理を代表して表明した懸念及び遺憾の意を共有するとともに、北朝鮮のミサイル開発が放置されれば、日本、韓国及び北東アジア地域全体の平和と安全に悪影響を及ぼすことにつき意見の一致をみた。

両首脳は、両国が北朝鮮に関する政策を進めていく上で相互に緊密に連携していくことの重要性を再確認し、種々のレベルにおける政策協議を強化することで意見の一致をみた。

8. 両首脳は、自由で開かれた国際経済体制を維持・発展させ、また構造問題に直面するアジア経済の再生を実現していく上で、日韓両国が、各々抱える経済上の課題を克服しながら、経済分野における均衡のとれた相互協力関係をより一層強化していくことの重要性につき合意した。このため、両首脳は、二国間での経済政策協議をより強化するとともに、WTO、OECD、APEC等多国間の場での両国の政策協調を一層進めていくことにつき意見の一致をみた。

金大中大統領は、日本によるこれまでの金融、投資、技術移転等の多岐にわたる対韓国経済支援を評価するとともに、韓国の抱える経済的諸問題の解決に向けた努力を説明した。小渕総理大臣は、日本経済再生のための諸施策及びアジア経済の困難の克服のために日本が行っている経済支援につき説明を行うとともに、韓国による経済困難の克服に向けた努力を引き続き支持するとの意向を表明した。両首脳は、財政投融資を適切に活用した韓国に対する日本輸出入銀行による融資について基本的合意に達したことを歓迎した。

両首脳は、両国間の大きな懸案であった日韓漁業協定交渉が基本合意に達したことを心から歓迎するとともに、国連海洋法条約を基礎とした新たな漁業秩序の下で、漁業分野における両国の関係が円滑に進展することへの期待を表明した。

また、両首脳は、今般、新たな日韓租税条約が署名の運びとなったことを歓迎した。更に、両首脳は、貿易・投資、産業技術、科学技術、情報通信、政労使交流等の各分野での協力・交流を更に発展させていくことで意見の一致をみるとともに、日韓社会保障協定を視野に入れて、将来の適当な時期に、相互の社会保障制度についての情報・意見交換を行うこととした。
9．両首脳は、国際社会の安全と福祉に対する新たな脅威となりつつある国境を越える地球的規模の諸問題の解決に向けて、両国政府が緊密に協力していくことにつき意見の一致をみた。両首脳は、地球環境問題に関し、とりわけ温室効果ガス排出抑制、酸性雨対策を始めとする諸問題への対応における協力を強化するために、日韓環境政策対話を進めることとした。また、開発途上国への支援を強化するため、援助分野における両国間の協調を更に発展させていくことにつき意見の一致をみた。また、両首脳は、日韓逃亡犯罪人引渡条約の締結のための話し合いを開始するとともに、麻薬・覚せい剤対策を始めとする国際組織犯罪対策の分野での協力を一層強化することにつき意見の一致をみた。
10．両首脳は、以上の諸分野における両国間の協力を効果的に進めていく上での基礎は、政府間交流にとどまらない両国国民の深い相互理解と多様な交流にあるとの認識の下で、両国間の文化・人的交流を拡充していくことにつき意見の一致をみた。
両首脳は、2002年サッカー・ワールドカップの成功に向けた両国国民の協力を支援し、２００２年サッカー・ワールドカップの開催を契機として、文化及びスポーツ交流を一層活発に進めていくこととした。

両首脳は、研究者、教員、ジャーナリスト、市民サークル等の多様な国民各層間及び地域間の交流の進展を促進することとした。

両首脳は、こうした交流・相互理解促進の土台を形作る措置として、従来より進めてきた査証制度の簡素化を引き続き進めることとした。

また、両首脳は、日韓間の交流の拡大と相互理解の増進に資するために、中高生の交流事業の新設を始め政府間の留学生や青少年の交流プログラムの充実を図るとともに、両国の青少年を対象としてワーキング・ホリデー制度を１９９９年４月から導入することにつき合意した。また、両首脳は、在日韓国人が、日韓両国国民の相互交流・相互理解のための架け橋としての役割を担い得るとの認識に立ち、その地位の向上のため、引き続き両国間の協議を継続していくことで意見の一致をみた。

両首脳は、日韓フォーラムや歴史共同研究の促進に関する日韓共同委員会等、関係者による日韓間の知的交流の意義を高く評価するとともに、こうした努力を引き続き支持していくことにつき意見の一致をみた。

金大中大統領は、韓国において日本文化を開放していくとの方針を伝達し、小渕総理大臣より、かかる方針を日韓両国の真の相互理解につながるものとして歓迎した。

11．小渕総理大臣と金大中大統領は、21世紀に向けた新たな日韓パートナーシップは、両国国民の幅広い参加と不断の努力により、更に高次元のものに発展させることができるとの共通の信念を表明するとともに、両国国民に対し、この共同宣言の精神を分かち合い、新たな日韓パートナーシップの構築・発展に向けた共同の作業に参加するよう呼びかけた。

日本国内閣総理大臣　小渕恵三

大韓民国大統領　　金大中

1998年10月8日、東京

日朝平壌宣言 二〇〇二年

小泉純一郎日本国総理大臣と金正日朝鮮民主主義人民共和国国防委員長は、2002年9月17日、平壌で出会い会談を行った。

両首脳は、日朝間の不幸な過去を清算し、懸案事項を解決し、実りある政治、経済、文化的関係を樹立することが、双方の基本利益に合致するとともに、地域の平和と安定に大きく寄与するものとなるとの共通の認識を確認した。

1．双方は、この宣言に示された精神及び基本原則に従い、国交正常化を早期に実現させるため、あらゆる努力を傾注することとし、そのために2002年10月中に日朝国交正常化交渉を再開することとした。

双方は、相互の信頼関係に基づき、国交正常化の実現に至る過程においても、日朝間に存在する諸問題に誠意をもって取り組む強い決意を表明した。

2．日本側は、過去の植民地支配によって、朝鮮の人々に多大の損害と苦痛を与えたという歴史の事実を謙虚に受け止め、痛切な反省と心からのお詫びの気持ちを表明した。

双方は、日本側が朝鮮民主主義人民共和国側に対して、国交正常化の後、双方が適切と考える期間にわたり、無償資金協力、低金利の長期借款供与及び国際機関を通じた人道主義的支援等の経済協力を実施し、また、民間経済活動を支援する見地から国際協力銀行等による融資、信用供与等が実施されることが、この宣言の精神に合致するとの基本認識の下、国交正常化交渉において、経済協力の具体的な規模と内容を誠実に協議することとした。

双方は、国交正常化を実現するにあたっては、1945年8月15日以前に生じた事由に基づく両国及びその国民のすべての財産及び請求権を相互に放棄するとの基本原則に従い、国交正常化交渉においてこれを具体的に協議することとした。

双方は、在日朝鮮人の地位に関する問題及び文化財の問題については、国交正常化交渉において誠実に協議することとした。

3．双方は、国際法を遵守し、互いの安全を脅かす行動をとらないことを確認した。また、日本国民の生命と安全にかかわる懸案問題については、朝鮮民主主義人民共和国側は、日朝が不正常な関係にある中で生じたこのような遺憾な問題が今後再び生じることがないよう適切な措置をとることを確認した。

4．双方は、北東アジア地域の平和と安定を維持、強化するため、互いに協力していくことを確認した。

双方は、この地域の関係各国の間に、相互の信頼に基づく協力関係が構築されることの重要性を確認するとともに、この地域の関係国間の関係が正常化されるにつれ、地域の信頼醸成を図るための枠組みを整備していくことが重要であるとの認識を一にした。

双方は、朝鮮半島の核問題の包括的な解決のため、関連するすべての国際的合意を遵守することを確認した。また、双方は、核問題及びミサイル問題を含む安全保障上の諸問題に関し、関係諸国間の対話を促進し、問題解決を図ることの必要性を確認した。

朝鮮民主主義人民共和国側は、この宣言の精神に従い、ミサイル発射のモラトリアムを2003年以降も更に延長していく意向を表明した。

双方は、安全保障にかかわる問題について協議を行っていくこととした。

日本国総理大臣

小泉　純一郎

朝鮮民主主義人民共和国国防委員会　委員長

金　正日

2002年9月17日

平壌

ストックホルム合意文書　二〇一四年

2014・5・29

双方は、日朝平壌宣言にのっとって、不幸な過去を清算し、懸案事項を解決し、国交正常化を実現するために、真摯に協議を行った。

日本側は、北朝鮮側に対し、1945年前後に北朝鮮域内で死亡した日本人の遺骨および墓地、残留日本人、いわゆる日本人配偶者、拉致被害者および行方不明者を含む全ての日本人に関する調査を要請した。

北朝鮮側は、過去北朝鮮側が拉致問題に関して傾けてきた努力を日本側が認めたことを評価し、従来の立場はあるものの、全ての日本人に関する調査を包括的かつ全面的に実施し、最終的に、日本人に関する全ての問題を解決する意思を表明した。

日本側は、これに応じ、最終的に、現在日本が独自に取っている北朝鮮に対する措置（国連安保理決議に関連して取っている措置は含まれない。）を解除する意思を表明した。

双方が取る行動措置は次の通りである。双方は、速やかに、以下のうち具体的な措置を実行に移すこととし、そのために緊密に協議していくこととなった。

【日本側】

第一に、北朝鮮側とともに、日朝平壌宣言にのっとって、不幸な過去を清算し、懸案事項を解決し、国交正常化を実現する意思をあらためて明らかにし、日朝間の信頼を醸成し関係改善を目指すため、誠実に臨むこととした。

第二に、北朝鮮側が包括的調査のために特別調査委員会を立ち上げ、調査を開始する時点で、人的往来の規制措置、送金報告および携帯輸出届け出の金額に関して北朝鮮に対して講じている特別な規制措置、および人道目的の北朝鮮籍の船舶の日本への入港禁止措置を解除することとした。

第三に、日本人の遺骨問題については、北朝鮮側が遺族の墓参の実現に協力してきたことを高く評価し、北朝鮮内に残置されている日本人の遺骨および墓地の処理、また墓参について、北朝鮮側と引き続き協議し、必要な措置を講じることとした。

第四に、北朝鮮側が提起した過去の行方不明者の問題について、引き続き調査を実施し、北朝鮮側と協議しながら、適切な措置を取ることとした。

第五に、在日朝鮮人の地位に関する問題については、日朝平壌宣言にのっとって、誠実に協議することとした。

第六に、包括的かつ全面的な調査の過程において提起される問題を確認するため、北朝鮮側の提起に対して、日本側関係者との面談や関連資料の共有などについて、適切な措置を取ることとした。

第七に、人道的見地から、適切な時期に、北朝鮮に対する人道支援を実施することを検討することとした。

【北朝鮮側】

第一に、1945年前後に北朝鮮域内で死亡した日本人の遺骨および墓地、残留日本人、いわゆる日本人配偶者、拉致被害者および行方不明者を含む全ての日本人に関する調査を包括的かつ全面的に実施することとした。

第二に、調査は一部の調査のみを優先するのではなく、全ての分野について、同時並行的に行うこととした。

第三に、全ての対象に対する調査を具体的かつ真摯に進めるために、特別の権限（全ての機関を対象とした調査を行うことのできる権限。）が付与された特別調査委員会を立ち上げることとした。

第四に、日本人の遺骨および墓地、残留日本人ならびにいわゆる日本人配偶者をはじめ、日本人に関する調査および確認の状況を日本側に随時通報し、その過程で発見された遺骨の処理と生存者の帰国を含む去就の問題について日本側と適切に協議することとした。

第五に、拉致問題については、拉致被害者および行方不明者に対する調査の状況を日本側に随時通報し、調査の過程において日本人の生存者が発見される場合には、その状況を日本側に伝え、帰国させる方向で去就の問題に関して協議し、必要な措置を講じることとした。

第六に、調査の進捗に合わせ、日本側の提起に対し、それを確認できるよう、日本側関係者による北朝鮮滞在、関係者との面談、関係場所の訪問を実現させ、関連資料を日本側と共有し、適切な措置を取ることとした。

第七に、調査は迅速に進め、その他、調査過程で提起される問題はさまざまな形式と方法によって引き続き協議し、適切な措置を講じることとした。

主要参考文献

【朝鮮半島】
『38度線』小田川興　高文研
『朝鮮史』武田幸男編　山川出版社
『朝鮮の歴史』田中俊明編　昭和堂
『二つのコリア』ドン・オーバードーファー／ロバート・カーリン著、菱木一美訳　共同通信社
『朝鮮戦争の起源』ブルース・カミングス著、鄭敬謨ほか訳　明石書店
『朝鮮戦争論』ブルース・カミングス著、栗原泉・山岡由美訳　明石書店
『朝鮮戦争全史』和田春樹　岩波書店

【北朝鮮】
『スターリンから金日成へ』アンドレイ・ランコフ著、下斗米伸夫・石井知章訳　法政大学出版局
『北朝鮮で何が起きているのか』伊豆見元　ちくま新書
『北朝鮮入門』礒﨑敦仁・澤田克己　東洋経済新報社
『北朝鮮建国神話の崩壊』金賛汀　筑摩選書
『写真と絵で見る北朝鮮現代史』金聖甫ほか著、韓興鉄訳　コモンズ
『人民大衆中心の朝鮮式の社会主義は必勝不敗である』金正日　外国文出版社（北朝鮮・平壌）
『先軍革命路線はわれわれの時代の偉大な革命路線であり、朝鮮革命の百戦百勝の旗じるしである』金正日　外国文出版社
『チュチェ哲学について』金正日　外国文出版社
『凍土の共和国』金元祚　亜紀書房
『北朝鮮帰国事業』菊池嘉晃　中公新書
『「よど号」事件122時間の真実』久能靖　河出書房新社
『金正恩の北朝鮮　独裁の深層』黒田勝弘・武貞秀士　角川oneテーマ21
『金正恩』高英起　宝島社新書
『最新・北朝鮮データブック』重村智計　講談社現代新書
『宿命「よど号」亡命者たちの秘密工作』高沢皓司　新潮社
『北朝鮮Q&A100』玉城素監修、NK会編　亜紀書房
『北朝鮮　その衝撃の実像』朝鮮日報『月刊朝鮮』編、黄

民基訳　講談社
『金王朝「御用詩人」の告白』張真晟著、西岡力監修、川村亜子訳　文藝春秋
『帰国船』鄭箕海著、鄭益友訳　文藝春秋
『金日成　その衝撃の実像』東亜日報・韓国日報編、黄民基訳　講談社
『北朝鮮の実態』西村金一　原書房
『北朝鮮を知りすぎた医者』ノルベルト・フォラツェン著、瀬木碧訳　草思社
『ソウルと平壌』萩原遼　文藝春秋
『北朝鮮に消えた友と私の物語』萩原遼　文藝春秋
『北朝鮮　金王朝の真実』萩原遼　祥伝社新書
『朝鮮学校「歴史教科書」を読む』萩原遼・井沢元彦　祥伝社新書
『朝鮮総連』朴斗鎮　中公新書ラクレ
『北朝鮮—変貌を続ける独裁国家』平岩俊司　中公新書
『北朝鮮はいま、何を考えているのか』平岩俊司　ＮＨＫ出版新書
『北朝鮮とアメリカ　確執の半世紀』ブルース・カミングス著、杉田米行監訳　明石書店
『金日成調書』黄民基編　光文社
『金正日のすべて』毎日新聞外信部編　毎日新聞社
『北朝鮮秘録』牧野愛博　文春新書
『北朝鮮経済のカラクリ』山口真典　日経プレミアシリーズ
『どん底の共和国』李佑泓　亜紀書房
『暗愚の共和国』李佑泓　亜紀書房
『偉大な人間　金正日』李一馥・尹相鉉　外国文出版社
『北朝鮮現代史』和田春樹　岩波書店

【韓国】
『なぜ韓国は中国についていくのか』荒木信子　草思社
『韓国　葛藤の先進国』内山清行　日経プレミアシリーズ
『反日・愛国の由来』呉善花　ＰＨＰ新書
『先進国・韓国の憂鬱』大西裕　中公新書
『「慰安婦」問題とは何だったのか』大沼保昭　中公新書
『韓国で日本のテレビ番組はどう見られているのか』大場吾郎　人文書院
『「北朝鮮帰還」を阻止せよ』城内康伸　新潮社
『国際政治のなかの韓国現代史』木宮正史　山川出版社

『歪みの国・韓国』金慶珠　祥伝社新書
『韓国の大量虐殺事件を告発する』北岡俊明・北岡正敏　展転社
『慰安婦問題』熊谷奈緒子　ちくま新書
『ソウル発　これが韓国主義』黒田勝弘　阪急コミュニケーションズ
『韓国　反日感情の正体』黒田勝弘　角川oneテーマ21
『韓国現代史60年』徐仲錫著、文京洙訳　明石書店
『中国という蟻地獄に落ちた韓国』鈴置高史　日経BP社
『韓国大統領列伝』池東旭　中公新書
『韓国の希望　盧武鉉の夢』盧武鉉編著、青柳純一訳　現代書館
『慰安婦と戦場の性』秦郁彦　新潮選書
『李明博自伝』平井久志・全璟訳　新潮文庫
『韓洪九の韓国現代史』韓洪九著、高崎宗司監訳　平凡社
『韓洪九の韓国現代史Ⅱ』韓洪九著、高崎宗司監訳　平凡社
『韓国現代史』文京洙　岩波新書
『大統領を殺す国　韓国』辺真一　角川oneテーマ21
『金大中事件の政治決着』古野喜政　東方出版
『光州事件で読む現代韓国』真鍋祐子　平凡社
『韓国の歴史』水野俊平著、李景珉監修　河出書房新社
『韓国の小学校歴史教科書』三橋広夫訳　明石書店
『韓国の中学校歴史教科書』三橋広夫訳　明石書店
『韓国の高校歴史教科書』三橋広夫訳　明石書店
『朴槿恵自叙伝　絶望は私を鍛え、希望は私を動かす』横川まみ訳　晩聲社
『朴槿恵の挑戦』李相哲　中央公論新社
『朴正熙の対日・対米外交』劉仙姫　ミネルヴァ書房
『日韓の断層』峯岸博　日経プレミアシリーズ

本書は、二〇一四年十一月、書き下ろし単行本として
ホーム社より刊行されました。
文庫化にあたり、加筆修正をしました。

レイアウト　デザインントリム

イラスト　平田利之

図版　THÉAS

写真
アフロ（AP、ARGAS/Gamma、
Everett Collection、
FRANCOIS LOCHON/GAMMA、Fujifotos、
GAMMA、KCNA/AP、
Korea News Service/Korean Central News Agency/AP、
KRT/AP、Lee Jae-Won、picture alliance、
Robert Harding、Shutterstock、TopFoto、
Universal Images Group、Yonhap、
代表撮影/Inter-Korean Summit Press Corps/Lee Jae-Won、
ロイター、読売新聞、毎日新聞社）
時事通信フォト、The LIFE Picture Collection/Getty Images

集英社文庫

そうだったのか！ 朝鮮半島《ちょうせんはんとう》

2019年10月25日 第1刷　　定価はカバーに表示してあります。

著 者 池上《いけがみ》 彰《あきら》
発行者 徳永 真
発行所 株式会社 集英社
東京都千代田区一ツ橋2-5-10 〒101-8050
電話【編集部】03-3230-6095
【読者係】03-3230-6080
【販売部】03-3230-6393(書店専用)

印 刷 凸版印刷株式会社
製 本 凸版印刷株式会社

フォーマットデザイン アリヤマデザインストア　　マークデザイン 居山浩二

ISBN978-4-08-744036-2 C0195